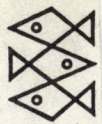

Zu diesem Buch

Robert Darnton, »einer der besten jungen Historiker in Amerika« (FAZ), macht uns mit einer bislang unbekannten Seite der französischen Aufklärung bekannt; er führt uns in die vorrevolutionäre »Unterwelt« der mittellosen Schreiber, Raubdrucker, verfolgten Kolporteure und umherziehenden Druckergesellen.

Exemplarisch wird der Geschichte der kleinen Leute nachgegangen, die, inspiriert durch Voltaire und Diderot, aufklärerische Gedanken auf ihre Art zu verbreiten suchen und dafür oftmals mit der eigenen Freiheit bezahlen müssen. Einige scheitern mit ihren Plänen so kläglich, daß sie schließlich als Polizeispitzel enden, anderen bleibt nach mühseligen Versuchen, ihre Dienste als Autoren oder Übersetzer obskuren Verlagshäusern anzudienen, nur die Illegalität. So bildet sich jenseits der offiziellen Literatur eine inoffizielle der Schmähschriften, Pamphlete und Flugschriften, und neben den angesehenen bürgerlichen Salons entstehen Spelunken und Cafés, in denen die verfolgten Aufklärer ihre radikalen Diskussionen führen. Die Einblicke, die Darnton uns in diese »Unterwelt« gewährt, geben Auskunft über die »kleinen Leute«, die Jahre später an der Spitze der Französischen Revolution marschieren werden.

Der Autor

Robert Darnton studierte an den Universitäten Harvard und Oxford und lehrt heute Geschichte an der Universität von Princeton. Übersetzt liegen neben verschiedenen Aufsätzen »Der Mesmerismus und das Ende der Aufklärung in Frankreich« (München 1983) vor.

ROBERT DARNTON

Literaten im Untergrund

Lesen, Schreiben und Publizieren
im vorrevolutionären Frankreich

Aus dem Amerikanischen
von Henning Ritter

FISCHER TASCHENBUCH VERLAG

FISCHER WISSENSCHAFT

Ungekürzte Ausgabe
Veröffentlicht im Fischer Taschenbuch Verlag GmbH,
Frankfurt am Main, November 1988

Titel der amerikanischen Originalausgabe
›The Literary Underground of the Old Regime‹
Harvard University Press 1982
© 1982 by the President and Fellows of Harvard College
© der deutschen Ausgabe:
Carl Hanser Verlag München Wien 1985
Lizenzausgabe mit freundlicher Genehmigung
des Carl Hanser Verlag München Wien
Umschlaggestaltung: Buchholz/Hinsch/Hensinger
Druck und Bindung: Wagner GmbH, Nördlingen
Printed in West-Germany
ISBN 3-596-27412-5

Inhalt

Vorwort

Dieses Buch sammelt Bruchstücke einer Welt ein, die im achtzehnten Jahrhundert zugrunde ging. Es war eine Welt, oder eine Unterwelt, die von der Verfertigung und Verbreitung der illegalen Literatur im vorrevolutionären Frankreich lebte. Zu ihrer Zeit war sie nur Eingeweihten sichtbar, und seit damals ist sie unter soviel Geschichte verschüttet worden, daß ihre Ausgrabung kaum möglich erscheinen könnte. Warum überhaupt der Versuch, sie wiedererstehen zu lassen?

Zunächst würde ich auf diese Frage antworten, daß die Rekonstruktion vergangener Welten die wichtigste Aufgabe des Historikers ist. Er unternimmt sie nicht aus einem sonderbaren Drang, in alten Archiven zu graben und alte Papiere zu durchwühlen, sondern weil er mit den Toten sprechen will. Indem er an Dokumente Fragen stellt und von ihnen Antworten erlauscht, kann er Verstorbenen eine Stimme leihen und die Gesellschaft, in der sie lebten, kennenlernen. Wenn wir keine Beziehung mehr zu den Welten hätten, die wir verloren haben, dann wären wir verurteilt, in einer zweidimensionalen, zeitverhafteten Gegenwart zu leben, und unsere eigene Welt würde flach werden.

Als Vorbemerkung zu einem Buch über Untergrundliteratur, Raubdrucker und Männer, die verbotene Bücher unter dem Mantel verkauften, klingt dies vielleicht etwas hochgegriffen. Das Thema ist jedoch bedeutsamer, als es scheinen mag, denn ein Großteil der Literatur im Laufe der Geschichte war einmal verbotene Literatur und ist es heute noch, wie jeder weiß, der in Osteuropa Samisdat und die »fliegende Universität«, mit der ständigen Drohung des Lagers, kennengelernt hat. Eine besonders große Rolle spielte der Untergrund im achtzehnten Jahrhundert, als Zensur, Polizei und eine monopolistische Buchhändlerzunft das gedruckte Wort in den durch die offizielle Orthodoxie gesetzten Grenzen zu halten suchten. Wo das gedruckte Wort häretische Ideen zum Ausdruck brachte, breitete es sich im Untergrund aus. Aber wie? Die Historiker wissen sehr wenig darüber, wie unter der alten Ordnung legale Literatur geschrieben, gedruckt, verbreitet und gelesen wurde, und noch weniger wissen sie über verbotene Bücher. Das meiste von dem, was heute als französische Literatur des achtzehnten Jahrhunderts bekannt ist, zirkulierte damals im Dunkel der Illegalität. Diese Wege sollen in diesem Buch verfolgt werden.

Es gelang mir, sie zu entdecken, weil ich vor siebzehn Jahren Zugang zu etwas erhielt, wovon der Historiker sonst nur träumt: zu einem riesigen Lager unberührter Archivmaterialien, den Akten der Société typographique de Neuchâtel in der Städtischen Bibliothek von Neuchâtel in der Schweiz. Die Société typographique war eines der größten Verlagshäuser, die entlang der französischen Grenzen entstanden, um innerhalb des Königreichs die Nachfrage nach Raubdrucken und verbotenen Büchern zu befriedigen. Diese Akten sind die reichste Informationsquelle überhaupt über einen Verleger des achtzehnten Jahrhunderts. Nachdem ich dieses Archiv durchgearbeitet hatte, entschloß ich mich, ergänzende Quellen in Frankreich zu konsultieren – Polizeiarchive, die Archive der Bastille und der Buchhändlerzunft – und eine Reihe von Abhandlungen über die Macht des Buches in Europa im achtzehnten Jahrhundert zu schreiben. Ein erster Teil, *The Business of Enlightenment: A Publishing History of the Encyclopédie, 1775–1800*, erschien 1979. Dies ist der zweite Teil.

Nachdem ich den literarischen Untergrund so weit wie möglich erkundet hatte, wurde mir klar, daß er sich durch eine Reihe von Skizzen eindrucksvoller schildern ließ als in einem großen Gemälde. In der Geschichtsschreibung erlaubt es die Skizze, Menschen in Bewegung und Themen in ungewohnter Beleuchtung zu zeigen und ihrer Vielschichtigkeit unter verschiedenem Blickwinkel nachzugehen. Sie erlaubt es auch, etwas von dem Erlebnis mitzuteilen, das die überraschende Vielfalt des Menschlichen einem Forscher bei seiner Arbeit gibt. Während ich mich Dossier für Dossier, Brief für Brief (es sind 50000 in der Neuchâteler Sammlung) durch das Archiv hindurcharbeitete, drängte sich mir ständig der Eindruck auf, daß aus dem Dunkel etwas Lebendiges hervortrat, eine scharfumrissene, persönliche Gestalt annahm und sich im Schreiben und Drucken von Büchern und im Handel mit ihnen auslebte. Es ist etwas höchst Erregendes, ein Dossier von fünfzig oder hundert Briefen zu öffnen, die seit dem achtzehnten Jahrhundert nicht mehr gelesen worden sind. Ob sie aus einer Pariser Dachkammer stammen, in der ein junger Autor vor sich hin kritzelt, in seinen Visionen zwischen dem Parnaß und den von unten heraufdringenden Drohungen seiner Wirtin hin- und hergerissen? Werden sie von der Plackerei eines Papierherstellers im abgelegnen Gebirge erzählen, der auf das Wetter flucht, weil es seinen Kleister verdirbt, und auf die Lumpensammler, weil ihre Lieferungen ausbleiben? Das schwerleserliche Gekritzel muß vielleicht laut gelesen werden, damit das Ohr Mitteilungen auffangen kann, die sich dem Auge entziehen, und die Umrisse einer Schmuggeloperation werden sichtbar. Vielleicht sieht man sich in eine Druckerei versetzt, wo Arbeiter an den Druckpressen ächzen, oder unter einen Ladentisch, wo sich aufrührerische Bilder stapeln, oder auf Wege, auf denen die Händler die Aufklärung zu Pferde verbreiten oder auf großen Flüssen in Zwischenlager transportieren, wie Amsterdam, Marseille, und auf die großen literarischen Märkte wie Lissabon, Neapel, Frankfurt, Leipzig, Warschau, Budapest und Moskau.

Diese Briefe konnten von überall her kommen und alles mögliche enthüllen, denn oft überraschen sie einen. Gerade glaubt man, der Autor sei dabei, eine Mitgift zu ergattern, da wird er durch eine ›lettre de cachet‹ aus der Stadt vertrieben. Gerade wird eine Kiste mit Büchern wohlbehalten im Hafen erwartet, da wird sie von Piraten gekapert. Dein Geschäftsmann verwandelt sich in einen Schwindler, und dein Philosoph wird ein Polizeispitzel. Die Menschen nehmen unter deinen Augen ständig neue Gestalten an, während du siehst, wie die Spekulationen der Verleger sich entwirren und die Wagenladungen mit Büchern über den Kontinent rumpeln. Die durch die Buchdruckerkunst ins Leben gerufene Welt war eine menschliche Komödie für sich, von einem Reichtum und einer Vielschichtigkeit, die man nicht zwischen zwei Buchdeckel pressen kann. So habe ich mich bemüht, die interessantesten Ausschnitte zu skizzieren, und eine systematische Untersuchung einem späteren Werk vorbehalten.

Bei der Erforschung der barocken Gestalten, die den literarischen Untergrund bevölkerten, stieß ich auf einige klassische Probleme der Geschichtsschreibung. Wie tief ist die Aufklärung in die französische Gesellschaft eingedrungen? Einen wie großen Anteil hatten radikale Ideen am Zusammenbruch des Ancien Régime? Und welcher Zusammenhang bestand in Frankreich zwischen Aufklärung und Revolution? Geht man diesen Fragen aus der Perspektive eines Verlagsarchivs von neuem nach, dann erscheinen sie weniger abstrakt und viel handfester als in den Lehrbüchern. Auch wenn sie im absoluten Sinne nicht beantwortet werden können, lassen sie sich doch in eine handhabbare Größenordnung bringen und können in erzählender Form in einer Reihe von Fallstudien durchgegangen werden. In diesem Buch werden die Fälle geschildert.

Es ist zugleich der Versuch, für eine Erweiterung der Geistesgeschichte zu plädieren und plausibel zu machen, daß durch eine Mischgattung, die Sozialgeschichte von Ideen, ein Beitrag zur Neubewertung der Aufklärung geleistet werden kann. Historiker und Literarhistoriker haben durch das Lesen und Wiederlesen der großen Bücher des achtzehnten Jahrhunderts ein Bild von der Aufklärung als einer genau umrissenen Phase abendländischer Kultur geschaffen. Ohne den Wert ihrer Arbeit in Frage zu stellen, möchte ich darauf aufmerksam machen, wie nötig es ist, über die Bücher hinauszusehen, um eine Reihe neuer Fragen stellen zu können: Wie sah die Karriere der Schriftsteller in der Gelehrtenrepublik aus? Haben ihre ökonomischen und sozialen Lebensbedingungen ihr Schreiben stark bestimmt? Wie gingen Verleger und Buchhändler vor? Hat ihr Geschäftsgebaren die literarische Kost, die ihre Kunden erreichte, beeinflußt? Was war das für eine Literatur? Wer waren ihre Leser? Und wie lasen sie?

Solche Fragen ließen sich in fast jeder Geschichtsperiode stellen, doch für das Verständnis des Ancien Régime sind sie von besonderer Wichtigkeit. Während des achtzehnten Jahrhunderts bildete sich in Frankreich ein allgemeines Lesepublikum heraus, die öffentliche Meinung gewann an Macht, und zusammen mit anderen Strömungen trug ideologische Unzufriedenheit dazu bei, die erste große Revolution der modernen Geschichte zu entfesseln. Einen erheblichen Anteil an diesem Gärungsprozeß haben Bücher gehabt, doch ihr Beitrag läßt sich nicht nur durch das Studium ihrer Texte ermessen. Wir müssen mehr über den Hintergrund der Bücherwelt wissen, angefangen vom literarischen Untergrund, in dem so viele Texte Gestalt annahmen, über Druckereien und Schmuggelwege bis zu den im Hinterzimmer und unter dem Mantel abgewickelten Geschäften eines riesigen literarischen Untergrundes. In unserem Buch wird dieses Terrain nur vorläufig sondiert, doch das sollte genügen, um eine untergegangene Welt wieder zu erschließen und uns mit einigen Lebensläufen vertraut zu machen, die sich in der Vergangenheit verloren hatten.

Die Hochaufklärung und die Niederungen des literarischen Lebens

> Woher kommt soviel wilde Unruhe? Von einem Haufen kleiner Schreiber und Anwälte, von unbekannten Schriftstellern, hungernden Skribenten, die in den Cafés und Klubs Aufruhr stiften. Dort werden die Waffen geschmiedet, mit denen die große Menge heute ausgerüstet wird.
>
> P. J. B. Gerbier, Juni 1789

> Der Lohn, den die Nation zu vergeben hat, muß denen zuteil werden, die ihn verdienen, und nachdem wir die schändlichen Höflinge des Despotismus abgewiesen haben, müssen wir nach dem Verdienst Ausschau halten, das in Kellern und Dachkammern haust ... Wahres Genie ist fast immer sans-culotte.
>
> Henri Grégoire, August 1793

Die Gipfelansicht der Geistesgeschichte des achtzehnten Jahrhunderts ist so oft und so gut beschrieben worden, daß es nützlich sein dürfte, in eine neue Richtung vorzustoßen, um den Boden der Aufklärung zu erreichen und gar in ihre Unterwelt einzudringen, wo sie so erforscht werden kann, wie man es in jüngster Zeit für die Revolution getan hat – von unten.

Will man in der Geistesgeschichte in die Tiefe graben, dann braucht man neue Methoden und neues Material, dann muß man in den Archiven wühlen, statt sich in philosophische Abhandlungen zu vertiefen. Ein Beispiel für den Schmutz, den solches Graben zutage fördern kann, ist etwa der folgende Brief eines Buchhändlers in Poitiers an seinen Lieferanten in der Schweiz: »Hier eine kurze Liste philosophischer Bücher, die ich haben möchte. Schicken Sie die Rechnung bitte im voraus: *Venus im Kloster oder Die Nonne im Nachtgewand, Das enthüllte Christentum, Die Memoiren der Madame de Pompadour, Untersuchung über die Ursprünge der Orientalischen Despotie, Das System der Natur, Die philosophische Therese, Margot die Marketenderin.«*[1] In der Sprache des Buchhandels des achtzehnten Jahrhunderts haben wir hier einen Begriff von Philosophie, wie er denen geläufig war, die ein Geschäft daraus machten, daß sie wußten, was die Franzosen lesen wollten. Vergleicht man ihn mit dem Bild der philosophischen Bewegung, das ehrfürchtig von Lehrbuch zu Lehrbuch überliefert wird, so kann ein unbehagliches Gefühl nicht ausbleiben: Die meisten dieser Titel sind vollkommen unbekannt und weisen darauf hin, daß die Vorstellung, die das achtzehnte Jahrhundert von der Philosophie hatte, auch eine Menge Schund einschloß. Vielleicht war die Aufklärung eine viel prosaischere Angelegenheit als die verdünnte geistige Atmosphäre ahnen läßt, die in den Lehrbüchern beschrieben wird, und vielleicht sollten wir die übertrieben intellektuelle und allzu metaphysische Ansicht vom geistigen Leben des achtzehnten Jahrhunderts in Zweifel ziehen. Eine Möglichkeit, die Aufklärung auf den Boden der Tatsachen zu holen, besteht darin, sie aus dem Blickwinkel der Autoren des achtzehnten Jahrhunderts zu betrachten. Schließlich waren sie Menschen von Fleisch und Blut, die sich satt essen, ihre Familie ernähren und in der Welt zurechtkommen wollten. Die Erforschung der Autoren löst natürlich nicht alle Probleme, die mit der Erforschung der Ideen zusammenhängen, doch sie vermittelt einen Eindruck von ihrem sozialen Kontext und kann der konventionellen Literaturgeschichte soviel entnehmen, um ein paar Hypothesen wagen zu dürfen.[2]

Eine Lieblingsthese der Literaturgeschichten ist es, daß im Laufe des achtzehnten Jahrhunderts die Position des Schriftstellers aufgewertet wurde. Auf dem Höhepunkt der Aufklärung, während der letzten fünfundzwanzig Jahre der alten Gesellschaftsordnung, war das Ansehen der französischen Autoren derart gewachsen, daß ein durchreisender Engländer sie in derselben Weise beschreiben konnte wie Voltaire die englischen Literaten der Frühaufklärung: »Den Autoren eignet eine Art von Adel.«[3] Voltaires eigene Laufbahn ist ein Zeugnis für den Wandel der Wertordnung innerhalb der höheren Ränge der französischen Gesellschaft. Dasselbe Milieu, das den Prügeln applaudiert hatte, die ihm 1726 von den Bedienten des Chevalier de Rohan verpaßt worden waren, feierte ihn 1778 bei seiner triumphalen Rückkehr nach Paris wie einen Gott. Voltaire selbst nutzte seine Apotheose, um die Sache seiner »Klasse« zu fördern – der Literaten, die sich durch gemeinsame Werte, Interessen und Feinde zu einer neuen Berufsgruppe oder »Stand« verbanden. Die letzten beiden Jahrzehnte seines Briefwechsels lesen sich wie eine ununterbrochene Kampagne, mit der er für seine »Kirche«, wie er es nannte, Anhänger zu gewinnen und die »Brüder« und »Gläubigen«, die ihr angehörten, zu beschützen suchte. Wie viele junge Männer im späten achtzehnten Jahrhundert müssen davon geträumt haben, zu den Auserwählten zu gehören, den Monarchen Vortrag zu halten, verfolgte Unschuldige zu retten und die Gelehrtenrepublik von der Académie Française oder von einem Schloß wie Ferney aus zu beherrschen. Ein Voltaire oder d'Alembert zu werden, das war der Ruhm, durch den sich junge Männer, die es zu Geld bringen wollten, blenden ließen. Aber wie sollte man das als philosophe anstellen?

Betrachten wir zum Beispiel die Karriere von Jean-Baptiste-Antoine Suard, einem typischen philosophe der Hochaufklärung. Ebensogut könnte man andere nehmen – Marmontel, Morellet, La Harpe, Thomas, Arnaud, Delille, Chamfort, Roucher, Garat, Target, Maury, Dorat, Cubières, Rulhière oder Cailhava. Der Fall Suard hat den Vorzug, daß seine Karriere von seiner Frau beschrieben worden ist. Der Aufstieg eines Philosophen zur Spitze ist in der Tat erhellend, wenn er aus der Perspektive seiner Frau gesehen wird, und besonders dann, wenn diese Frau, wie im Falle von Mme. Suard, einen Blick für die häuslichen Kleinigkeiten und für die Bedeutung eines ausgeglichenen Familienbudgets hat.[4]

Im Alter von zwanzig Jahren verließ Suard die Provinz und kam gerade zur rechten Zeit in Paris an, um die Aufregung mitzuerleben, die die *Encyclopédie* in den fünfziger Jahren hervorrief. Er besaß drei Vorzüge: gutes Aussehen, gute Manieren und einen Pariser Onkel, außerdem Briefe, die ihn Freunden von Freunden empfahlen. Seine Beziehungen halfen ihm über ein paar Monate hinweg, in denen er genug Englisch lernte, um sich als Übersetzer selbst unterhalten zu können. Dann kam es zu einer Begegnung mit dem Abbé Raynal, der für die gesellschaftlich-kulturelle Elite – le monde – eine Art Rekrutierungsagent war und den er für sich einzunehmen verstand.[5] Raynal besorgte Suard eine Stelle als Hauslehrer der Wohlhabenden, ermunterte ihn, kleine Essays über die Helden des Tages – Voltaire, Montesquieu, Buffon – zu schreiben und führte ihn durch die Salons. Suard bewarb sich um die von den Provinzakademien ausgeschriebenen Preise für Abhandlungen, veröffentlichte literarische Schnipsel im *Mercure*, und nachdem er in Mme. Geoffrins Salon aufgenommen worden war, trat er häufig in den Kreisen in Erscheinung, die man als

›le monde‹ bezeichnete – was in allen Berichten über Suard mit der Regelmäßigkeit eines Leitmotivs vermerkt wird.[6] Durch die sich ihm öffnenden Türen der Salons von d'Holbach, Mme. d'Houdetot, Mlle. de Lespinasse, Mme. Necker und Mme. Suard fand Suard den Weg zu einem Posten bei der *Gazette de France*: Wohnung, Heizung, Licht und 2500 Livres im Jahr dafür, daß er Material, das ihm das Außenministerium Woche für Woche lieferte, etwas aufpolierte.

Hier nun tat Suard seinen ersten unorthodoxen Schritt: er heiratete. Philosophen heirateten im allgemeinen nicht, die Großen der Frühaufklärung – Fontenelle, Duclos, Voltaire, d'Alembert – blieben Junggesellen, und wenn sie, wie Diderot und Rousseau, ein eheliches Verhältnis eingingen, so taten sie es mit jemandem ihres Standes – Ladenmädchen oder Bedienten.[7] In der Zeit Suards jedoch erlaubte es der gehobene Stand des *philosophe*, an eine Heirat zu denken. Suard nahm ein Mädchen von gutbürgerlicher Herkunft wie er selbst, überwand den Widerstand ihres Bruders, des Verlegers Panckoucke, und von Mme. Geoffrin, die altmodische Vorstellungen über die Unvereinbarkeit des Schriftstellerberufes mit dem Familienleben hatte, und gründete seinen Hausstand in der Wohnung, die ihm für seinen Posten bei der *Gazette de France* zur Verfügung stand. Mme. Suard richtete ihre Garderobe auf das knappe Haushaltsgeld ein. Von Freunden wie dem Fürsten de Beauvau und dem Marquis de Chastellux erhielten sie jede Woche Wild von deren Jagd, und fürstliche Gönner wie Mme. de Marchais schickten eine Kutsche, um das Paar zum Essen abzuholen, wo Mme. Suard über »Rang und Verdienst der Gäste« staunte.[8] Das war etwas Neues: Früher hatte Madame *philosophe* ihren Gatten auf seinen Streifzügen in die große Welt nicht begleitet, jetzt aber folgte sie ihm überallhin und eröffnete sogar einen eigenen Salon, der zunächst nur ein bescheidener Mittagstisch für befreundete Literaten war. Freunde und Gönner begrüßten dies mit einem solchen Enthusiasmus, daß sich um den ›petit ménage‹ eine Art Kult bildete, wie aus dem ihn feiernden Gedicht Suards hervorgeht. Der *philosophe*, der einmal ein Außenseiter der Gesellschaft gewesen war, den man aus Spaß in die Salons aufnahm und irgendwann wieder auf die Straße setzte, wo er Prügel bezog, bettelte und von Kerkerhaft bedroht war, wurde jetzt ehrbar, gezähmt und in die konservativste aller Institutionen, die Familie, integriert.

Suard, der es geschafft hatte, Zugang zum ›monde‹ zu finden, begann nun Geld zu verdienen. Als er mit seinem Mitarbeiter Abbé Arnaud die Leitung der *Gazette de France* übernahm, stiegen ihre Einkünfte von

2500 auf 10000 Livres für jeden. Das gelang ihnen, weil sie über den Kopf eines Bürokraten im Außenministerium hinweg, der darüber staunte, »daß Literaten sich mit 2500 Livres Einkommen nicht für reich genug halten«[9], die Gunst des Außenministers, des Duc de Choiseul, gewannen. Dessen Schwester, die Duchesse de Grammont, war eine enge Freundin der Princesse de Beauvau, die ihrerseits mit den Suards und mit Mme. de Tessé, der Gönnerin Arnauds, befreundet war. Solch verpflichtender Adel war freilich von den Launen der Hofpolitik abhängig, und als d'Aiguillon das Amt Choiseuls übernahm, wurden die Suards aus der Wohnung der *Gazette* hinausgeworfen. Noch einmal tat sich der ›monde‹ zur Verteidigung des ›petit ménage‹ zusammen. Suard erhielt als Entschädigung eine Rente von 2500 Livres von d'Aiguillon. Mme. de Maurepas hatte ihn dazu überredet, ihrerseits dazu bewogen vom Duc de Nivernais, den der Anblick der weinenden Mme. Suard in der Académie Française gerührt hatte. Außerdem hatten sich d'Alembert und La Harpe ihr gegenüber wiederholt für Suard ausgesprochen. Dann kam ein Geschenk von 800 Livres ›rentes perpétuelles‹ von den Neckers, und die Suards mieteten ein Haus in der rue Louis-le-Grand. Suard gelang es, den Posten eines literarischen Korrespondenten des Markgrafen von Bayreuth zu bekommen. Seine Freunde erwirkten für ihn eine Rente von 1200 Livres aus den Einkünften des *Almanach Royal*. Er verkaufte seine Sammlung englischer Bücher für 12000 Livres an den Duc de Coigny und erwarb ein Landhaus. Als nächstes kam die Wahl in die Académie Française, die ein Einkommen von bis zu 900 Livres in jetons (das 1786 verdoppelt wurde) und einen weit größeren Betrag an indirekten Gewinnen brachte, wie durch die Stellung als Zensor aller Stücke und Schauspiele, die 2400 und später 3700 Livres im Jahr wert war. Als das *Journal de Paris* wegen des Abdrucks respektloser Verse über eine ausländische Prinzessin vorübergehend eingestellt wurde, wurde Suard vor den Siegelbewahrer gerufen und verpflichtete sich, in Zukunft für Sauberkeit zu sorgen und den Gewinn zu teilen: weitere 1200 Livres. »Wenn er den Pflichten seiner Ämter nachgekommen war, nahm er einen Einspänner und ließ sich zu dem hübschen Haus bringen, das er mir geschenkt hatte«[10], erinnert sich Mme. Suard. Sie waren jetzt oben, mit einem Einkommen von 10000, vielleicht auch über 20000 Livres im Jahr, und genossen die Ergötzlichkeiten der alten Gesellschaftsordnung in ihren letzten Tagen. Die Suards hatten es geschafft.

Am auffallendsten an Suards Erfolgsgeschichte ist die Abhängigkeit von »Protektion« – nicht der alten höfischen Spielart der Patronage, sondern einer neuen Form, zu der gehörte, daß man die richtigen Leute kannte, die richtigen Fäden zog und Verbindungen »kultivierte«, wie es im achtzehnten Jahrhundert hieß. Ältere, etablierte Schriftsteller, reiche Bürger und Adlige, sie alle wirkten dabei mit, junge Männer, die Stil, den ›bon ton‹ in vollkommener Ausprägung besaßen, in die Salons, Akademien, privilegierten Zeitschriften und Ehrenstellungen aufzunehmen. Was fehlte, war der Markt: Suard lebte von Sinekuren und Pensionen, nicht vom Verkauf von Büchern. Tatsächlich schrieb er wenig und hatte wenig zu sagen – nichts, was das Regime hätte stören können, wie man kaum zu betonen braucht. Er unterwarf sich der Parteilinie der philosophes und strich seinen Lohn ein. Doch wie viele Belohnungen dieser Art gab es, und wie typisch war der ›cas typique‹ Suards? Ein Teil der Antwort auf diese Fragen findet sich in einer Schachtel in den Archives Nationales mit einer Liste von 147 »Literaten, die eine Pension erbitten«, und zehn Dossiers, vollgestopft mit Material über Schriftsteller und ihre Einkommensquellen.[11] Diese Liste liest sich wie ein *Who's Who* der literarischen Welt, zusammengestellt von Beamten der Contrôle générale für Calonne, der 1785 entschieden hatte, die Verleihung von literarischen Pensionen, ›gratifications‹ und ›traitements‹ zu vermehren und zu systematisieren. Calonne ließ sich außerdem von einem Komitee beraten, dem Lenoir, der frühere Polizeipräfekt von Paris, Vidaud de Latour, der Direktor des Buchhandels, und zwei Hofakademiker, der Maréchal de Beauvau und der Duc de Nivernais, angehörten. Beileibe keine revolutionäre Gruppe. Die Pensionsliste mit den Empfehlungen von Calonnes Beamten und seinen eigenen an den Rand gekritzelten Bemerkungen macht einen entsprechenden Eindruck. Sie zeigt eine starke Bevorzugung etablierter Schriftsteller, vor allem der Akademiemitglieder. Morellet erscheint hier mit 6000 Livres im Jahr von der Caisse de Commerce, Marmontel mit 3000 Livres als ›historiographe de France‹ und 2000 Livres als ständiger Sekretär der Académie Française. La Harpe beklagt sich, daß er bloße 600 Livres vom *Mercure* erhalte, der Maréchal de Beauvau dringt darauf, ihm 1500 zu geben, und die Pension wird verliehen trotz der Bemerkung eines untergeordneten Beamten, daß La Harpe außerdem 3000 Livres für Vorlesungen am Lycée beziehe. Und so geht die Liste weiter, eine Gestalt der Hochaufklärung folgt der anderen: Chamfort (erhält 2000 Livres zusätzlich zu 1200 Livres von der maison du roi), Saint-Lambert (beantragt 1053 Livres, Entscheidung aufgeschoben), Bernardin de Saint-Pierre (1000 Livres), Cailhava (1000 Livres), Keralio, Garat, Piis, Cubières, Des Essarts, Aubert und Lemierre.

Exemplarisch für die Eigenschaften, die für eine Pension erforderlich waren, ist Blin de Asinmore, ein braver Bürger in den unteren Rängen der Gelehrtenrepublik. Er war königlicher Zensor, ›historiographe de l'Ordre du Saint-Esprit‹ und Schützling der Princesse de Rochefort. »Ferner möchte ich hinzufügen, Monseigneur, daß ich das Haupt einer Familie bin, daß ich ohne Vermögen geboren wurde und für den Unterhalt und die Erziehung meiner Familie weiter nichts habe als den Posten eines Historiographen des königlichen Ordens, dessen Einkünfte für mich alleine kaum ausreichen, um in geziemender Weise leben zu können.«[12] Demnach wurden die Pensionen als Mildtätigkeit wie als Belohnung betrachtet. Saurins Witwe stellte einen Antrag, weil der Tod ihres Gatten sie mittellos machte, da er ausschließlich von den »Wohltaten der Regierung« gelebt hatte.[13] Im einzelnen führte Mme. Saurin auf:

Pension der Académie Française	2000
Pension aus den Allgemeinen Gütern	3000
Als Sohn eines konvertierten [protestantischen] Geistlichen	800
Als Zensor	400
Aus dem Amt eines ›trésorier du pavé de Paris‹	2400
	8600

Die Wohltaten gingen im allgemeinen an ernsthafte, verdiente Schriftsteller, aber nicht an solche, die keine Beziehungen zum ›monde‹ hatten. Akademiemitglieder standen auf der Regierungsliste an erster Stelle – ihr Anteil war so groß, daß ein Mitarbeiter des Ministeriums am Rand notierte: »Es besteht die Gefahr, daß der Titel des académicien zu einem Synonym für Pensionsempfänger des Königs wird.«[14] Ducis forderte 1000 Livres im Jahr mit der Begründung, daß »die meisten unserer confrères, sei es von der Académie Française oder Académie des Inscriptions, Pensionen erhalten haben, die den Charakter einer dauerhaften Vergünstigung annehmen«.[15] Diese Günstlingswirtschaft war Caraccioli ein Stein des Anstoßes, und er schrieb gereizt:

Ich bin anmaßend genug zu glauben, daß Sie von meinen Werken gehört haben werden, die alle Religion und gesunde Moral zu ihrem Gegenstand haben. Fünfunddreißig Jahre habe ich in dieser Gattung geschrieben, und trotz der Leichtfertigkeit des Jahrhunderts haben [meine Werke] überall Verbreitung gefunden und sind in verschiedene Sprachen übersetzt worden. Trotzdem habe ich unter den Ministern, die Ihnen vorausgegangen sind und die mir die schönsten Versprechungen gemacht haben, niemals die geringste Zuwendung erhalten, obwohl ich in bescheidensten Verhältnissen lebe, die durchaus als Armut bezeichnet werden dürfen. Und ich habe Gratifikationen wie Pensionen herabregnen sehen.[16]

Wie Caracciolis Bemerkungen deutlich machen, hielt man »gesunde« Ansichten für eine notwendige Voraussetzung einer Pension. In einigen Fällen unterstützte die Regierung Schriftsteller, die Propaganda für sie gemacht hatten. Sie betrachtete den Abbé Soulavie mit Wohlwollen, weil er »M. le Contrôleur Général einige Manuskripte über Finanzfragen unterbreitet hat«.[17] Und umgekehrt vermied es die Regierung, Zahlungen an jemanden zu leisten, dessen Loyalität zweifelhaft war. J.-C.-N. Dumont de Sainte-Croix, ein zweitrangiger Autor von juristischen Abhandlungen, wurde abgelehnt, denn wie es in der Randbemerkung bei seinem Namen heißt: »All die neuen Systeme dieser Art würden Ermutigung verdienen, sofern sie von der Regierung bekanntgemacht würden und nicht vom Publikum, das zum Aufruhr gegen die bestehenden Gesetze angestachelt wird, anstatt daß man es über die Mittel sie zu verbessern aufklärt.« Dann, von einer anderen Hand: »Nichts.«[18] Auch Rivarol bekam nichts, jedoch nur, weil er bereits eine geheime Pension von 4000 Livres bezog: »Er ist sehr gewitzt, und eine Unterstützung, die ihm für den Fall, daß er gesunden Grundsätzen treu bleibt, jedes Jahr gezahlt werden könnte, wäre eine Möglichkeit, ihn davon abzuhalten, daß er seinem Hang zu gefährlichen Grundsätzen folgt.«[19]

Das Patronat des Staates war also von unterschiedlichen Erwägungen bestimmt. Ebenso wie die modernen Institutionen wie das französische Centre National de Recherche Scientifique unterstützte auch die Monarchie ernsthafte Gelehrte, vielleicht sogar in der Absicht, eine neue intellektuelle Elite zu schaffen.[20] Außerdem übte sie Mildtätigkeit, und sie nutzte ihre Mittel, um Schriften zu fördern, die das Regime gut aussehen ließen. In jedem Einzelfall jedoch beschränkte sie ihre Zuwendungen auf Männer, die in der gelehrten Welt einiges Ansehen genossen. Ein paar Außenseiter wie Delisle de Sales, Mercier und Carra erdreisteten sich, eine Pension zu beantragen, doch sie bekamen nichts. Später enthüllte Lenoir, daß er und seine Kollegen Carra, Gorsas und Fabre d'Eglantine abgewiesen hatten, weil »die académiciens sie als den Abschaum der Literatur beschrieben«.[21] Während der literarische Pöbel der Regierung die geöffnete Hand hinhielt, teilte die Regierung an Schriftsteller aus, die fest im ›monde‹ verankert waren.

Die Regierung teilte in großem Maßstab aus. In einer Notiz eines untergeordneten Beamten wird die Gesamtsumme mit 256 300 Livres im Jahr angegeben, wozu im Jahre 1786 noch 83 153 Livres hinzukamen. Dieser Betrag umfaßt jedoch nur die direkten Almosen aus dem königlichen Vermögen. Weit mehr Geld floß in die Börse »vernünftiger« Schriftsteller aus Ämtern, die die Regierung vergab. Zeitschriften zum Beispiel waren für die im genauen Wortsinne privilegierten Wenigen eine wichtige Einkommensquelle. Königliche Privilegien reservierten bestimmte Fragen für die halboffiziellen Zeitschriften wie den *Mercure*, die *Gazette de France* und das *Journal des savants*, die ihr Monopol unbekümmert um Konkurrenz ausbeuteten (die Regierung ließ die Verbreitung einiger vorsichtiger ausländischer Journale zu, vorausgesetzt, sie kamen durch die Zensur und zahlten einer privilegierten Zeitschrift Entschädigung), und gaben einen Teil der Einkünfte an von der Regierung ausgewählte Schriftsteller weiter. 1762 zahlte der *Mercure* 30 400 Livres an zwanzig bescheidene Leuchten der Hochaufklärung.[22] Des weiteren gab es eine Vielzahl von Sinekuren. Nicht nur brauchte der König einen offiziellen Historiographen, er unterstützte auch ›historiographes de la marine‹, ›des bâtiments royaux‹, ›des menus-plaisirs‹ und ›de l'Ordre du Saint-Esprit‹. Die Zweige der königlichen Familie waren überladen mit Vorlesern, Sekretären und Bibliothekaren – alles mehr oder weniger ehrenvolle Posten, für die man arbeitete, ohne seine Zeit auf ihnen absitzen zu müssen, und die man dadurch erlangte, daß man antichambrierte, Lobreden verfaßte, Bekanntschaften in Salons pflegte und die richtigen Leute kannte. Natürlich war es immer hilfreich, wenn man Mitglied der Académie Française war.[23]

Die zahlreichen Geschichten und ›petites histoires‹ über die Akademie im achtzehnten Jahrhundert[24], ob mit Sympathie oder Haß geschrieben, haben ein beherrschendes Thema: die erfolgreiche Kampagne der Aufklärung, die französische Elite auf ihre Seite zu ziehen. Nach der ›chasse aux Pompignans‹ von 1760, der Wahl Marmontels 1763 und d'Alemberts Ernennung zum ständigen Sekretär 1772 fiel die Akademie in die Hände der philosophes. Sie wurde für sie eine Art Klub, ein ideales Forum, um die Angriffe gegen ›l'infâme‹ zu führen, den Sieg der Vernunft zu verkünden und neue philosophes aufzunehmen, sobald die alte Garde der Akademiker ausstarb. Die letztgenannte Funktion, in der die philosophischen Salons so gut wie ein Monopol besaßen, stellte sicher, daß nur Parteileute den Weg zur Spitze schafften. So kam es, daß Voltaires Kirche von Konvertiten bestürmt wurde. Das Schauspiel einer neuen Generation, die die Fackel übernahm, erwärmte das Herz des alten Mannes. Als Voltaire Suard zu seiner Wahl gratulierte, frohlockte er: »Gott sei es gedankt, wieder eine Karriere gesichert ... Endlich sehe ich die wirklichen Früchte der Philosophie, und ich beginne zu glauben, daß ich zufrieden sterben werde.«[25] So besetzten Suard und sein Kreis, die Hohenpriester der Hochaufklärung, den Gipfel der literarischen Welt, während die philosophes der Jahrhundertmitte abstiegen und starben. Zu den neuen Männern gehörten sowohl Schriftsteller wie Thomas, Marmontel, Gaillard, La Harpe, Delille, Arnaud, Lemierre, Chamfort und Rulhière und philosophisch gesonnene ›grands‹, mächtige Hofleute und Geistliche wie der Marquis de Chastellux, der Maréchal de Duras, Boisgelin, der Erzbischof von Aix, und der Erzbischof von Sens, Loménie de Brienne.

Die Verschmelzung der ›gens de lettres‹ und der ›grands‹ war ein bevorzugtes Thema der philosophischen Schriften der Jahrhundertmitte gewesen. Duclos hatte sie in seinen *Considérations sur les mœurs de ce siècle* (1750) triumphierend verkündet. Schreiben war ein neuer »Beruf« geworden, durch den, wie er erklärte, Männer von großem Talent aber bescheidener Herkunft einen herausgehobenen »Stand« erlangten. Solche Schriftsteller fanden Aufnahme in eine Gesellschaft von Hofleuten und reichen Gönnern, und alle profitierten davon: die ›gens du monde‹ fanden Unterhaltung und Belehrung, und die ›gens de lettres‹ erwarben Schliff und Ansehen. Es verstand sich von selbst, daß der Aufstieg in die oberen Schichten Verpflichtungen gegenüber der sozialen Hierarchie mit sich brachte. Duclos hatte ein scharfes Auge für die Feinheiten von Stand und Rang, und obwohl er stolz war auf die Fähigkeit des Literaten, allein durch sein Talent aufzusteigen, zeigte er denselben Respekt vor dem, was einen Mann des ›monde‹ ausmachte: »Ein homme du monde ist man durch Geburt und Stellung.«[26]

Voltaire, der Erzverteidiger des ›mondain‹, teilte diese Einstellung. Sein Artikel »Gens de lettres« in der *Encyclopédie* hob hervor, daß im achtzehnten Jahrhundert »der Geist des Zeitalters sie [die Literaten] meistenteils ebenso für den monde wie für die Studien geeignet macht. Bis zur Zeit Balzacs und Voitures wurden sie von der Gesellschaft ferngehalten. Seither sind sie ein notwendiger Teil von ihr geworden.« Sein Artikel »Goût« im *Dictionnaire philosophique* offenbarte die elitäre Tendenz seines Kulturverständnisses: »Mit dem Geschmack verhält es sich wie mit der Philosophie. Er gehört einer sehr kleinen Anzahl bevorzugter Seelen... Er ist unbekannt in bürgerlichen Familien, die sich ausschließlich um ihr Vermögen kümmern.« Voltaire, der beständig den Umgang mit Hofleuten pflegte, selbst einer zu werden trachtete und dem es schließlich gelang, die Zugehörigkeit zum Adel zu erkaufen, war der Ansicht, daß die Aufklärung bei den ›grands‹ beginnen sollte: hatte sie erst einmal die Kommandohöhen der Gesellschaft erobert, so konnte sie sich den Massen zuwenden – doch man sollte aufpassen, daß diese nicht lesen lernten.

D'Alembert war im Grunde ein Anhänger derselben Strategie, doch teilte er nicht die Vorliebe seines »Meisters« für den Hof.[27] Sein zwei Jahre vor seiner Wahl in die Académie Française veröffentlichter *Essai sur les gens de lettres et les grands* (1752) war eine Unabhängigkeitserklärung für die Schriftsteller und die Schriftstellerei als einem stolzen neuen Beruf (nicht in dem heutigen soziologischen Sinn dieses Begriffs, sondern so wie Duclos ihn gebrauchte). Aber trotz einiger scharfer Worte, mit denen d'Alembert sich gegen die erniedrigenden Praktiken der Patronage wandte und für eine »demokratische« Gelehrtenrepublik eintrat, betonte er, daß die Gesellschaft hierarchisch sei und sein solle und daß die ›grands‹ an ihre Spitze gehörten.[28] Als er dann als Nachfolger von Duclos im Amt des ständigen Sekretärs die Akademie beherrschte und seine *Histoire des membres de l'Académie française* (1787) schrieb, nahm er Duclos' Thema wieder auf und gab ihm eine konservative Wendung. Er geißelte die »Horde literarischer Rebellen« (frondeurs littéraires), daß sie ihrem enttäuschten Ehrgeiz in Angriffen auf die Akademie Luft machten. Er verteidigte die Mischung von ›grands seigneurs‹ und Schriftstellern in der Akademie und hob die Rolle der Hofleute als Experten im Reiche des Geschmacks und der Sprache hervor in einer sehr elitären Aufklärung – in einem Prozeß allmählicher Ausbreitung des Wissens nach unten, bei dem der Grundsatz sozialer Gleichheit keine Rolle spielen konnte.

Bedarf es großen philosophischen Nachdenkens, um zu begreifen, daß in der Gesellschaft und besonders in einem großen Staat eine durch klare Unterscheidungsmerkmale definierte Rangordnung unerläßlich ist und daß, wenn Tugend und Talent allein Anspruch auf unsere wahre Huldigung erheben können, der Vorrang von Geburt und Stellung uns Ehrerbietung und Achtung abverlangen...? Und wie könnten Gelehrte die so legitimen Vorrechte anderer Stände mit Neid ansehen und falsch auslegen?[29]

Als Wortführer des neuen Schriftstellerstandes (nicht aber des Philosophentypus, den Diderot und d'Holbach repräsentierten) drängten Duclos, Voltaire und d'Alembert ihre »Brüder«, aus der gegebenen Mobilität Nutzen zu ziehen, indem sie sich der Elite anschlossen. Anstatt die Gesellschaftsordnung in Frage zu stellen, boten sie ihr eine Stütze.

Was bedeutete dieser Vorgang? Wurde das Establishment aufgeklärt oder wurde die Aufklärung zum Establishment? Wahrscheinlich beides, obgleich es sich empfehlen dürfte, den belasteten Begriff des »Establishment«[30] zu vermeiden und auf den bereits verwendeten Begriff des achtzehnten Jahrhunderts, ›le monde‹, zurückzugreifen. Nachdem die großen philosophes um die Jahrhundertmitte für ihre Prinzipien gekämpft und während der letzten Jahre der Regierung Ludwigs XV. die gewonnenen Stellungen befestigt hatten, standen sie nun vor dem Problem, mit dem jede siegreiche Ideologie fertig werden muß: sie mußten ihrer Sache würdige Helfer in der nächsten Generation finden. Zugegeben, »Generation« ist ein vager Begriff[31], vielleicht gibt es keine wirklichen Generationen, sondern nur demographische »Klassen«. Freilich, die großen philosophes bilden eine ziemlich geschlossene demographische Einheit: Montesquieu 1689–1755, Voltaire 1694–1778; und dann Buffon 1707–1788, Mably 1709–1785, Rousseau 1712–1778, Diderot 1713–1784, Condillac 1715–1780 und d'Alembert 1717–1783. Den Zeitgenossen kam natürlich der Tod und nicht die Geburt großer Männer zu Bewußtsein. Voltaire, Rousseau, Diderot, Condillac, d'Alembert und Mably, sie alle starben zwischen 1778 und 1785, und ihr Tod hinterließ wichtige Lücken, die von Jüngeren, die meist zwischen 1720 und 1740 geboren waren, gefüllt werden mußten.

Als die großen philosophes alt geworden waren, machten sie in den Salons die Runde, auf der Suche nach Nachfolgern. Sie suchten einen neuen d'Alembert – und fanden einen Marmontel, den Vorreiter des ›Gluckisme‹. Sie versuchten sich einzureden, daß ein Thomas Blitze schleudern konnte wie Diderot und daß La Harpe über die Schärfe eines Voltaire verfügte. Aber es half alles nichts. Mit dem Tod der alten Bolschewiken fiel die Aufklärung in die Hände von Nullen wie Suard: sie verlor ihr Feuer und wurde zu einem stillen Leuchten, einem gemächlichen Fortschreiten. Der Übergang von der heroischen zur Hochaufklärung zähmte die Bewegung, integrierte sie in den ›monde‹ und tauchte sie in die ›douceur de vivre‹ der letzten Jahre der untergehenden alten Gesellschaftsordnung. So bemerkt Mme. Suard, nachdem sie vom Empfang ihrer letzten Pension berichtet hat: »Es bleiben mir keine Ereignisse mehr zu berichten außer dem Fortgang eines angenehmen und abwechslungsreichen Lebens bis zum Eintritt jener furchtbaren und verheerenden Epoche [der Revolution].«[32] Ihr Gatte, der Zensor geworden war, weigerte sich, Beaumarchais' gar nicht so revolutionäres Stück *Le Mariage de Figaro* zuzulassen, und Beaumarchais wandte einen Großteil seiner Energie an Spekulationen und schließlich an den Bau des größten Pariser Stadthauses – »ein Haus, von dem man spricht« –, der Traum eines Aufsteigers.[33]

Dennoch unternahm die etablierte Aufklärung nichts, um ihre radikalen Ausläufer zu entschärfen, da ebenso, wie eine Generationskluft die gehobenen philosophes von ihren Vorläufern trennte, ein Generationssprung zwischen ihnen und der Unterschicht der Literatur verlief, jenen ihrer Zeitgenossen, die den Weg nach oben nicht geschafft hatten und in die Gosse zurückgefallen waren.

Vielleicht ist die literarische Welt seit je in eine Hierarchie gegliedert gewesen, deren Extreme einerseits als die große Welt der Mandarine und andererseits als die Gosse der kleinen Literaten bezeichnet werden können. Solche Milieus gab es im siebzehnten Jahrhundert, und es gibt sie heute. Doch die sozialen und ökonomischen Verhältnisse der Hochaufklärung rissen in den letzten fünfundzwanzig Jahren der alten Gesellschaftsordnung eine besonders tiefe Kluft zwischen den beiden Gruppen auf, und wenn man diese Spaltung in ihrer ganzen Tiefe untersucht, sollte man eine Antwort auf eine der notorischen Fragen erhalten, die die vorrevolutionäre Zeit stellt: Welche Beziehung besteht zwischen der Aufklärung und der Revolution?

Auf den ersten Blick hat es den Anschein, als hätte sich das Los der Schriftsteller in der Regierungszeit Ludwigs XVI. wesentlich gebessert. Alle einschlägigen Daten, so unsicher sie sind, weisen in dieselbe Richtung einer erheblich wachsenden Nachfrage nach dem gedruckten Wort.[34] Die Zahl derer, die lesen konnten, hat sich im Lauf des Jahrhunderts wahrscheinlich verdoppelt, und der allgemeine wirtschaftliche Aufschwung, in eins mit Verbesserungen des Bildungssystems, führte wahrscheinlich zu einem größeren, reicheren und mit mehr Muße versehenen Lesepublikum. Daß die Buchproduktion rapide anstieg, steht außer Frage, gleichgültig woran man dies mißt, an den Anträgen für Privilegien und ›permissions tacites‹ oder indirekt an der Zahl der Zensoren, Buchhändler oder Drucker. Es gibt jedoch kaum einen Hinweis, daß die Schriftsteller von irgendeinem Aufschwung des Verlagsgeschäfts profitierten. Im Gegenteil, alles deutet darauf hin, daß, während die Mandarine sich an Pensionen mästeten, die meisten Autoren zu einer Art literarischen Proletariats herabsanken.

Zugegeben, alles, was wir über den Zuwachs der literarischen Unterschicht wissen, stammt aus Anekdoten, nicht aus Statistiken. Mallet du Pan behauptete, daß dreihundert Schriftsteller, darunter eine Menge kleiner Lohnschreiber, sich um Calonnes Pensionen bewarben, und schloß: »Paris ist voll von jungen Männern, die jede Gelegenheit ergreifen, um als Talent aufzutreten, Schreiber, Buchhalter, Rechtsanwälte und Soldaten, die sich selbst zu Autoren machen, Hungers sterben, sogar betteln und Flugschriften herausgeben.«[35] Crébillon fils, der angeblich alljährlich für 40000 bis 50000 Verse Flugschriftpoesie ›permissions de police‹ erteilt haben soll, wurde von einer »Horde von Verseschmieden und Möchtegernautoren« bestürmt, die aus den Provinzen kommend Paris überschwemmten.[36] Mercier fand diese »hungerleidenden Skribenten«, »diese armen Schmierfinken« (écrivailleurs affamés, ces pauvres barbouilleurs) überall[37], und Voltaire beschäftigte sich unausgesetzt mit dem Thema des »schmutzigen Pöbels« (peuple crotté), der den Boden der literarischen Welt überschwemmte. Die »elende Spezies, die für ihren Lebensunterhalt schreibt«, die »Geißel der Menschheit«, der »Abschaum der Literatur« (lie du genre humain, canaille de la littérature) rangierte sozial noch unter den Prostituierten.[38] Im gleichen Geist veröffentlichten Rivarol und Champcenetz eine fiktive Zählung der in der Gosse und den Dachkammern von Paris hausenden unentdeckten Voltaires und d'Alemberts. Sie schrieben Artikel über weit über fünfhundert dieser elenden Skribenten, die eine Weile unbekannt vor sich hin kritzelten und dann verschwanden wie ihr Traum vom Ruhm, mit Ausnahme einiger weniger: Carra, Gorsas, Mercier, Restif de la Bretonne, Manuel, Desmoulins, Collot d'Herbois und Fabre d'Eglantine. Die Namen dieser zukünftigen Revolutionäre nehmen sich in Rivarols Namensliste der »fünf- oder sechshundert Dichter«, die sich in der Masse der »basse littérature« verlieren, eigenartig aus, doch Rivarol weist ihnen ihren Platz zu Recht an.[39]

Dieser Platz war der literarische Untergrund, und seine jederzeit entflammbare Bevölkerung erlebte während der letzten fünfundzwanzig Jahre der alten Gesellschaftsordnung einen enormen Zuwachs. Es kann natürlich sein, daß die Interpretation nichts weiter als ein demographisches Phantom aufgrund subjektiver literarischer Quellen ist, doch die Quellen sprechen eine so eindringliche Sprache, daß man berechtigt ist, der Phantasie die Zügel schießen zu lassen. Immer wiederkehrendes Thema ist der junge Mann aus der Provinz, der ein paar Seiten Voltaire liest, dessen Ehrgeiz entbrennt, ein philosophe zu werden, und der von zu Hause fortgeht, aber nur ein schwaches Licht wird und in Paris elend verlöscht.[40] Selbst Duclos beklagte diese Nebenfolgen seiner Erfolgsformel[41], und Voltaire, den die Übervölkerung von Paris mit jungen Schriftstellern nicht losließ (»das alte Ägypten hatte nicht soviel Heuschrecken«), gab vor, diese Literatur anzugreifen, um die Jugend von ihr abzuwenden.[42] »Die Zahl derer, die im Gefolge dieser Leidenschaft [für die »Literatenlaufbahn«] verlorengehen, ist ungeheuer. Sie machen sich selbst zu jeder nützlichen Arbeit unfähig... Sie leben von Reimen und Hoffnungen und sterben im Elend.«[43] Voltaires Angriffe verletzten Mercier, der sich zur Verteidigung der »armen Teufel« im Gegensatz zu den verhätschelten und mit Pensionen gefütterten Lieblingen der Akademien und Salons erhob. Mercier erklärte, daß die »Armen« der »niederen Literatur« (basse littérature) im Faubourg Saint-Germain mehr Talent und Integrität besaßen als die »Reichen« der »hohen Literatur« (haute littérature) des Faubourg Saint-Honoré. Aber selbst er kam zu einer pessimistischen Schlußfolgerung: »Du, der Du Armut und Erniedrigung nicht kennenlernen möchtest, halte Dich von dieser Laufbahn fern.«[44] Linguet, ein anderer Voltaire-Gegner, widmete diesem Thema ein ganzes Buch. Als jemand, der beständig von Möchtegernautoren auf der Suche nach einem Beschützer angesprochen wurde, hatte er Grund zu der Klage, daß die »höheren Schulen zur Brutstätte von Kinder-Autoren geworden sind, die in aller Eile Tragödien, Romane, Geschichtswerke und was sonst noch zusammenschmieren« und dann »den Rest ihres Lebens in Elend und Verzweiflung verbringen«.[45]

Man strömte aus der Provinz nach Paris auf der Suche nach Ruhm, Geld und der gehobenen Stellung, die jedem Schriftsteller mit ausreichendem Talent zu winken schien. Die Motive deckten sich nicht notwendig mit denen der frühen philosophes, die oftmals Adlige und Geistliche waren mit genügend Muße, um dann zu schreiben, wenn der Geist über sie kam, und die von der Zeit schrieben, als die »Literatur zu einem *métier* wurde«, wie Meister mit Abscheu bemerkt.[46] J. J. Garnier, ein Schriftsteller mit einem stark entwickelten Sinn für Professionalität, bemerkte, daß um 1764 viele Literaten angetrieben wurden durch »die Hoffnung auf Ansehen, Einfluß und Reichtum etc. Da ihnen durch niedrige Geburt und bescheidenes Vermögen der Weg nach oben versperrt war, bemerkten sie, daß die Literatenlaufbahn, die jedermann offenstand, ihrem Ehrgeiz ein anderes Betätigungsfeld eröffnete.«[47] Mercier war ebenfalls der Ansicht, daß der Zuwanderer aus der Provinz hoffen konnte, seine niedrige Herkunft hinter sich zu lassen und in Paris den Gipfel zu erklimmen.[48] Aber auf dem Gipfel von Paris, dem ›tout Paris‹, gab es wenig Platz für ehrgeizige junge Männer, die es zu etwas bringen wollten, vielleicht deswegen, weil, nach Ansicht der Soziologen, aufsteigende Statusgruppen zur Exklusivität neigen, vielleicht aufgrund einer literarischen Variante des Malthusianismus, vielleicht auch, weil Frankreich an der üblichen Krankheit von Entwicklungsländern litt, einer Überzahl von zu gut ausgebildeten und unterbeschäftigten Literaten und Juristen. Wie dem auch sei, die von Duclos gefeierte neue Laufbahn und die von Voltaire ausgerufene neue Kirche scheinen so attraktiv gewesen zu sein, daß es zu einer Rekordernte potentieller philosophes kam, weit mehr, als sich von dem archaischen System der Protektion absorbieren ließen. Das Fehlen von Statistiken und die Vermischung sozialer Gruppen im vorrevolutionären Frankreich (wie definiert man einen ›homme de lettres‹ – als jemanden, der literarisches Ansehen genießt, jemanden, der ein Buch veröffentlicht hat oder der von seiner Feder lebt?) machen es unmöglich, diese Hypothesen zu verifizieren. Es bedarf jedoch keiner vollständigen Erhebung über Schriftsteller im achtzehnten Jahrhundert, um die Spannung zwischen den Männern der niederen Literatur und den Männern des ›monde‹ am Vorabend der Revolution zu begreifen. Die Tatsachen des damaligen literarischen Lebens sprechen für sich selbst.

Am meisten ins Auge springt die Tatsache, daß der Markt nicht viel mehr Schriftsteller aufnehmen konnte als zu den Zeiten, als Prévost und Le Sage bewiesen, daß es möglich – nur eben möglich – war, von seiner Feder anstatt von Pensionen zu leben. Obwohl die Verleger etwas bessere Konditionen boten als früher im Jahrhundert, blieben die Autoren den Herren der Verleger- und Buchhändlerzunft, die wenig für ein Manuskript zahlten, und den Raubdruckern, die überhaupt nicht zahlten, weiterhin ausgeliefert.[49] Keiner der großen philosophes der Jahrhundertmitte war auf die Einkünfte aus Büchern angewiesen, mit Ausnahme von Diderot, der den literarischen Untergrund nie ganz verlassen hat. Mercier hat behauptet, daß zu seiner Zeit nur rund dreißig hartgesottene »Professionelle« vom Schreiben lebten.[50] Einen offenen, »demokratischen« Markt, der eine große Zahl von wagemutigen Autoren ernähren konnte, gab es in Frankreich erst im neunzehnten Jahrhundert. Vor dem Aufkommen der Dampfpresse und der

Massenleserschaft nährten sich die Autoren von dem, was sie an den Straßen zum Reichtum auflesen konnten – wie es mit besondrem Erfolg Suard praktizierte –, oder sie fielen in die Gosse zurück.

War der junge Mann aus der Provinz, der davon geträumt hatte, den Parnaß zu erstürmen, einmal in die literarische Gosse geraten, dann konnte er sich daraus nie wieder erheben. Wie Mercier es ausdrückt: »Unter Tränen sinkt er nieder an einer unüberwindlichen Schranke... Zum Verzicht auf den Ruhm genötigt, nach welchem er so lange gelechzt hat, hält er inne und schaudert vor der Schranke, die ihm die weitere Karriere versperrt.«[51] Die Neffen und Großneffen Rameaus sahen sich in Wirklichkeit einer doppelten, ökonomischen wie sozialen Schranke gegenüber, denn nachdem der literarische Untergrund ihnen sein Zeichen einmal eingebrannt hatte, war ihnen die bessere Gesellschaft, wo man die Leckerbissen herumreichte, verschlossen. Also verfluchten sie die geschlossene Welt der Kultur. Sie überlebten, indem sie die Schmutzarbeit der Gesellschaft taten – Spitzeldienste für die Polizei und Handel mit Pornographie, und ihre Schriften füllten sich mit Verwünschungen des ›monde‹, der sie erniedrigte und korrumpierte. Die vorrevolutionären Werke von Männern wie Marat, Brissot und Carra bringen nicht eine vage Stimmung gegen das »Establishment« zum Ausdruck, sondern in ihnen brodelt der Haß gegen die literarischen »Aristokraten«, die sich der egalitären »Gelehrtenrepublik« bemächtigt und sie in eine »Despotie« verwandelt hatten.[52] In den Niederungen der intellektuellen Unterwelt wurden diese Männer zu Revolutionären, und dort war die Geburtsstätte der jakobinischen Entschlossenheit, die Aristokratie des Geistes auszulöschen.

Um zu erklären, warum es keinen Ausweg aus dem literarischen Untergrund gab und warum die in ihm Gefangenen einen solchen Haß auf die Großen an der Spitze empfanden, muß man ein Wort über die kulturelle Produktionsweise des späten achtzehnten Jahrhunderts sagen, und das Stichwort dafür begegnet einem überall im Ancien Régime: Privileg.[53] Die Bücher selbst waren Träger von Privilegien, die die Gnade des Königs verlieh. Privilegierte Zünfte, deren Organisation die Handschrift Colberts trug, monopolisierten die Produktion und Distribution des gedruckten Wortes. Privilegierte Zeitschriften beuteten vom König verliehene Monopole aus. Privilegierte Institutionen wie die Comédie Française, die Académie Royale de Musique und die Académie Royale de Peinture et de Sculpture hatten das legale Monopol für Bühne, Oper und bildende Künste. Die Académie Française beschränkte die literarische Unsterblichkeit auf vierzig privilegierte

Individuen, während privilegierte Körperschaften wie die Académie des Sciences und die Société Royale de Médecine die Welt der Wissenschaft beherrschten. Und über all diesen Körperschaften erhob sich die am höchsten privilegierte kulturelle Elite, die die große Welt sich allein reservierte.

Für eine körperschaftlich verfaßte Gesellschaft mag es vielleicht angemessen gewesen sein, ihre Kultur körperschaftlich zu organisieren, doch eine derart archaische Organisation hemmte die expansiven Kräfte, die der Kulturindustrie den Weg bahnen und für die übervölkerte Unterwelt der Literatur besser aufkommen konnten. So wie die Dinge lagen, waren die Buchhändlerzünfte in der Unterdrückung nichtprivilegierter Bücher weit wirkungsvoller als die Polizei, und unterprivilegierte junge Männer wie Brissot wurden nicht so sehr deswegen ins Elend getrieben, weil ihre frühen Werke radikal waren, sondern weil die Monopole verhinderten, daß sie den Markt erreichten.[54] Daher ernährten Schriftsteller ihre Familien entweder von Pensionen und Sinekuren, die den Angehörigen des ›monde‹ vorbehalten waren, oder von den Abfällen, die in der Gosse aufzulesen waren.

Die körperschaftliche Organisation der Kultur war nicht nur eine ökonomische Angelegenheit, denn sie stand im Widerspruch zu den Grundprämissen, die die jungen Schriftsteller in den siebziger und achtziger Jahren nach Paris gelockt hatten. Sie waren in der Überzeugung gekommen, daß die Gelehrtenrepublik, wie sie in den Werken der großen philosophes beschrieben worden war, wirklich existierte – als das literarische Gegenstück zum »atomistischen« Individualismus der physiokratischen Theorie, eine Gesellschaft von unabhängigen, aber brüderlichen Einzelnen, in der sich die Besten zwar auszeichneten, aber aus dem Dienst an der gemeinsamen Sache Würde und Lebensunterhalt zogen. Die Erfahrung nun lehrte sie, daß die wirkliche Gelehrtenwelt genauso funktionierte wie alles im Ancien Régime: die Einzelnen suchten, so gut sie konnten, in einem Labyrinth barocker Institutionen ihren Weg zu finden. Wollte man einen Aufsatz im *Mercure* veröffentlichen, ein Stück auf die Bühne der Comédie Française bringen, ein Buch durch die Direction de la Librairie lotsen, die Mitgliedschaft einer Akademie, Zugang zu einem Salon oder eine Sinekure in der Bürokratie erlangen, dann mußte man auf die alten Mittel von Privileg und Protektion zurückgreifen und konnte sich nicht auf den bloßen Talentbeweis verlassen.

Sicherlich wurden einige von ihrem Talent nach oben getragen. Maury war der Sohn eines armen Flickschusters in einem Dorf in

Venaissain, Marmontel der Sohn eines armen Schneiders im Limousin, Morellet der eines kleinen Papierhändlers aus Lyon, Rivarol (der sich selbst einen Grafen nannte) stammte von einem Kneipenwirt im Languedoc ab, und La Harpe und Thomas waren Waisen. Alle machten sie ihren Weg mit Geschick und Stipendien, und sie waren nicht die einzigen Beispiele für einen raschen Aufstieg. Doch, wie Tocqueville bemerkt hat, war es die Schaffung einer ungeregelten Mobilität, nicht ihr Fehlen, was die sozialen Spannungen hervorrief. Nirgends war dieses allgemeine Phänomen von größerer Bedeutung als in der Welt der Literatur, denn die Attraktivität des Schreibens als einer neuen Art von Karriere erzeugte mehr Schriftsteller, als in den ›monde‹ integriert oder außerhalb seiner unterstützt werden konnten. Für die, die draußen blieben, machte der ganze Vorgang einen verrotteten Eindruck, und sie waren nicht bereit, ihr Scheitern auf ihre eigene Unfähigkeit zurückzuführen, im Gegenteil, sie sahen sich als die Nachfolger Voltaires. Sie hatten an die Pforte der Voltaireschen Kirche angeklopft, und sie war verschlossen geblieben. Nicht nur stieg ihr Rang nicht so schnell wie ihre Erwartungen, ihre Stellung sank vielmehr und zog sie hinab in eine Welt von Gegensätzen und Widersprüchen, eine verkehrte ›Welt‹, wo Stände überhaupt nicht definierbar waren und Würde sich in Elend auflöste. Aus dem Blickwinkel der literarischen Unterwelt gesehen, war die Gelehrtenrepublik eine Lüge.

Wenn die institutionellen Realitäten der etablierten literarischen Welt ihren Prinzipien – wenigstens in den Augen derer, die es nicht schafften, nach oben zu gelangen – widersprachen, wie sahen dann die Realitäten des Lebens für diejenigen aus, die unten geblieben waren? Es gab dort keine Prinzipien und keine förmlichen Institutionen. Es war eine Welt frei flottierender Individuen – nicht von Lockeschen Gentlemen, die sich unausdrücklichen Spielregeln unterwarfen, sondern Hobbessche Tiere im Kampf ums Überleben. Der Abstand vom ›monde‹ war so groß wie der des Cafés vom Salon.[55]

Trotz der demokratischen Geistigkeit blieb der Salon eine eher formale Institution. Es war dort nicht erlaubt, die Ellbogen auf den Tisch zu stützen, und wer keine Empfehlung besaß, wurde nicht zugelassen. Während der letzten Jahrzehnte der alten Gesellschaftsordnung wurde der Salon immer mehr zum Reservat der hohen philosophes, die das Café im allgemeinen den kleinen Literaten überließen. Das Café war die Antithese zum Salon. Es stand jedermann offen, aber seine Nähe zum Straßenleben kannte Abstufungen. Während sich die großen Namen im Procope oder im La Régence versammelten, trafen sich die kleineren Geister im berüchtigten Caveau des Palais Royal, und die elendesten Schreiberlinge verkehrten in den Cafés an den Boulevards, wo sie sich mit der Unterwelt der »Schwindler, Rekrutierungsagenten, Spione und Taschendiebe« vermischten und wo man »nur Kuppler, Schufte und bardaches« traf.[56]

Obwohl der literarische Untergrund nicht die körperschaftliche Organisation der etablierten Kultur besaß, herrschte dort andererseits auch nicht blanke Anarchie. Es gab dort durchaus eine gewisse Art von Institutionen. Die ›musées‹ und ›lycées‹ zum Beispiel, die in den achtziger Jahren aus dem Boden schossen, entsprachen dem Bedürfnis unbekannter Schriftsteller nach einem Ort, wo sie ihre Waren vorführen, ihre Werke deklamieren und Beziehungen anknüpfen konnten. In diesen Klubhäusern wurden die Funktionen der Cafés formalisiert. Die ›musées‹ von Court de Gébelin und P. C. de La Blancherie scheinen sogar als Gegenakademien und Gegensalons für die zahllosen philosophes gedient zu haben, die sich anderswo kein Gehör verschaffen konnten. La Blancherie brachte eine Zeitschrift heraus, *Les Nouvelles de la Républiques des lettres et des arts*, in der sich die Frustrationen der Mitglieder des ›musée‹ durch Ausfälle gegen die Akademiker und durch die Besprechung von Werken, die im *Journal de Paris* und im *Mercure* keine Beachtung fanden, Luft machen konnten.[57] Der gefürchtetste Heckenschütze und einflußreichste Außenseiter im vorrevolutionären Frankreich jedoch war Simon-Henri Linguet. Er schonte zwar Krone und Kirche, zog aber gegen die angesehensten Institutionen Frankreichs zu Felde, besonders gegen den Pariser Gerichtshof und die Académie Française. Sein polemisches Genie machte seine Pamphlete, juristischen ›mémoires‹ und seine Zeitschriften zu Bestsellern, und seine Tiraden gegen den aristokratischen und despotischen Korporationsgeist tönten durch den ganzen literarischen Untergrund und gaben mancher antielitären Propaganda der Revolution das Stichwort.[58]

Es gab also einige Organe und Organisationen, in denen der literarische Untergrund seinen Ausdruck finden konnte. Vielleicht gab es sogar Ansätze zu einem eigenen System sozialer Schichtung, denn der Untergrund hatte verschiedene Ebenen. Schriftsteller, die mit einem etablierten philosophe Beziehungen gepflegt hatten oder von denen einige Verse im *Almanach des muses* veröffentlicht wurden, lebten nur wenig unterhalb des ›monde‹. Mirabeau wahrte den Lebensstil eines Mandarins sogar, als er im Gefängnis saß und verschuldet war. Er hielt sich einen Stall von Pamphletschreibern (die ihn schlicht ›le comte‹ nannten) für die Werke, die unter seinem Namen veröffentlicht wurden.[59] Kleinere Geister stellten die Enzyklopädien, Wörterbücher, Auszüge und Anthologien zusammen, die in der zweiten Hälfte des achtzehnten Jahrhunderts so große Verbreitung fanden. Selbst niedere Lohnschreiberei konnte vergleichsweise respektabel sein – das Schreiben für Minister, das Verfassen von Flugschriften für die ›baissiers‹ im Kampf gegen die ›haussiers‹ an der Börse und das Verfassen von ›nouvelles à la main‹; oder sie konnte erniedrigend sein – wie die Verfertigung von Schund, der Handel mit verbotenen Werken und Spitzeldienste für die Polizei. Viele Schriftsteller lebten in den Randzonen der Justiz, bezeichneten sich selbst als Rechtsanwälte oder -schreiber und übernahmen Gelegenheitsarbeiten, die in der ›basoche‹ des Palais de Justice zu bekommen waren. Am Boden des literarischen Untergrundes versanken einige in Kriminalität. Charles Théveneau de Morande, einer der wildesten und bösesten Pamphletschreiber dieses Milieus, lebte in einer Halbwelt von Prostituierten, Zuhältern, Erpressern, Taschendieben und Mördern. Er versuchte sich an mehr als einem dieser Berufe und sammelte Material für seine Pamphlete, indem er den Schmutz um ihn herum abschöpfte. Seine Schriften besudelten dementsprechend alles, Gut und Böse gleichermaßen, mit dem Geist einer so abgründigen Schlechtigkeit und totalen Entfremdung, daß Voltaire sich schaudernd erregte: »Eben ist da eines dieser satanischen Werke [Morandes *Gazetier cuirassé*] erschienen, worin jeder vom Monarchen bis zum letzten Bürger wütend beleidigt wird, und worin die gemeinste und widersinnigste Verleumdung ein fürchterliches Gift über alles ausgießt, was man achtet und liebt.«[60]

Achtung und Liebe wurden in diesem Milieu erstickt. Der verzweifelte Kampf ums Überleben brachte die niedrigsten Gefühle zutage, wie die folgenden Auszüge aus Berichten der zahllosen Spitzel und Geheimagenten der Pariser Polizei zeigen, die ihrerseits in ihren Archiven eigene Dossiers über diese Untergrundschriftsteller besaß.

GORSAS: Für alle schmutzigen Arbeiten zu gebrauchen. Aus Versailles entflohen und in Bicêtre [einem Gefängnis für besonders verrufene Verbrecher] eingesperrt auf persönliche Anordnung des Königs, weil er Kinder verdorben hat, die bei ihm zur Miete wohnten; lebt zurückgezogen auf der vierten Etage in der rue Tictone. Gorsas verfertigt libelles. Er hat ein Arrangement mit einem Druckerlehrling der Imprimerie Polytype, der aus anderen Druckereien gefeuert wurde. Er [Gorsas] steht im Verdacht, dort obszöne Werke gedruckt zu haben. Handelt mit verbotenen Büchern.

AUDOIN: Nennt sich selbst Rechtsanwalt, schreibt nouvelles à la main, Händler mit verbotenen Büchern; steht in Verbindung mit Prudhomme, Manuel und anderen verrufenen Autoren und Buchverkäufern. Übernimmt alle Arten von Aufträgen; würde auf Verlangen Spitzeldienste leisten.

DUPORT DU TERTRE: Erstrebt eine Anstellung in der Polizeibehörde; ist ein Anwalt, der nicht häufig im Palais beschäftigt ist, obwohl nicht ohne Verdienste. Hat eine Stellung in den Domaines nicht bekommen können. Lebt in einer bescheidenen Wohnung im vierten Stock; macht kaum den Eindruck von Wohlhabenheit [il ne respire pas l'opulence]. Hat im allgemeinen einen guten Leumund; ist in seiner Nachbarschaft gut angesehen.

DELACROIX: Anwalt, Schriftsteller, vom Gerichtshof ausgeschlossen. Verfertigt [juristische] mémoires für zweifelhafte Fälle; wenn er keine mémoires zu schreiben hat, schreibt er skurrile Werke.

MERCIER: Anwalt, ein grimmiger, bizarrer Mann; plädiert weder vor Gericht, noch läßt er sich konsultieren. Ist bei Gericht nicht zugelassen, führt aber den Titel eines Anwalts. Hat den *Tableau de Paris* verfaßt, in vier Bänden, sowie andere Werke. Aus Furcht vor der Bastille ist er außer Landes gegangen, dann zurückgekehrt und will mit der Polizei in Verbindung treten.

MARAT: Dreister Scharlatan. M. Vicq d'Azir sucht im Namen der Société Royal de Médecine nach, ihn aus Paris zu verjagen. Er stammt aus Neuchâtel in der Schweiz. Viele kranke Personen sind unter seinen Händen gestorben, doch er besitzt den Doktorgrad, der für ihn gekauft wurde.

CHENIER: Anmaßender und gewalttätiger Poet. Lebt mit der Beauménil von der Oper zusammen, die sich nach dem Verlust ihrer Reize in ihn verliebte. Er mißhandelt und schlägt sie, so sehr, daß die Nachbarn berichten, er hätte sie umgebracht, wenn sie ihr nicht zu Hilfe geeilt wären. Sie klagt ihn an, ihr die Juwelen genommen zu haben; beschreibt ihn als einen Mann, der zu jedem Verbrechen fähig ist, und verhehlt nicht ihr Bedauern, daß sie sich von ihm hat bestricken lassen.

FRERON: Hat weder den Geist noch die Feder seines Vaters, wird allgemein verabscheut. Er ist nicht der Verfasser des *Année littéraire*, obwohl Inhaber des Privilegs. Er stellt junge beschäftigungslose Rechtsanwälte ein. Er ist ein anmaßender Feigling, der jüngst sein Teil Schläge bekommen hat – und damit nicht prahlt – von der Hand des Schauspielers Desessarts, den er in einer seiner Zeitschriftennummern als »Bauchredner« bezeichnete. Ist mit Mouvel verbunden, der wegen Päderastie aus der Comédie hinausgeworfen wurde.

PANIS: Junger Rechtsanwalt am Palais, wird von M. le Président d'Ormesson protegiert wegen Panis' Eltern, die seine [d'Ormessons] fermiers sind; wird von Fréron bei der *Année littéraire* beschäftigt. Panis hat zur Mätresse eine Frau, die vom Scharfrichter gebrandmarkt wurde.[61]

Das Leben unter diesen Untergrundliteraten war hart und forderte seinen psychischen Preis, denn »der Abschaum der Literatur« mußte nicht nur dem Scheitern, sondern auch der Entehrung ins Auge sehen, und dies ohne jede Stütze. Wer scheitert vereinsamt, und die Verhältnisse im Untergrundmilieu waren in besonderer Weise dazu angetan, seine Bewohner zu isolieren. Ironischerweise war in der ›basse littérature‹ die Dachkammer das eigentliche Lebenselement (in Paris im achtzehnten Jahrhundert verteilten sich die sozialen Schichten nicht nach Wohnquartieren, sondern nach Stockwerken). In den Mansarden im vierten und fünften Stock lernten die unentdeckten philosophes, deren Los noch nicht von einem Balzac romantisiert wurde, daß sie das waren, als was Voltaire sie bezeichnet hatte: die ›canaille de la littérature‹. Was aber konnten sie mit solcher Erkenntnis anfangen?

Fabre d'Eglantine ist ein aufschlußreicher Fall. Ziellos dahinlebend und ein Deklassierter, der sich selbst als Nachfolger Molières sah, ist er in die Polizeidossiers als »armer Dichter« eingegangen, »der in Schande und Armut dahinlebt; überall wird er verachtet; unter Literaten gilt er als nichtswürdiges Subjekt« (poète médiocre traîne sa honte et sa misère; il est partout honni; il passe parmi les gens de lettres pour un exécrable sujet).[62] In den Jahren vor der Revolution schrieb Fabre ein Stück, das wie die eskapistische Phantasie eines im literarischen Untergrund versunkenen Autors wirkt. Der Held, ein unentdecktes Genie aus der Provinz, achtundzwanzig Jahre alt, sitzt in einer Pariser Dachkammer und schreibt um sein Leben, verhöhnt und ausgebeutet von der üblen Elite, welche die französische Literatur beherrscht, den geschäftstüchtigen Verlegern, rücksichtslosen Herausgebern der Journale und hinterhältigen ›beaux-esprits‹, die die Salons monopolisieren. Fast ist er Krankheit und Armut erlegen, da wird er durch einen glücklichen Zufall von einem reichen bürgerlichen Geschäftsmann entdeckt, der sein Talent und seine überlegene Moral zu würdigen weiß und ihn in die Provinz bringt, wo er von nun an, vom Glück begünstigt, Meisterwerke verfaßt. Das Stück atmet den Haß gegen die kulturelle Elite und eine leidenschaftliche egalitäre Gesinnung, die die Beschreibung bestätigt, die La Harpe von dem vorrevolutionären Fabre gegeben hat als einem verbitterten Versager, »wie alle seinesgleichen haßerfüllt gegen jeden, der sich als ›homme du monde‹ bezeichnete, gegen alles, was in der Gesellschaft Rang besaß – einen Rang, von dem er ausgeschlossen blieb und den er nicht erlangt hätte«.[63]

Andere flüchteten sich wahrscheinlich in ähnliche Phantasien. Marat träumte davon, sich plötzlich als Vorsitzenden einer Akademie der

Wissenschaften in Madrid wiederzufinden.[64] Er und Carra fanden Trost in der Vorstellung, daß sie Newton überflügelt hätten, obwohl die Gesellschaft von ihnen keine Notiz nahm. Aber keine noch so ausufernde Phantasie konnte die Widersprüche zwischen dem Leben in den oberen Regionen und in den Niederungen der Literatur und zwischen dem, was man dort unten war und was man sein wollte, verdecken. Die etablierten Schriftsteller besaßen ein Vermögen und zogen Ehre und Reichtum aus den etablierten kulturellen Institutionen, während das literarische Proletariat sozial ortlos war. Die zerlumpten Verfasser von Flugschriften konnten sich nicht als Literaten bezeichnen, sondern gehörten einfach zum Pöbel und waren zu einem Leben in der Gosse und in Dachkammer verurteilt, lebten in Isolierung, Armut und Erniedrigung und erlagen deswegen leicht der Psychologie des Scheiterns, einer unglücklichen Verbindung von Haß auf die Gesellschaft und Selbsthaß.

Die Untergrundmentalität ließ sich während der letzten Jahre des Ancien Régime mit außerordentlicher Heftigkeit vernehmen. Ihr Sprachrohr waren die ›libelles‹, das Lebenselement der Skribenten, ihr Fleisch, ihr bevorzugtes Genre, ein Genre, das es verdient, der Vernachlässigung durch die Historiker entrissen zu werden, denn in ihm spricht sich das Weltbild des literarischen Untergrundes aus: ein Schauspiel von Schurken und Irren, die sich gegenseitig kaufen und verkaufen und immer ein Opfer der Großen sind. Der ›grande monde‹ war das eigentliche Ziel der ›libelles‹. Sie schmähten den Hof, die Kirche, die Aristokratie, die Akademien, die Salons und alles Hohe und Ehrwürdige, einschließlich der Monarchie selbst, mit einer Unflätigkeit, die man sich heute kaum vorstellen kann, obwohl sie in der Untergrundliteratur eine lange Vorgeschichte besaß. Denn seit der Zeit Aretinos hatten die Pamphletschreiber von Verunglimpfung gelebt. Sie hatten alle großen Krisen in der französischen Geschichte ausgeschlachtet, beispielsweise in der von der katholischen Liga während der Religionskriege betriebenen Propaganda und in den Mazarinaden der Fronde. Die letzte Krise der alten Ordnung jedoch gab ihnen außerordentliche Möglichkeiten und sie nutzten sie mit der wohl größten Schmutzkampagne, die je gegen eine Gesellschaft geführt wurde.[65]

Obwohl hier kein Überblick über die zwischen 1770 und 1789 veröffentlichten ›libelles‹ gegeben werden kann[66], sollte etwas von ihrer Atmosphäre anhand eines Textes deutlich gemacht werden. Vielleicht das unverblümteste Pamphlet überhaupt, das so sensationell wirkte und so viel gelesen wurde, daß es so etwas wie ein Muster der Gattung geworden ist, war *Le Gazetier cuirassé* von Charles Théveneau de Morande, ein Werk, das Voltaire besonders erschreckte. Morande mischte gezielte Verleumdung und allgemeine Deklamation in kurzen, schlagkräftigen Abschnitten, die den Stil der Klatschkolumnisten in der heutigen Sensationspresse vorwegnehmen. Er versprach zu enthüllen, was sich »hinter den Kulissen« tat (secrets des coulisses)[67], so wie es die Tradition der ›chronique scandaleuse‹ war. Er lieferte aber mehr als Skandale:

Die fromme Gattin eines gewissen Marschalls von Frankreich (der an einer eingebildeten Lungenkrankheit leidet), die einen Gatten von dieser Art für zu empfindlich hält, erachtet es als ihre religiöse Pflicht, ihn zu schonen, und verurteilt sich also zu den rohen Zärtlichkeiten ihres Kammerdieners, der immer noch ein einfacher Bediensteter wäre, wenn er sich nicht als so kräftig erwiesen hätte.[68]

Diese sexuellen Enthüllungen enthielten eine soziale Botschaft: die Aristokratie war so weit degeneriert, daß sie sich nicht einmal mehr fortzupflanzen vermochte[69], die großen Adligen waren entweder impotent oder pervers[70], ihre Frauen mußten bei ihrer Dienerschaft aus der zeugungskräftigeren Unterschicht Befriedigung suchen, und die letzten Funken der Männlichkeit waren unter den Großen überall durch Inzest und Geschlechtskrankheit ausgelöscht worden.[71] Diese Botschaft ließ sich durch konkrete Details wirksamer als durch Abstraktion mitteilen, denn obwohl der Leser durch einen bestimmten Vorfall zunächst einmal bloß schockiert gewesen sein mochte, würde er, nachdem er sich von dem Schock erholt hatte, schon wissen, was er daraus zu schließen hatte:

Der Comte de Noail—— erlaubte sich mit einem seiner Bediensteten skandalöse Freiheiten, und dieser Bauerntölpel verdrosch Monseigneur so, daß er acht Tage das Bett hüten mußte... Der Bedienstete ist ein Pikarde von bestem Schlage, der noch nicht gelernt hat, wie man einem spanischen Granden zu dienen hat, einem Ritter der Königlichen Orden, Generalleutnant, Gouverneur von Vers——, Fürst von P——, Baron von Arpa——, Träger des Großkreuzes der Malteser, Ritter vom Goldenen Vlies und Laienbruder der Gesellschaft Jesu, etc., etc., etc.[72]

Morande führte seine Leser zu allgemeinen Schlußfolgerungen, indem er Anekdoten häufte und in dieselbe Richtung weisen ließ – auf den ›monde‹. Er zeigte, daß die Spitzen der Gesellschaft sich von ihrer moralischen und physischen Dekadenz nicht wieder erholen konnten:

Die Öffentlichkeit wird gewarnt vor einer epidemischen Krankheit, die unter den Mädchen von der Oper grassiert, jetzt auch die Damen des Hofes erreicht und selbst deren Bedienstete befallen hat. Diese Krankheit läßt die Gesichter schmal werden, zerstört den Teint, verringert das Gewicht und richtet schreckliche Verheerungen an, wo sie sich einnistet. Da sind Damen, die keine Zähne mehr haben, andere ohne Augenbrauen und einige völlig paralysiert.[73]

Morandes Chronik von Ehebruch, Unzucht, Inzest und Impotenz in den hohen Rängen liest sich deshalb wie eine Anklage der Gesellschaftsordnung. Der Leser erhielt auch nicht bloß einen allgemeinen Eindruck von Verderbtheit, sondern verknüpfte die Dekadenz des Adels mit dessen Unfähigkeit, seine Funktionen in Armee, Kirche und Staat zu erfüllen.

Von annähernd zweihundert Obersten in Infanterie, Kavallerie und bei den Dragonern in Frankreich können hundertachtzig tanzen und kleine Lieder singen; etwa dieselbe Zahl trägt Spitzen und rote Absätze; wenigstens die Hälfte kann lesen und mit ihrem Namen unterschreiben; und nicht vier von ihnen verstehen sich auf die Grundlagen ihres Handwerks.[74]

Da der Beichtvater des Königs in Ungnade gefallen ist, weil man ihn bei einer Liebelei mit einigen Pagen ertappte, ist ein offener Wettstreit um diese Stellung ausgebrochen, die demjenigen Prälaten zufallen wird, der das Gewissen am wenigsten belastet. Der Erzbischof von R—— ist vorgeschlagen worden, wurde aber abgelehnt wegen der skandalösen Beziehungen, die er so lange Zeit zu einem seiner Großvikare gehabt hat. Die Kardinäle von Gèv—— und von Luy—— sind ausersehen worden, diesen Dienst abwechselnd jeweils für ein Halbjahr zu versehen, doch da ersterer nicht lesen kann und der andere sich von gewissen Schlägen noch nicht erholt hat [eine Anspielung auf einen Vorfall, bei dem Homosexualität eine Rolle spielte], kann man der Entscheidung Seiner Majestät noch nicht sicher sein.[75]

Immer wieder betont Morande den Zusammenhang von sexueller und politischer Verderbtheit durch Kurznachrichten wie die folgende: »Da er eine hübsche Frau hat, auf die er sehr eifersüchtig ist, schickte man den unglücklichen Baron von Vaxen durch einen lettre de cachet ins Gefängnis, damit er die Sitten des monde lerne, während der Herzog [La Vrillière, einer der bevorzugten Minister Ludwigs XV.] mit seiner Frau schläft.«[76] Daß die Monarchie zum Despotismus entartet sei, stand auf jeder Seite: die Minister beschäftigen besondere Sekretäre nur um die ›lettres de cachet‹ auszufertigen, die Bastille und Vincennes sind so überfüllt, daß man für die Wachen innerhalb der Mauern Zelte aufgestellt hat, eine neue Elitetruppe der Polizei ist nach dem Modell der Dragonaden Ludwigs XIV. geschaffen worden, um die Provinzen zu terrorisieren, die Regierung macht Experimente mit einer neuen Maschine, mit der man zehn Menschen auf einmal hängen kann, und der öffentliche Scharfrichter hat sein Amt niedergelegt, nicht weil die Automatisierung ihn erbost, sondern weil das neue Ministerium Maupeou sein Gerechtigkeitsgefühl verletzt. Damit kein Leser ihn mißverstehen konnte, erläuterte Morande diesen Punkt: »Dem Kanzler Maupeou zufolge ist ein monarchischer Staat ein Staat, in dem der Fürst das Recht über Leben und Tod aller seiner Untertanen hat, in dem er Eigentümer aller Güter des Reiches ist und in dem Ehre und Billigkeit auf willkürlichen Grundsätzen beruhen, die mit den Interessen des Souveräns immer im Einklang stehen müssen.«[77]

Welches war der Platz des Königs in diesem politischen System? »Der Kanzler und der Herzog von Aiguillon beherrschen den König so sehr, daß sie ihm einzig die Freiheit lassen, mit seiner Mätresse zu schlafen, seine Hunde zu hätscheln und Ehekontrakte zu unterzeichnen.«[78] In seiner Verhöhnung der Idee eines göttlichen Ursprungs königlicher Souveränität[79] zog Morande den König auf die Ebene des ignoranten und verfressenen Hofes hinab. Ludwig XV. erschien als eine lächerliche, banale Figur sogar in seinem Despotismus: »Eine Anzeige wurde veröffentlicht, in der Hoffnung, das Zepter eines der größten Könige Europas zu finden. Nach langem Suchen fand man es in der Garderobe einer schönen Frau, die man Gräfin nannte und die mit ihrer Katze damit zu spielen pflegte.«[80] In dem Buch waren die wirklichen Herrscher Frankreichs und die Schurken die Gräfin Du Barry und das Minister-Triumvirat Maupeou, Terray und d'Aiguillon. Morande benutzte Mme. Du Barry als Symbolfigur des Regimes und verweilte bei jeder Einzelheit, die er über sie erfinden oder dem Kaffeehausklatsch entnehmen konnte: ihrer angeblich illegitimen Geburt von einem Dienstmädchen, das von einem Mönch verführt worden war, ihrer Laufbahn als gewöhnliche Hure, ihrer Ausnutzung der königlichen Macht zugunsten ihrer früheren Umgebung, indem sie der Polizei den Zutritt zu den Bordellen verbot, ihre lesbischen Beziehungen zu ihrem Dienstmädchen und so fort. Desgleichen zeigte Morande, daß die Minister ihre Autorität benutzten, um in ihre Tasche zu wirtschaften, um sich Mätressen zu besorgen oder einfach der Schurkerei um ihrer selbst willen nachzugehen.

So grotesk, unzutreffend und vereinfachend politische Nachrichten dieser Art auch waren, sollte man sie doch nicht als bloße Mythenbildung abtun, denn das Verfertigen und Zerstören von Mythen erwies sich als eine der wirkungsvollsten Mächte in den letzten Jahren des Ancien Régime, das trotz des theoretisch herrschenden Absolutismus zunehmend verletzbar geworden war durch die Extravaganzen der öffentlichen Meinung. Es gab zwar im Frankreich des achtzehnten Jahrhunderts keine »Öffentlichkeit« in irgendeiner kohärenten Form, und soweit es sie gab, war sie von einer direkten politischen Mitwirkung ausgeschlossen, aber ihr Ausschluß erzeugte eine politische Naivität, durch die die Anfälligkeit für Morandes journalistischen Stil nur wuchs. Denn anstatt Probleme sachlich zu erörtern, verleumdete der ›gazetier cuirassé‹ einzelne Personen. Er begrub Maupeous Reformen – wohl die letzte Chance des Regimes, durch die Beseitigung einiger rechtmäßiger Interessen, die es zu verschlingen drohten, zu überleben – in einem Schwall von Verleumdungen. Daß Maupeous Programm den einfachen Leuten zugute gekommen wäre, spielte für Morande keine Rolle, denn er und die anderen Skribenten hatten keinerlei Interesse an einer Reform. Das System an sich war ihnen verhaßt, und diesen Haß brachten sie dadurch zum Ausdruck, daß sie seine Symbole entehrten, die Mythen, die ihm in den Augen der Öffentlichkeit Legitimität verliehen, zerstörten und den Gegenmythos eines degenerierten Despotismus verbreiteten.

Diese Themen waren keineswegs auf die Werke Morandes beschränkt, sondern gewannen innerhalb der Literatur der ›libelles‹ mehr und mehr an Bedeutung, als die alte Ordnung sich ihrem Ende zuneigte. Der *Gazetier cuirassé* gab lediglich das Zeichen für einen Schwall regierungsfeindlicher Pamphlete von den »Maupeouana« der frühen siebziger bis zu den »Calonniana« der späten achtziger Jahre. Der ideenreichste Produzent der letzteren war Jean-Louis Carra, ein Ausgestoßener aus den geschlossenen Zirkeln der etablierten Wissenschaft, der freimütig zugab, daß sein Bemühen, das Ministerium zu Fall zu bringen, durch die Verweigerung einer der von Calonne verliehenen Pensionen seinen Anstoß erhalten hatte.[81] Auch die Motive Morandes waren nicht ehrenhafter. Er wollte Geld machen sowohl auf dem Markt der Enthüllungen wie durch Erpressung der von ihm verleumdeten Personen.

Konnte Verleumdung in so großem Stil, unabhängig von ihren primitiven Motiven, den Ruf nach einer Revolution laut werden lassen? Wohl kaum, denn den ›libelles‹ fehlte es an einem Programm. Nicht nur vermittelten sie dem Leser keine Vorstellung davon, wie die Gesellschaft aussehen sollte, die an die Stelle der alten treten konnte, sondern sie enthielten so gut wie überhaupt keinen abstrakten Gedanken. Indem Morande den Despotismus brandmarkte, erhob er den Ruf nach Freiheit, und indem er gegen die aristokratische Dekadenz wetterte, schien er, zumindest im Kontrast dazu, für bürgerlichen Anstand einzutreten.[82] Aber er ließ keine klaren Grundsätze erkennen, die er verteidigt hätte. Sich selbst bezeichnete er als den ›philosophe cynique‹[83] und schmähte alles, selbst die philosophes.[84] Die meisten ›libelles‹ atmeten denselben Geist, einen Geist des Nihilismus eher als den eines ideologischen Engagements.

Dennoch zeigten die ›libelles‹ eine merkwürdige Neigung zum Moralisieren, selbst in ihrer Pornographie. Eines von Morandes obszönen Pamphleten über Höflinge und Kurtisanen erreichte seinen Höhepunkt in einer entrüsteten Beschreibung Mme. Du Barrys:

Sie kommt geradewegs vom Bordell auf den Thron, stürzt den mächtigsten und gefürchtetsten Minister, zerrüttet die Verfassung der Monarchie, beleidigt die königliche Familie, den mutmaßlichen Erben des Throns und seine erlauchte Gemahlin durch ihren unglaublichen Luxus, durch ihre unverschämten Reden, [und beleidigt] die ganze Nation, die Hungers stirbt, durch ihre prahlerischen Reden und die bekannten Räubereien der roués in ihrer Umgebung, denn zu ihren Füßen sieht sie nicht nur die Großen des Königreichs und die Minister kriechen, sondern die Prinzen königlichen Geblüts, ausländische Gesandte und gar die Kirche, die ihre Skandale und Ausschweifungen gutheißt.[85]

Dieser Ton moralischer Entrüstung war typisch für die ›libelles‹ und scheint mehr als rhetorische Pose gewesen zu sein. Er war der Ausdruck einer grenzenlosen Verachtung für eine völlig korrupte Elite. Mochten die ›libelles‹ zwar einer kohärenten Ideologie ermangeln, so teilten sie doch eine revolutionäre Sicht der Dinge mit, indem sie zeigten, daß die französische Gesellschaft von einer sozialen Fäulnis verzehrt wurde, die sich von oben nach unten fraß. Mit ihren pornographischen Details erreichten die ›libelles‹ ein Publikum, das sich den *Gesellschaftsvertrag* nicht aneignen konnte und bald *Le Père Duchesne* lesen würde.

Dieser Rousseauismus der Gosse – die natürliche Sprache für den ›Rousseau du ruisseau‹[86] – mag durchaus im Zusammenhang stehen mit Rousseaus Ablehnung der Kultur und Moral der französischen Oberschicht. Denn die Männer im literarischen Untergrund sahen in Rousseau einen der ihren. In seiner Laufbahn konnten sie nicht nur die Verwirklichung ihrer Hoffnungen erkennen, sondern auch Trost für ihr Scheitern finden. ›Débourgeoisé‹ wie so typische ›libellistes‹ wie Brissot und Manuel, war Rousseau aus ihren Kreisen in den ›monde‹

aufgestiegen, hatte ihn als das erkannt, was er war, hatte die elitäre Kultur selbst als die eigentliche Ursache sozialer Korrumpierung bloßgestellt und war mit seiner halbgebildeten Frau aus dem arbeitenden Volk zu einem dürftigen Dasein nicht weit vom literarischen Untergrund zurückgekehrt, wo er rein und geläutert starb. Die Lohnschreiber achteten ihn und verabscheuten Voltaire – Voltaire den ›mondain‹, der Rousseau als einen »armen Teufel« gebrandmarkt hatte und der im selben Jahr im Schoß des ›monde‹ starb.[87]

Ist es also überraschend, daß die Schriftsteller, die Voltaire als »la canaille de la littérature« verhöhnte, in ihrer politischen Pornographie in Rousseauscher Manier moralisierten? In ihren Augen war die alte Gesellschaftsordnung obszön. Indem sie sie zu ihren Spionen und ihren Schmutzhändlern machte, hatte sie ihr moralisches Inneres verletzt und ihren jugendlichen Traum, in Voltaires Kirche der Menschheit zu dienen, zerstört. So wurden sie Erzatheisten und gossen ihre Seelen in Blasphemien über die Gesellschaft, die sie in die Unterwelt von Kriminellen und Abartigen getrieben hatte. Die skatologische Sprache ihrer Pamphlete – ihre häufigen Anspielungen beispielsweise auf Geschlechtskrankheiten zielten auf den Kardinal de Rohan, auf die Königin und schließlich alle Großen des Hofes während der Halsbandgeschichte – ist Ausdruck einer totalen Opposition gegen eine Elite, die so verderbt war, daß sie die völlige Auslöschung verdiente. So ist es kein Wunder, daß die Regierung geheime Akten über die ›libellistes‹ führte und die ›libelles‹ auf ihrer abgestuften Skala der Illegalität ganz unten rangierten oder daß sogar die Verzeichnisse dieser Schriften heimlich, in handgeschriebenen Aufzeichnungen, kursierten, wie die anfangs erwähnten »philosophischen Bücher«. Die ›libellistes‹ sprachen für eine Subintelligentzija, die nicht bloß unintegriert war, sondern jenseits des Zulässigen stand und die die Gesellschaft nicht in einem zivilisierten, liberalen Voltaireschen Sinne reformieren, sondern sie umstürzen wollte.

Es besteht die Gefahr, mit dem Wort »revolutionär« zu großzügig umzugehen und die ideologische Distanz zwischen Oben und Unten in der literarischen Welt der alten Gesellschaft zu übertreiben. Die ersten philosophes waren in ihrer Weise revolutionär, indem sie ein Wertsystem oder eine Ideologie formulierten und propagierten, das die traditionellen Werte untergrub, die das Erbe katholischer und royalistischer Vergangenheit waren. Die Männer des literarischen Untergrundes glaubten an die Botschaft der philosophes und wollten nichts anderes, als selbst philosophes werden. Ihr Versuch, diesen Ehrgeiz zu verwirklichen, ließ sie die ›philosophie‹ in einem anderen Licht sehen und gegen die Wirklichkeit nicht nur der Gesellschaft im allgemeinen, sondern auch der kulturellen Welt stellen. Auch die großen philosophes besaßen ein scharfes Auge für die Wirklichkeit, und ihre Nachfolger der nächsten Generation waren wohl kaum weniger realistisch als die hartgesottensten Untergrundliteraten: nichts weist darauf hin, daß der Blick von oben verzerrter wäre als der von unten. Doch der unterschiedliche Standpunkt war ausschlaggebend – ein Unterschied der Perspektive, nicht der Grundsätze, der geistigen Haltung, nicht der Philosophie, ein Unterschied nicht so sehr der Ideen, sondern ihrer emotionalen Färbung. Der emotionale Druck der Untergrundliteratur war revolutionär, obwohl sie kein politisches Programm besaß oder auch nur erkennbare eigene Ideen. Philosophes wie ›libellistes‹ waren in je eigener Weise aufrührerisch: indem die Aufklärung sich etablierte, untergrub sie den Glauben der Elite an die Legitimität der sozialen Ordnung, und indem die ›libelles‹ die Elite angriffen, wuchs die Unzufriedenheit und breitete sich weiter aus. Beide gegnerischen Lager haben Anspruch auf einen Platz unter den geistigen Ursprüngen der Revolution.

Als die Revolution schließlich ausbrach, mußte der Gegensatz zwischen hoher und niederer Literatenwelt verschwinden. Der literarische Untergrund erhob sich, stürzte den ›monde‹ und reklamierte die mächtigen und angesehenen Positionen für sich. Es war eine Kulturrevolution, die eine neue Elite schuf und neue Posten vergab. Während Suard, Marmontel und Morellet sich ihrer Einkünfte beraubt sahen, begann für Brissot, Carra, Gorsas, Manuel, Mercier, Desmoulins, Prudhomme, Loustalot, Louvet, Hébert, Maret, Marat und viele andere aus dem alten literarischen Proletariat ein neues Leben als Journalisten und Verwaltungsmänner.[88] Die Revolution wälzte die Welt der Kultur um. Sie vernichtete die Akademien, trieb die Salons auseinander, widerrief die Pensionen, hob die Privilegien auf und zerstörte die Agenturen und legitimen Ansprüche, die den Buchhandel vor 1789 eingeschnürt hatten.[89] Mit der Zerstörung der alten Institutionen begann die neue Elite mit der Ausübung einer rohen, revolutionären Gerechtigkeit: Manuel übernahm die Polizeibehörde, die ihn einst heimlich zur Unterdrückung der ›libelles‹ angeheuert hatte, und er veröffentlichte diese Akten (nicht ohne sorgfältig die Spuren seiner und Brissots Tätigkeit als Polizeispitzel zu tilgen); Marat, der vor der Revolution ein Opfer der Verfolgung durch die Akademien gewesen war, setzte sich an die Spitze der Bewegung, die schließlich deren

Zerstörung herbeiführte; und Fabre und Collot, die in der alten Gesellschaft enttäuschte Schauspieler und Dramatiker waren, hoben das Monopol der ›comédiens du roi‹ auf und hätten sie fast einen Kopf kürzer gemacht. In einer Fortsetzung seines vorrevolutionären Almanachs über die Großen der Zeit interpretierte Rivarol die Revolution als das Werk einer nach Posten gierenden überzähligen Bevölkerung derer, die es in der alten Ordnung nicht geschafft hatten.[90]

Natürlich paßte die Kulturrevolution nicht ganz in das Schema der gegenrevolutionären Propaganda Rivarols, ebensowenig wie sie der gegenrevolutionären Geschichtsschreibung Taines entsprach. Viele von der alten Elite, selbst Akademiemitglieder wie Condorcet, Bailly, Chamfort und La Harpe, widersetzten sich nicht der Zerstörung der Institutionen, in denen sie ihr Glück gemacht hatten. Die kleinen Skribenten schwärmten in ein Dutzend verschiedener Richtungen aus und unterstützten in den verschiedenen Stadien des Konfliktes verschiedene Parteien. Einige von ihnen, vor allem zur Zeit der Girondisten und des Direktoriums, ließen erkennen, daß sie nichts anderes wollten, als an der Wiederbelebung des ›monde‹ teilzuhaben, und zumindest in den Jahren 1789 bis 1791 verwirklichte die Revolution viele der Ideen, die die Hochaufklärung propagiert hatte. In ihren revolutionärsten Momenten jedoch war die Revolution ein Ausdruck der elitefeindlichen Leidenschaften des literarischen Untergrundes. Es wäre falsch, diese Leidenschaften nur aus der Gier nach Posten und dem Haß auf die Mandarine zu erklären. Die jakobinischen Pamphletschreiber glaubten an ihre Propaganda. Sie wollten ihr altes, verderbtes Ich abstreifen und neue Menschen in einer neuen Republik der Tugend werden. Als Kulturrevolutionäre wollten sie »die Aristokratie des Geistes« vernichten, um eine neue egalitäre Gelehrtenrepublik in einer egalitären Republik zu errichten. In seinem Aufruf zur Aufhebung der Akademien hat Lanjuinais ihre Absichten klar umrissen: »Die Akademien und alle anderen literarischen Körperschaften müssen frei und ohne Privilegien sein; würde man ihre Bildung unter irgendeiner Form von Protektion gestatten, so würde man Zünfte aus ihnen machen. Privilegierte Akademien sind immer Brutstätten einer Literatenaristokratie.«[91] Von da war es nur ein Schritt zu Grégoires Aufforderung: »Wenn wir wahres Verdienst ausfindig machen wollen, müssen wir uns in armseligen Kellerlöchern und Dachluken umschauen... Wahres Genie ist fast immer sans-culotte.«[92] Vielleicht waren es die Propagandisten aus diesen Dachkammern, die die grobe jakobinische Version des Rousseauismus in die Pariser ›sans-culotterie‹ trugen.[93] Hébert spielte zweifellos diese Rolle – Hébert, der vor der Revolution unbekannt dahinvegetierte und einmal versuchte, die Variétés zur Aufführung eines seiner Stücke zu bewegen, nur um eine Stelle als Kartenabreißer in den Logen zu ergattern.[94]

Sucht man nach einer Verbindung zwischen der Aufklärung und der Revolution, so scheint es unumgänglich, die kulturellen Verhältnisse in der alten Gesellschaft zu untersuchen und von den Höhen der Metaphysik in den literarischen Untergrund hinabzusteigen. Von dorther gesehen wirkt die Hochaufklärung ziemlich zahm. Voltaires *Lettres philosophiques* mögen 1734 wie eine »Bombe«[95] eingeschlagen haben, doch zur Zeit der Apotheose Voltaires 1778 hatte Frankreich den Schock verarbeitet. In den Werken seiner Nachfolger gab es nichts Schockierendes mehr, denn *sie* waren vom ›monde‹ aufgesogen und in ihn integriert. Natürlich muß man Ausnahmen wie Condorcet einräumen, aber die Generation Suards unter den philosophes hatte auffallend wenig zu sagen. Sie stritten über Gluck und Piccini, ergingen sich in vorromantischen Schwärmereien, sangen die alte Litanei von Rechtsreform und ›l'infâme‹ und strichen ihren Zehnten ein. Und während sie in Voltaires Kirche fett wurden, lief der revolutionäre Geist zu den hageren und hungrigen Männern des literarischen Untergrundes über, zu den kulturellen Parias, die aus Armut und Erniedrigung die jakobinische Version des Rousseauismus hervorbrachten. Die rüde Pamphletliteratur war in ihrer Gefühlslage und in ihrer Aussage revolutionär. Sie gab dem Gefühl von Männern Ausdruck, die die alte Ordnung zutiefst haßten und von diesem Haß zerfressen wurden. Durch diesen geradezu physischen Haß, nicht durch die feingesponnenen Abstraktionen der kulturellen Elite, fand die radikale jakobinische Revolution ihre authentische Stimme.

Ein Spion
im literarischen Untergrund

Die Lebensgeschichte von Jacques-Pierre Brissot liest sich wie eine Parabel seiner Zeit. Er hat dafür gesorgt, denn er selbst hat sie geschrieben. In seinen Memoiren erscheint er als die Verkörperung des revolutionären Geistes, unbestechlich und kompromißlos, als ein Philosoph, der ein Mann der Tat geworden ist, und der als Kind die Aufklärung eingesogen, als junger Mann die Autorität von Kirche und Staat verworfen und als erwachsener Mann die Revolution angezettelt hat. Brissots Biographen und die meisten Kenner der Französischen Revolution haben die Memoiren als eine zutreffende Schilderung des kompletten vorrevolutionären Menschen hingenommen. Wie Daniel Mornet es ausdrückt: »Von Jugend auf ist er das komplette Bild aller Bestrebungen seiner Generation.«[1] Aus Geschäftskorrespondenz und Polizeiberichten mag sich jedoch ein Bild ergeben, das davon, wie er sich selbst in seinen Memoiren schildert, stark abweicht. Eine auf neuen Quellen beruhende erneute Betrachtung der Laufbahn Brissots bereichert das überlieferte Bild von ihm durch einige Schatten und lebendige Farben. Dabei geht es nicht darum, den Menschen hinter den Memoiren in seiner Nacktheit zu zeigen, sondern vielmehr darum, die Entstehung eines Revolutionärs und die Zeit zu begreifen, für die er als typisch gilt.

Am verletzbarsten durch eine nähere Betrachtung scheint Brissots vorrevolutionäre Laufbahn an ihrem kritischsten Punkt, während seines zweimonatigen Aufenthalts in der Bastille im Sommer 1784. Aus seiner Gefängniszelle muß ihm das Ancien Régime wie eine Verschwörung vorgekommen sein, um freie Geister wie ihn auszulöschen. Vor sieben Jahren hatte sich der dreizehnte Sohn eines Gastwirts in Chartres aufgemacht, um sich eine Stellung als angesehener Bürger der Gelehrtenrepublik zu erobern, deren Hauptstadt Paris war. Er hatte tausende von Seiten über die richtigen Themen veröffentlicht – über die Irrtümer des hl. Paulus, den Widersinn des französischen Rechtssystems, Größe und Schwächen der britischen Verfassung – und er hatte sich die gebotene enzyklopädische Betrachtungsweise zu eigen gemacht, wie man schon an den Titeln seiner Schriften erkennen kann: *Correspondance universelle sur ce qui intéresse le bonheur de l'homme et de la société* und *De la vérité ou méditations sur les moyens de parvenir à la vérité dans toutes les connaissances humaines.* Er hatte die üblichen philosophischen Pilgerfahrten in die Schweiz Rousseaus und das England Voltaires und Montesquieus unternommen. Er hatte sich an Voltaire und d'Alembert um Unterstützung gewandt. Er hatte sich an den von verschiedenen Akademien veranstalteten Wettbewerben beteiligt und zwei Preise gewonnen. Sogar zwei ›lettres de cachet‹ hatte er sich verdient. Aber obwohl er alles getan hatte, was man von einem jungen Schriftsteller erwartete, hatte Paris ihm die Anerkennung als *philosophe* verweigert.

Unverzagt war er nach London übergesiedelt und investierte seine ganze Energie, seinen ganzen Ehrgeiz und die 4000 oder 5000 Livres, die er 1779 nach dem Tod seines Vaters geerbt hatte, in das Projekt eines »Lycée« oder Weltzentrums für Philosophen, zu dem auch eine Zeitschrift, eine Korrespondenz und ein Klub gehören sollten. Die Philosophen der Welt aber hatten es unterlassen, sich um die bescheidene Wohnung Brissots in 26 Newman Street zu sammeln. Nur ein paar von ihnen korrespondierten mit ihm oder subskribierten seine Zeitschrift. Es waren so wenige, daß Brissots Partner Desforges d'Hurecourt, der im Frühjahr 1784 eingetroffen war und einen Ein-Mann-Betrieb ohne Gewinnchancen und nicht einmal den versprochenen Klub vorfand, zu dem Schluß kam, daß er betrogen worden war und die Rückzahlung der 13000 Livres verlangte, die er angeblich in das Unternehmen gesteckt hatte. Damals wollten Vermieter und der Steuereinnehmer Geld sehen, und Brissots Drucker hatte ihn wegen seiner Schulden ins Gefängnis werfen lassen. Brissot kratzte genügend Geld zusammen, um sich freizukaufen, mußte aber alles aufgeben, um für Desforges bei den Pariser Spekulanten Ersatz zu schaffen. Während er sich vom Verlust seines Kapitals zu erholen suchte, verlor er den Hauptmarkt für seine Zeitschrift, da der Außenminister Vergennes die Erlaubnis zu ihrer Verbreitung in Frankreich rückgängig machte. Dann, am 12. Juli um ein Uhr mittags kam der vernichtende Schlag: wegen des Verdachts der Autorschaft an einigen satirischen Flugschriften gegen französische Staatsbeamte wurde Brissot in der Bastille gefangengesetzt.[2]

Brissot hatte seine Jugend an Fehlschläge und enttäuschte Ambitionen vergeudet, die ihn hierhin, in die Bastille gebracht hatten, und seine

Zukunft muß ihm in seinem dreißigsten Lebensjahr noch düsterer erschienen sein als seine Vergangenheit. Sein erstes Kind, Félix, war am 29. April 1784, kurz nach seinem Aufbruch nach Frankreich, geboren worden, und Kind und Mutter waren leidend. Das Lycée war ruiniert, die Zeitschrift konnte nicht wieder ins Leben gerufen werden, und Desforges hatte einen langen, teuren und am Ende unentschiedenen Rechtsstreit um seine 13 000 Livres begonnen, mit dem er Brissot des Betrugs überführen wollte. Brissot hatte alle seine eigenen Investitionen in das Lycée verloren und schuldete seinem Drucker, Papierlieferanten und anderen noch immer große Summen. Es war ihm nichts geblieben, um diese Schulden zu begleichen, denn Desforges hatte sogar das Mobiliar des Hauses in der Newman Street verkauft. Wo sollte Brissot, im Gefängnis und ohne allen Besitz, die 13 335 Livres auftreiben, die er, nach späterem Bekunden[3], brauchte, um seine Londoner Unternehmungen vor dem Bankrott zu bewahren? Wo sollte er eine Stellung finden, ein Heim für seine Familie, einen Ausweg aus der Bastille? Als Philosoph war er gescheitert, was sollte nun aus ihm werden?

Für einige dieser Probleme ließen sich vorläufige Lösungen finden. Seine Frau und das Kind wurden für einige Monate von seiner Schwiegermutter in Boulogne-sur-Mer aufgenommen, und Mme. de Genlis, bei der seine Frau früher im Palais Royal gearbeitet hatte, war bei seiner Freilassung aus der Bastille am 10. September behilflich. Aber durch ein weiteres Problem wurde seine Lage fast hoffnungslos. Seit dem 31. August 1779 hatte er mit der Société typographique de Neuchâtel korrespondiert. Diese Korrespondenz, die heute in der Stadtbibliothek von Neuchâtel aufbewahrt wird, vermittelt ein detailliertes Bild seiner Entwicklung als Pamphletschreiber und gibt Einblick in die verzweifelte Lage, in der er sich in der zweiten Hälfte des Jahres 1784 befand. Die ersten Briefe Brissots atmen förmlich den Enthusiasmus eines jungen Mannes, der sich anschickt, ein philosophe zu werden, doch 1784 ist dieser Enthusiasmus unter der Last finanzieller Schwierigkeiten verschwunden. Törichterweise kam er für seine eigenen Veröffentlichungen auf (aber wer sonst sollte die philosophischen Ergüsse eines unbekannten Gastwirtssohns finanzieren?) und füllte die Bücher der Gesellschaft mit Aufträgen. Es ist eine traurige Liste von Pleiten: etwa ein Dutzend Broschüren und Abhandlungen, darunter *Bibliothèque philosophique du législateur, Théorie des lois criminelles, De la vérité, Testament politique de l'Angleterre* und der erste Band seiner *Correspondance universelle*. Brissot setzte darauf, daß der Verkauf seiner Werke die Kosten ihrer Veröffentlichung decken und ihm einen Platz als ein junger Voltaire oder d'Alembert sichern würde. Es gelang ihm aber lediglich, ein Ansehen als unbedeutender, ziemlich freimütiger Broschürenschreiber zu gewinnen und zusätzlich zu den Tausenden, die er in London schuldete, bei der Gesellschaft mit 12301 Livres[4] in der Kreide zu stehen.

Sobald die Société von seiner Freilassung aus der Bastille hörte, begann sie die Bezahlung seiner Druckereirechnungen anzumahnen. Er beantwortete diese Forderungen mit dem Angebot, die Gesellschaft solle die unverkauften Bestände seiner Bücher übernehmen – ein klassischer Schachzug mittelloser Autoren, wie die Gesellschaft bei zahlreichen anderen Gelegenheiten für teures Geld gelernt hatte. Anderes aber hatte Brissot nicht anzubieten, und eine gewisse Hoffnung bestand, seine *Bibliothèque philosophique du législateur*, eine zehnbändige Kompilation aus philosophischen Rechtswerken, verkaufen zu können, die das Lesepublikum wahrscheinlich mehr interessieren konnte als seine eigenen Abhandlungen. Bevor er sich dieser letzten Hoffnung anheim geben konnte, mußte Brissot jedoch noch ein anderes Hindernis beseitigen, das seiner Rettung entgegenstand. Die Pariser Polizei hatte die Lieferung des fünften Bandes der *Bibliothèque philosophique* beschlagnahmt, ohne den das Gesamtwerk wertlos war. Wohin Brissot sich auch wandte, überall schien das Ancien Régime ihm den Weg zu versperren. Seine verzweifelte Lage erhellt aus dem folgenden Brief, den er sechs Wochen nach seiner Entlassung aus der Bastille an die Drucker in Neuchâtel sandte:

Boulogne-sur-Mer, 22. Oktober 1784

Messieurs,

ich ergreife den ersten freien Augenblick, der sich mir endlich in Boulogne bietet, um unsere Geldangelegenheiten zu entwirren. Ich habe die Rechnungen mit äußerster Sorgfalt geprüft. Sie entsprechen nicht allen Punkten, die ich in meinem ausführlichen Schreiben vom 3. Februar 1784 geltend gemacht habe ... Aber ich setze dies und alle übrigen Fragen beiseite. Ich möchte ein Ende machen. Ich möchte den Spekulationen des Publizierens feierlich entsagen und auf eine Laufbahn verzichten, die ich allzu unbedacht eingeschlagen habe. Ich kannte die Welt zu wenig, zumal die, in der ich Geschäfte machte. Ich wurde getäuscht und überall hereingelegt. Glücklicherweise ist es nicht zu spät, und ich will aufgeben. Ihre Rechnung ist eine der letzten und die einzige große, die ich zu begleichen habe. Ich will tun, was ich vermag, um sie bald zu begleichen. Sie hatten meine Lage richtig eingeschätzt, als Sie mich für zu schwach hielten, um mir dieses Unternehmen [das Londoner Lycée] zumuten zu können. Ich glaubte, der Anfang würde genug einbringen, um das Ende zu tragen. Aber jeder wollte gleichzeitig zufriedengestellt sein, und ich war vernichtet. Nun kommen wir zur Liquidation. Ich kann mich befreien und sogar einen gewissen Gewinn erwarten, wenn Sie den Vorschlägen Gehör leihen wollen, die ich in dem beigefügten Memorandum mache. Bevor Sie es lesen, widmen Sie bitte zwei Punkten Ihre ganze Aufmerksamkeit: erstens, meiner Redlichkeit, die mir bis zum Ende meines Lebens gebietet, meine Schulden zurückzuzahlen, so groß sie auch sein mögen; zweitens, meiner gegenwärtigen Lage. Sie kennen mein Mißgeschick. Das schlimmste Unglück aber von allem kennen Sie nicht, da es sich in die Zukunft erstreckt. Meine Einkerkerung in der Bastille hat mich ruiniert. Ich muß meine Gründung [das Lycée] aufgeben, und dieser Verlust kostet mich mehr als 20000 Livres, verwickelt mich in einen langen Prozeß und würde mich in der Tat vollständig vernichten, hätte nicht ein Freund mir bei meinem Zusammenbruch seine Unterstützung gewährt. Dieser außerordentlichen Großzügigkeit verdanke ich mehr als 10000 Livres, die zu meiner Errettung und zur Aufrechterhaltung meiner Zeitschrift notwendig waren, die ich als einziges aus meinem bedauerlichen Unglück retten konnte. Sie werden sich vorstellen können, daß ich in einer so heiklen Lage keinerlei neue Verpflichtungen auf mich nehmen kann, erstens weil ich in nichts einwilligen kann, was ich nicht zurückzuzahlen vermag, und zweitens weil es endlich Zeit ist, daß ich aufhöre, die Großzügigkeit meiner Freunde zu mißbrauchen und ihre Börsen zu leeren, bloß um mein Elend zu vermehren. Das alles hat nichts Tröstliches für Sie, das weiß ich wohl. Sie würden lieber Ihr Geld erhalten als einen Bericht über mein Mißgeschick. Was aber kann ich tun, wenn ich keines habe? Ihnen anbieten, was mir gehört, denn ich sehe Sie in einer Position, um davon Gebrauch zu machen und sogar einigen Gewinn daraus zu ziehen. In diesem Geiste sind die Vorschläge formuliert, die ich beilege.[5] Sie können sie modifizieren, etwas hinzufügen oder Abstriche machen. Seien Sie davon überzeugt, daß ich allem offen bin, was Ihren Interessen entspricht und eine Einigung befördert. Haben Sie andere Vorschläge, so teilen Sie sie mir mit. Ich kenne Ihr Feingefühl zu gut, um in allem auf Ihre wohlwollende Gesinnung zu vertrauen. Einem erbarmungslosen Gläubiger würde ich sagen: alle Härte der Welt wird Dir kein Iota weiterhelfen, sondern sogar schaden. Ihnen aber sage ich: mit Milde und Verständnis werden Sie Ihre Bezahlung erhalten und können sogar für einen unglücklichen Freund, den Sie geschätzt haben, einige Geldmittel retten. Ich bin davon überzeugt, daß Sie sich allein hierdurch bestimmen lassen, mir eine zufriedenstellende Antwort zu geben. Ich bitte Sie, diese nicht aufzuschieben, da ich Schritte unternehme, um für meine *Bibliothèque* in Frankreich eine Erlaubnis zu erwirken, und ich bin ziemlich sicher, diese Gunst zu erlangen. Schicken Sie aus diesem Grunde bitte unverzüglich mit der Postkutsche von Besançon zwei broschierte Exemplare der Bände sechs bis neun an M. Lenoir, Polizeipräfekt zu Paris, ebenso Band zehn, falls er schon gedruckt ist. Ich möchte annehmen, daß der zehnte Band schon gedruckt ist, so daß das gesamte Werk in diesem Winter zum Verkauf gebracht werden kann.

Auf die Titelseite sollten Sie den Namen des Buchhändlers Belin in der rue St. Jacques zusammen mit dem von Desauges setzen.[6] Bestätigen Sie mir bitte die an M. Lenoir erfolgte Lieferung.

Ich habe die Ehre und verbleibe mit aller erdenklichen Hochachtung, Messieurs, als Ihr ergebenster und gehorsamster Diener

Brissot de Warville[7]

In einigen Punkten war die Société typographique durch diese Antwort zufriedengestellt. Es ging daraus hervor, daß Brissot seine Bücher den Händen der Polizei entwinden konnte und daß ein reicher Freund ihm half, den Bankrott abzuwenden. Natürlich forderte er für die Bücher, die er anstelle der Bezahlung seiner Schulden anbot, einen exorbitanten Preis, doch die Gesellschaft konnte ihn herunterhandeln, und das gelang ihr nach einigen mühseligen Verhandlungen. Das Wichtigste war, sich der Kreditwürdigkeit Brissots zu vergewissern und in Erfahrung zu bringen, was er von seinem Gönner, dem Genfer Spekulanten Etienne Clavière, der 1792 Finanzminister werden sollte, zu erwarten hatte. Nachdem Clavière 1784 durch seine Bürgschaft Brissots Freilassung erwirkt hatte, hielt er ihn die nächsten fünf Jahre über Wasser.[8] Die Drucker in Neuchâtel kannten beide Männer sehr gut. Also schrieben sie an Clavière, um sich zu vergewissern, daß Brissot seine Schulden bezahlen würde, und sie erhielten am 15. November 1784 die folgende Antwort:

Meine Kenntnis der Angelegenheiten von Monsieur de Warville und meine Ansicht über seine künftigen Ressourcen bringen mich zu der Überzeugung, daß sein Angebot an Sie das Äußerste darstellt, was er in seiner gegenwärtigen Lage tun kann... Er hat sich vorerst entschlossen, in Frankreich zu bleiben. Dies ist eine Art Auflage, die man ihm gemacht hat, und er gedenkt, sich mit so nützlichen und instruktiven schriftstellerischen Arbeiten zu beschäftigen, wie seine Kenntnisse und sein Talent sie hervorzubringen erlauben sollten. Es ist nicht unmöglich, daß er eines Tages von der Regierung eine lukrative Stellung erhält. Es scheint, daß seine Redlichkeit und seine Fähigkeiten wohlwollend bemerkt worden sind... Seien Sie versichert, Messieurs, daß M. de Warville sich in einer prekären Lage befindet und daß die Freunde, die ihn gerettet haben, nur darauf hoffen können, daß er sie mit dem Wenigen, was ihm von seinen gedruckten Werken geblieben ist, und mit dem, was seine Feder hervorzubringen vermag, entschädigen wird. Seine unbedachte Erwartung des Erfolges verleitete ihn zu Unternehmungen, die ruinöser waren, als er sich je ausmalte. Er ist zu allem entschlossen, doch seine Freunde, die seine Lage kennen, können sich nur Gedanken darüber machen, wie er einen Weg finden kann, um sich selbst herauszuwinden.[9]

Diese Briefe scheinen das übliche Bild von Brissot zu bestätigen. Sie zeigen, daß sein immer energischerer Kampf um einen Platz in der Gelehrtenrepublik von den willkürlichen Mächten der alten Gesellschaftsordnung um den Erfolg gebracht wurde. Die Beschlagnahme seiner *Bibliothèque,* die Rücknahme des Privilegs für seine Zeitschrift und seine Einkerkerung auf dem Höhepunkt seiner finanziellen Schwierigkeiten hatten ihn ruiniert. Einzig Clavières Hilfe bewahrte ihn vor dem Bankrott, und nur mit seiner Unterstützung ließen sich die Schulden von 20000 bis 30000 Livres stunden – eine Summe, die zu verdienen er bei dem Lohn eines Gerichtsschreibers, den er bezogen hatte, ehe er seinem philosophischen Ehrgeiz nachgab, fünfzig Jahre gebraucht hätte. Brissots verzweifelte Lage muß ihm bittere Gedanken über ein politisches System eingegeben haben, das die ganze Staatsmacht einsetzte, um die Ambitionen eines Provinzbürgers zu durchkreuzen. In diesen zwei Monaten in der Bastille muß er zum Revolutionär geworden sein – aber nicht zu jenem Revolutionär, der in den Geschichtsbüchern gefeiert wird, denn die hier abgedruckten Briefe wecken hinsichtlich seiner Beziehungen zu den Mächten des französischen Staates einige Zweifel. Wie konnte ein Mann, der gerade aus der Bastille entlassen war, die »Gunst« erwarten, daß der Polizeipräfekt ein illegales Buch aus der staatlichen Maschinerie der Gedankenkontrolle freigeben würde? Wie kam es, daß die Regierung ihren vormaligen Gefangenen so sehr zu schätzen begann, um seine Anstellung zu erwägen? Jean Paul Marat hätte auf diese Frage eine Antwort gehabt:

Da war er wieder draußen, ohne einen Pfennig, und zu all dem Elend noch mit Frau und Kind belastet. Jetzt ist es bekannt, daß er, mit seinem Latein am Ende, sich entschloß, dem Polizeipräfekten Lenoir seine Dienste anzubieten, und dieser machte ihn für einen Lohn von 50 Écus im Monat zu einem königlichen Spion. Dieser ehrenwerten Beschäftigung ging er während des Sturmes auf die Bastille nach, mußte sie aber aufgeben, als sein Auftraggeber floh ... Bailly, der die Stadtverwaltung übernahm und sich selbst der Regierung gegenüber prostituiert hatte, machte dem ein Ende, indem er drohte, der Öffentlichkeit seinen Namen auf der Liste der Polizeispione zu zeigen, und versprach ihm seine Gunst und seine Protektion, wenn er auf seine [Baillys] Seite überginge.[10]

Man hat Marats Anschuldigung wegen ihres unverhohlenen polemischen Charakters nie ernstgenommen. In dieser Weise schlug Marat gegen die Girondisten zurück, die ihn im Juni 1792 aus seinen Verstekken zu vertreiben suchten, um ihn als Agitator zu verhaften. Bei seinen Anschuldigungen unterliefen Marat einige Irrtümer, beispielsweise mit seiner Behauptung, daß Brissot *nach* seiner Amerikareise von 1788 für den Herzog von Orléans (wie für Lenoir) arbeitete. Daneben aber enthüllte Marat einige Tatsachen – beispielsweise über Brissots Beziehungen zu Buchhändlern in Paris und London –, die nur ein enger Freund Brissots kennen konnte. Mit einiger Berechtigung konnte Marat 1792 behaupten, daß »niemand in einer besseren Position war als ich, um auf den Grund seiner Seele zu schauen«[11], denn er kannte Brissot seit dreizehn Jahren. 1783 war Brissot für ihn »mein sehr geschätzter Freund«: »Du kennst, lieber Freund, Deinen Platz in meinem Herzen.«[12] Marats Zeugnis verdient also, ernstgenommen zu werden, und die Frage, ob Brissot für die Polizei spionierte, verlangt weitere Untersuchung, denn sie erlaubt die Zuverlässigkeit der Schilderung des typischen Revolutionärs in den Memoiren und Biographien Brissots zu überprüfen.

Die drei Biographen Brissots, die sich dem Einfluß seiner Memoiren nicht entziehen können, berühren die Frage seiner Spitzeldienste kaum. Einer erwähnt sie überhaupt nicht[13], der andere erwähnt sie kurz als Beispiel für die Angriffe, denen Brissot ausgesetzt war[14], und der dritte hält den Vorwurf für zu verleumderisch, um ihm ernsthaft nachzugehen.[15] Taine dagegen schenkte diesem Vorwurf Glauben, um die Verruchtheit der revolutionären Führer zu belegen[16], während Mathiez ihn als Beispiel für die Schändlichkeit der Girondisten erwähnt, obwohl er richtig Brissots Gegner als seinen Urheber erkennt. Solche Bedenken dagegen haben Pierre Gaxotte nicht davon abgehalten, den Vorwurf zu wiederholen, ohne sich, im Einklang mit dem antirevolutionären Geist Taines, um Beweise zu kümmern.[18] Unter den Verteidigern der Revolution waren es Michelet, Lescure und Louis Blanc, die Brissot zumindest implizit[19] verteidigten, sein Hauptanwalt jedoch war Alphonse Aulard, dessen Angewohnheit, aus den Lebensgeschichten der Revolutionäre moralische Lehren zu ziehen (in seiner Biographie Dantons erzählte er den Kindern der Dritten Republik: »Sein Leben lang verehrte dieser Staatsmann seine Mutter so wie er Frankreich verehrte«[20]), ihm eine empörte Widerlegung Taines eingab. In seinem Exemplar von *Les origines de la France contemporaine* hat Aulard Taines Porträt von Brissot angestrichen: »Dieses schandbare Subjekt, geboren in einer Bäckerei, aufgewachsen in einem Anwaltsbüro, früherer Polizeispitzel für 150 Franc im Monat, ehemals Genosse von Erpressern und verleumderischen Hausierern, Abenteurer der Feder, Schmierer und Vielschreiber.«[21] Diese Stelle zitierte Aulard in einem Angriff auf diejenigen, die Brissot angriffen: »Sie sollten angesichts einer so ehrlichen Lebensbeichte [gemeint sind Brissots Memoiren, die Aulard als Bild des wahren Brissot hinnahm] davor zurückschrecken, diesen wirkungsvollen Propagandisten philosophischer Ideen als gemeinen Polizeispitzel für 150 Franc im Monat zu bezeichnen, wie es kürzlich jemand getan hat, ohne auch nur den Schatten eines Beweises vorzulegen.«[22] Taine verzichtete auf einen Beleg für seine Behauptung nicht aus Mangel an Beweisen: Wie die meisten Autoren, die sich mit dem Konflikt zwischen Girondisten und Bergpartei beschäftigten, entnahm er sein Material dem Schwall von Denunziationen und persönlichen Kränkungen, womit die Debatten in den vorrevolutionären Versammlungen und die Spalten der Revolutionsjournale gefüllt waren. Es empfiehlt sich deshalb, statt der Historiker die Revolutionäre selbst zu befragen, um zu überprüfen, was es mit dem Ruf Brissots als Polizeispitzel auf sich hat.

Spionage war der Hauptvorwurf gegen Brissot in der gegen die Girondisten erhobenen Anklage, die am 8. Oktober 1793 von André Amar dem Sicherheitsausschuß vorgelegt wurde. Amar sprach für die siegreiche Bergpartei und versah Brissots Namen mit dem Zusatz »Polizeispitzel unter den Königen« und wies ihm den Weg zur Guillotine. Es war nur eine kurze Bemerkung, die im Vorspann zur Analyse der Rolle Brissots in der Revolution fiel, und in dem Bericht gegen Brissot und die anderen Girondisten, den Saint-Just für den Wohlfahrtsausschuß dem Konvent am 8. Juli vorlegte, tauchte sie nicht auf.[23] Brissot aber nahm sie ernst genug, um sie in seinem »Projet de défense devant le Tribunal Révolutionnaire« ziemlich ausführlich zu widerlegen. Erneut im Gefängnis, diesmal aber unter Gefahr für sein Leben, versuchte Brissot seine Laufbahn sowohl vor dem Revolutionstribunal wie vor der Nachwelt zu rechtfertigen. Wie in seinen Memoiren, die unter den gleichen Umständen verfaßt wurden, stellte er sich als einen uneigennützigen Idealisten, das genaue Gegenteil eines Polizeispitzels, dar:

Stets zeigte ich mich als unversöhnlichen Feind der inquisitorischen Herrschaft der Polizei! Und meine einzige Verbindung zur Polizei bestand darin, daß ich dreimal von lettres de cachet betroffen wurde für meine Schriften zugunsten der Freiheit, daß man mich für zwei Monate in der Bastille gefangensetzte und fast alle meine Schriften verbot und beschlagnahmte! Von 1779 bis zur Auflösung der Polizei 1789 veröffentlichte ich jedes Jahr Werke gegen die Regierung, und die Polizei, deren Spione mich ständig umlagerten, hörte nie auf, mich zu verfolgen! Wie hätte ich Spitzel eines Ministers sein können, der mich verfolgte und den ich bloßstellte?[24]

Brissot mag die Notwendigkeit, auf seiner Unschuld zu beharren, gespürt haben, weil seine Feinde Marats Denunziation vom 4. Juni 1792 immer häufiger wiederholten, je erbitterter die Kämpfe zwischen Girondisten und Bergpartei wurden. Am 14. November 1792 führte François Chabot einen heftigen Angriff gegen Brissot zum Höhepunkt, indem er ihn als »früheren Polizeispitzel« bezeichnete[25], und Anacharsis Cloots wiederholte diese Anklage in einer Rede vor den Jakobinern am 26. November.[26] Eine anonyme Broschüre, die zwischen Juni und Oktober 1793 erschienen war, bereitete das Land auf Brissots Hinrichtung vor, indem es »die infame Rolle« brandmarkte, »die er bei den untergeordneten Tyrannen der Polizei gespielt hatte«. Diese Rolle wurde ihm hier gleich bei seiner Ankunft in Paris zugewiesen und dann wurden so viele erfundene Einzelheiten hinzugefügt, um einen nicht zu durchschauenden Schurken aus ihm zu machen.[27] Robespierre erhob Brissots Bestechlichkeit zur offiziellen Auffassung in einer Rede, die den »feigen Polizeispitzel« vor dem Konvent am 24. Juni 1793 bloßstellte.[28]

Mehr als jeder andere tat jedoch Camille Desmoulins, um Brissots Ruf als Polizeispitzel zu verbreiten. Von ihm wird berichtet, daß er nach dem Todesurteil des Revolutionstribunals gegen die Girondisten am 31. Oktober 1793 ausrief: »Mein Gott, mein Gott, ich bin es, der sie tötet. Mein Gott, es ist mein *Brissot démasqué*, wodurch sie umkommen.«[29] Dieses Pamphlet, der geschickteste und wirkungsvollste Angriff, der jemals gegen Brissot geführt wurde, enthielt einen Brief, den Desmoulins dem Baron Grimm zuschrieb: »Sie sagen, Brissot de Warville sei ein guter Republikaner. Ja, aber er war ein Spitzel von M. Lenoir, für 150 Livres im Monat. Ich fordere ihn auf, dies zu bestreiten, und des weiteren kann ich sagen, daß die Polizei ihn entließ, weil Lafayette, der damals Intrigen spann, ihn bestochen und in seine Dienste genommen hatte.«[30] Wie Desmoulins wissen mußte, war dieser Brief ein Ausfall Rivarols gegen Volney, unter der Überschrift *Réponse de M. le Baron de Grimm ... à la lettre de M. Chassebœuf de Volney,* vom 1. Januar 1792. Die Bemerkung über Brissot hatte mit dem eigentlichen Thema des Briefes nichts zu tun, Rivarol hatte sie offensichtlich nachträglich hinzugefügt, um persönlichen Groll loszuwerden oder um seine These zu stützen, daß die Führer der Revolution mittelmäßige Streber waren, die im Unterschied zu ihm selbst in der alten Ordnung nicht nach oben zu kommen vermocht hatten.[31]

Rivarol war nur einer der vielen Feinde Brissots aus den Anfängen der Revolution, die die Angriffe der Bergpartei in den Jahren 1792 und

1793 mit Munition versorgten. Brissot selbst hat auf einige andere Quellen der Bergpartei hingewiesen, als er sich gegen ihre Anklage der Spitzeldienste in seinem »Projet de défense« verteidigte: »Diese infamen Verleumdungen, die zuerst von einigen Aristokraten ersonnen und von Gouy d'Arsy und Théodore Lameth verbreitet wurden, habe ich in allen Zeitungen zurückgewiesen. Ich habe in aller Form Beweise gefordert, doch diese gemeinen Verleumder haben mir nicht zu antworten gewagt. Das sind die Männer, die heute von den Republikanern nachgeahmt werden, um einen der eifrigsten Verfechter des Republikanismus zu schmähen!«[32]

Der Marquis de Gouy d'Arsy, ein Aristokrat und Sklavenbesitzer, der 1789 als radikal gegolten hatte, nahm Anfang 1791 Brissot aufs Korn, der damals ein Wortführer der Radikalen und führendes Mitglied der Société des Amis des Noirs war und eine Kampagne in die Wege leitete, um die Konstituante zum Verbot des Sklavenhandels zu bewegen. Die Sklavenfrage, die die kommerziellen Interessen der Küstenstädte gegen die revolutionären Prinzipien von Freiheit und Gleichheit und gegen die humanitäre Stimmung der Zeit aufbrachte, veranlaßte eine erbitterte Pamphletliteratur. In einem typischen Pamphlet gegen Brissot erhob Gouy d'Arsy den Vorwurf, daß die »Freunde der Schwarzen« keineswegs der Menschlichkeit dienten, sondern in Diensten der Pariser Polizei standen, und Brissot antwortete darauf mit einem nicht weniger deutlichen Pamphlet, in dem er keck seine Unschuld behauptete und das in seiner Zeitung Le Patriote français vom 3. Februar 1791 abgedruckt ist: »Sie bringen mich mit dem früheren Polizeipräfekten Lenoir in Zusammenhang und stellen mich als seinen vertrauten Agenten hin. Er hat mich in die Bastille gebracht. Das ist der einzige Vertrauensbeweis, den ich je von ihm erhalten habe. Ich habe ihn vorher nicht gekannt und später niemals wiedergesehen. Ich fordere Sie auf, das Gegenteil zu beweisen.«[33]

Ebenso herausfordernd trat Brissot einem anderen Ankläger in Le Patriote français vom 20. März 1792 entgegen: »Er deutete an, ich hätte im Sold der alten Polizei gestanden. Ich forderte ihn auf, 1. seinen Namen preiszugeben, 2. seinen Vorwurf zu wiederholen und 3. Beweise beizubringen. Daraufhin unterzeichnet er mit seinem Namen, sagt kein Wort über die Verleumdung und nennt keine Beweise. Somit hat sein Schweigen ihn der Verleumdung überführt.« Diesmal war der Feind François de Pange, ein Adliger, der die Revolution davor bewahren wollte, die Grenzen der konservativen konstitutionellen Monarchie zu überschreiten. Im Frühjahr 1792 füllten er und einige andere Sympathisanten der Feuillants das *Journal de Paris* mit Angriffen auf Brissot, der damals eines der mächtigsten Mitglieder der Gesetzgebenden Versammlung geworden war. Pange trat als Sprecher der unterrichteten öffentlichen Meinung über Brissot auf: »Einige Personen, die Nachforschungen angestellt haben, schrieben, daß man ihn im Sold der alten Polizei gesehen habe.« Sein Versuch, dieses Gerücht zu bestätigen, sollte erklären, warum Brissot in einer 1781 erschienenen Broschüre[34] die französische Monarchie, die Polizei und sogar Lenoir selbst gepriesen hatte – Brissot hatte ihn einen Minister genannt, »der der Freund der Menschheit ist«. Auf Brissots Aufforderung, Beweise für seine angeblichen Spitzeldienste vorzulegen, hatte Pange lediglich geantwortet, daß Brissots Broschüre ihm als Beweis ausreiche, und Panges Freund André Chénier hatte in einem Brief an das *Journal de Paris* vom 19. März 1792 dieses Argument vertieft. Pange und Chénier waren an Beweisen oder auch nur der Anklage nicht ernsthaft interessiert, sie wollten lediglich den radikalen Standpunkt der »Brissotins« in Mißkredit bringen, indem sie Brissot als einen opportunistischen Heuchler hinstellten: »Er ist ein Hausierer mit Ideen, der immer nur die Vorlieben des Publikums aufgegriffen hat, um auf denen herumzureiten, die ihm Profit bringen konnten.«[35]

Der Spionagevorwurf war gleichfalls unerheblich für den Streit, der zwischen Brissot und Théodore Lameth im März 1791 ausbrach. Lameth unterstützte eine Gruppe konservativer Bürger aus Lons-le-Saunier, die dem Pariser Jakobinerklub angeschlossen werden wollten, während Brissot eine rivalisierende lokale Gruppierung favorisierte, indem er die Lameth-Fraktion als Aristokraten brandmarkte. Lameth rächte sich mit einer Verleumdungskampagne, wie aus dem Angriff gegen ihn hervorgeht, den Brissot im *Patriote français* vom 7. März 1791 veröffentlichte: »Ein Mann, dessen Wort man trauen kann, versichert mir, daß Sie gesagt haben, *ich sei von M. La Fayette bezahlt worden und sei ein Polizeispitzel gewesen und Sie hätten dafür Beweise.*« Nachdem er Lameth aufgefordert hatte, Beweise vorzulegen, und keine Antwort erhalten hatte, fuhr Brissot fort: »Ich bestreite das in aller Form; ich fordere ihn auf, seine Beweise zu veröffentlichen, und wenn er dies nicht tut, so muß das Publikum ihn als einen gemeinen Verleumder betrachten.«[36] Auch in diesem Falle hatte Brissot die Feindseligkeit des rechten Flügels geweckt, denn er predigte den Republikanismus, während die Brüder Lameth zusammen mit Barnave, Duport und gelegentlicher Unterstützung Lafayettes die Grundlagen der konservativen Feuillant-Koalition legten. Der Spionagevorwurf in Verbindung mit einer Reihe von damit gar nicht zusammenhängenden Fragen verfolgte Brissot während seiner ganzen revolutionären Laufbahn. Dieser Vorwurf kam immer dann auf, wenn Brissot in Polemik verwickelt wurde, zunächst bei seinem Kampf gegen die Bemühungen der Konservativen, den Fortschritt der Revolution einzudämmen, und später, als er selbst diesen Versuch machte. In den Anklagen und Gegenanklagen schien immer die Revolution auf dem Spiel zu stehen, aber der Streit selbst erhob sich nur selten über das Niveau persönlicher Auseinandersetzungen. Man kann ihm nur wenig über Brissots Vergangenheit entnehmen, doch er illustriert den Stil der revolutionären Polemik: wie vor der Revolution stritten die Franzosen über Persönliches und über Skandale lieber als über politische Fragen. Mit ihrer Anklage gegen Brissot als früheren Polizeispitzel traten die Feuillants für eine konstitutionelle Monarchie und die Bergpartei für eine egalitäre Republik ein. Sie schmückten ihre Reden mit abstrakten Gedanken, die sie aus Rousseau, Montesquieu und den antiken Autoren gezogen hatten, aber auf den Boden der politischen Auseinandersetzungen schienen sie erst zu kommen, wenn sie anfingen, Verleumdungen über die Beziehung zwischen Brissot und Lenoir, Pétion und Mme. de Genlis, Marie Antoinette und Kardinal de Rohan oder Orléans und wem auch immer auszustoßen. Der Ursprung des Spionagevorwurfs läßt sich nicht einmal im Gestrüpp der ›libelles‹ auffinden, das Brissots Ansehen überwucherte. Die früheste Erwähnung dieses Vorwurfs ist vielleicht die typischste. In einem an Brissot adressierten und im *Patriote français* vom 7. Oktober 1790 abgedruckten Brief wurde enthüllt, daß ein »bekannter Schriftsteller« gesagt habe, »gewisse Personen ... hätten zur Zeit der alten Ordnung Deine Frau auf dem Wege zur Entgegennahme einer Pension von M. Lenoir gesehen«. Brissot antwortete entrüstet: »Diese Pension ist eine Erfindung. Niemals hat meine Frau nach einer solchen nachgesucht oder sie in Empfang genommen. Meine Einkerkerung in der Bastille hat mich 20000 bis 25000 Livres gekostet, und ich habe niemals einen Pfennig Entschädigung dafür erhalten.«[37] So lag also das Gerücht schon im Oktober 1790 in der Luft und war jedem verfügbar, der eine Waffe gegen Brissot und die von ihm vertretene Form von Revolution brauchte. Aber traf es denn zu, daß Brissot ein Polizeispitzel war?

Die Gerüchteküche gab Brissot ein zweifelhaftes Ansehen und kann zu Schlüssen vom Rauch aufs Feuer verleiten, die Gerüchte jedoch offenbaren die gewöhnlichen Widersprüchlichkeiten des Pariser Ondit und lassen sich durch verläßliche Tatsachen nicht widerlegen. Lenoir war von August 1774 bis Mai 1775 und von Juni 1776 bis August 1785 Polizeipräfekt. Demnach muß Marat sich geirrt haben, wenn er behauptete, Brissot habe Lenoir seine Spitzeldienste nach Verlassen des Palais Royal (etwa im August 1787) und nach seiner Rückkehr aus den Vereinigten Staaten (im Januar 1789) angeboten, und ebensowenig beweisbar ist Marats Vorwurf, daß Bailly sich dadurch der Unterstützung Brissots versichert habe, daß er seine Verbindungen zu Lenoir zu enthüllen drohte. Der *Vie privée* zufolge begann Brissot gleich bei seiner Niederlassung in Paris (Mai–August 1774) zu spionieren, aber damals brauchte Brissot weder das Geld, noch besaß er die Kontakte, um als Spion tätig werden zu können. Pange ließ Brissot im Jahre 1780 zum Spion werden, ein nicht weniger unwahrscheinlicher Zeitpunkt, denn damals hatte er gerade genug Geld geerbt, um sich Hoffnungen auf eine ehrenvolle literarische Laufbahn zu machen. Eine weitere Variante des Spionagevorwurfs steuerte Hébert bei, indem er vor dem Revolutionstribunal behauptete, Brissot habe für die Engländer spioniert, offenbar nach 1789, doch das Zeugnis Héberts ist nur ein unverhüllter Ruf nach der Guillotine.[38] Desmoulins, Rivarol und Brissots sonstige Feinde haben weder Zeitangaben noch überhaupt viele Einzelheiten mit ihren Anklagen verbunden, und diese wirken wie eine Folge von Schmähungen, die im Fortgang der Revolution von einem Brissot-Gegner zum anderen weitergereicht wurden. Die Angewohnheit der Revolutionäre, mit Denunziationen Handel zu treiben (»Das Gesetz bestraft Fälscher, die Nation belohnt die, die sie anzeigen«, war auf den Assignaten gedruckt), läßt die Angriffe auf Brissot beinahe selbstverständlich erscheinen, und in der Tat ist es eher eine Überraschung, daß der Spionagevorwurf in den Anklagen von Saint-Just und Théveneau de Morande, einem alten Feind, der während der Wahl zur Gesetzgebenden Versammlung eine wilde Verleumdungskampagne gegen Brissot entfesselte, nicht auftaucht.[39] Angesichts des zuversichtlichen Tons, in dem Brissot den Vorwurf zurückwies, und der Integrität, die ihm zumindest von einigen kompetenten Beobachtern bescheinigt wurde[40], fühlt man sich geneigt, Aulard und den Biographen Brissots zuzustimmen: Der Spionagevorwurf scheint der Phantasie der Feinde Brissots entsprungen und polemischen Zwecken gedient zu haben.

Um so überraschender ist es, wenn man nun in den Aufzeichnungen von Jean-Pierre Lenoir, dem Polizeipräfekten, der mehr als irgend jemand sonst von den geheimen Umtrieben in Paris wußte, die folgenden Bemerkungen findet: »Brissot blieb [nach seiner Entlassung aus der

Bastille] in Paris und bot der Polizei seine Dienste an. Ich lehnte ab, doch etwa ein Jahr lang war er als Spion tätig für einen der Sekretäre dieser Abteilung, der mir seine Berichte vorlegte, und für diese Berichte wurde Brissot bezahlt. Unmittelbar vor meinem Rücktritt [August 1785] war er noch immer als Polizeispitzel tätig.«[41] Die Aussage Lenoirs ist mit Vorsicht aufzunehmen, denn sie wurde im Exil niedergeschrieben, wo er den Revolutionären durchaus nicht wohlwollte, und sie bezieht sich auf Ereignisse, die mindestens fünfzehn Jahre zurücklagen. Diese Bemerkungen finden sich unter den Notizen für seine Memoiren, die wohl nicht weniger einseitig geworden wären als die Brissots. Offensichtlich besaß Lenoir Originaldokumente zur Unterstützung seines Gedächtnisses, aber außerdem war er voller Ressentiments, die seine Erinnerung verzerrten, und er wollte etwas beweisen: er wollte zeigen, daß die alte Pariser Polizei weit wirkungsvoller und weit weniger despotisch war, als die Revolutionäre behaupteten. Daß Lenoir persönlich Groll gegen Brissot hegte, scheint zweifelhaft. Wie bereits erwähnt, zogen Brissots Feinde 1791 seinen Patriotismus in Zweifel, weil er Lenoir in einem seiner frühesten Pamphlete gelobt hatte. Zu der Zeit jedoch hatte Brissot sein Lob bereits durch einige passende revolutionäre Schilderungen Lenoirs ausgeglichen. Eine von ihnen schilderte das Oberhaupt der Polizei und seine Lakaien, »wie sie bei einem ihrer eleganten Abendessen, wo man mit hübschen Frauen, die man ihren Männern weggenommen hatte, Champagner soff, über die philosophischen Werke der erhabenen Geister herzog, die sie in den Verliesen der Bastille gefangenhielten, und über die Dummheit des gemeinen Mannes lachten, dessen Stimme sie unterdrückten und dessen Blut sie tranken«.[42] Solche Schmähungen könnten Lenoir, wenn sie ihn in seinem Exil erreichten, durchaus zu einer entsprechenden Antwort provoziert haben, doch Brissots Bemerkungen waren im Vergleich zu denen anderer Tagesschriftsteller, die aus Lenoir den Hauptschurken der revolutionären Folklore machten, eher maßvoll. Sein Freund Jean-Louis Carra beispielsweise übertraf ihn bei weitem, indem er den Lenoir der Ketten und ›cachots‹ zum Symbol des Despotismus des Ancien Régime machte. In Wirklichkeit scheint der Polizeipräfekt ein ehrenwerter und durchaus undespotischer Beamter gewesen zu sein – eigentlich zu anständig, um über Brissot in dem unwahrscheinlichen Fall, daß er ein Motiv dafür besaß, Lügen zu verbreiten.

Brissot hat den Spionagevorwurf sehr nachdrücklich bestritten, doch wie hätte er ihn ignorieren oder weniger entschieden bestreiten können? Er durfte sich bei der Aufforderung an seine Ankläger, Beweise vorzulegen, sicher fühlen, da er wußte, daß seine Polizeiakte aus den Trümmern der Bastille verschwunden war. Sein enger Freund Pierre Louis Manuel hatte ihn dessen versichert, »er erzählte mir, daß nichts mich Betreffendes auf dem Misthaufen der Polizei verblieben war«.[43] Die Archive der Bastille haben an der Stelle, wo sich Brissots Dossier befunden haben muß, eine auffällige Lücke, und wo sein Name erwähnt wird – in den verstreuten Routineberichten –, da widersprechen sie dem larmoyanten Bericht über seine Einkerkerung, den er während der Revolution veröffentlicht hat. »Ich schmachtete in einer unterirdischen Zelle, unschuldig!... von der ganzen Menschheit, von meiner Frau, von meinen Kindern abgeschnitten! Nicht einmal meine Briefe ließen sie meine Familie erreichen, während sie mir schworen, die Briefe seien durchgekommen... Diese Barbaren ergötzten sich an meinen Tränen und meinen Qualen.«[44] Nicht nur verweigerten diese Barbaren Brissots Ersuchen nicht, mit seiner Familie Kontakt aufzunehmen, sondern Lenoir schrieb sogar am 23. August 1784 an den Marquis de Launay, den Gouverneur der Bastille: »Ich ersuche den Gouverneur, M. de Warville zu gestatten, daß er Mme. de Warville, seine Frau, unter den üblichen Vorkehrungen sehen darf.« Aus einer Notiz de Launays geht hervor, daß sie sich »am 24. [August 1784] von halb zehn bis halb elf« zum ersten Male sahen. Weitere Notizen zeigen, daß Brissot mit Lebensmitteln und Wäsche gut versorgt war und Gelegenheit zu Spaziergängen innerhalb der Gefängnismauern hatte.[45]

Brissot hatte während der Revolution gute Gründe, sich den Mythos der Bastille zunutze zu machen und sich als Märtyrer des königlichen Despotismus zu schildern. Als Manuel und seine Kollegen die Veröffentlichung von *La Bastille dévoilée* vorbereiteten, eine sorgfältige Edition einer Auswahl von Papieren, die aus der Bastille stammten, forderten sie Brissot auf, seinen eigenen Artikel zu schreiben, anstatt daß sie Dokumente über ihn vorlegten, und wie zu erwarten schrieb er: »Der wahre Grund für meine Festnahme war der Eifer, womit ich allzeit und in allen meinen Schriften für die Grundsätze eingetreten bin, die heute triumphieren.«[46] Manuel muß den Artikel über sein eigenes ›embastillement‹ selbst frisiert haben, denn darin wird behauptet, er sei 1786 inhaftiert worden, weil er ein harmloses Pamphlet über die Halsbandgeschichte und einige Broschüren Mirabeaus verteilt habe. Die Verhörprotokolle von ihm sind jedoch erhalten geblieben, weil sie ihm 1793 entwendet wurden, und aus ihnen geht hervor, daß er wegen Handels mit Pornographie verhaftet worden war.[47] Wollte er seine vorrevolutionäre Existenz als Pamphletschreiber verheimlichen und dasselbe für einen Freund tun, der sie mit ihm geteilt hatte? Einiges spricht für diese Vermutung, denn Lenoir hat enthüllt, daß auch Manuel für die Polizei spionierte. In einer Bemerkung zum geheimen Publikationswesen in Paris schrieb Lenoir: »Manuel, ein Schriftsteller und Buchhändler, der damals von einem Polizeiinspektor als Spitzel angeheuert wurde, enthüllte, daß er obszöne Schriften aus einer Drukkerei habe kommen sehen, die Sauson in der Nähe des Hôtel du Contrôle des finances eingerichtet hatte.«[48] Auch die sorgfältigste Redaktion konnte die Spuren nicht verwischen, die das harte Leben im Untergrund hinterlassen hatte.

Man kommt nicht darum herum: Wenn Lenoir nicht gelogen hat, so war Brissot ein Spion und ein Lügner dazu. Brissots Veröffentlichungen, besonders seine Memoiren, geben wenig Anhaltspunkte, ihn für ehrlich zu halten. Sie verzerren, um das mindeste zu sagen, seine Beziehungen zu Lafayette, Dumouriez und Orléans, seine Rolle in der Varennes-Krise und bei dem Aufstand vom 10. August 1792, den Zweck seiner Reise in die Vereinigten Staaten, den Charakter seines Lycée und sein Interesse an der Börse und an der Pamphletschreiberei. Seine Abhandlung über die Wahrheit gehört an den Beginn seiner Laufbahn, 1789 war die Wahrheit durch Polemik kompromittiert und 1793 war sie vom Schatten der Guillotine verdunkelt. Bei allem Verständnis für sein Schicksal läßt sich nur schwer leugnen, daß er eher als Lenoir Grund hatte, die Vergangenheit zu verfälschen.

Zur Verteidigung Brissots sollte man berücksichtigen, daß »Spitzeldienste« für die Polizei die Form von Berichten über die Stimmungslage in verschiedenen Teilen oder Milieus der Stadt haben konnten und nicht bedeuten mußten, daß man seine Freunde verriet. Spitzel, oft ›mouches‹ genannt (offensichtlich nach dem Namen des berühmten Agenten des sechzehnten Jahrhunderts, Antoine Mouchy), schwirrten wie die Fliegen um die Cafés und öffentlichen Plätze, wo Klatsch aufzuschnappen war. Oft lieferten sie Berichte über Individuen, deren moralische Verworfenheit und radikale, religiöse und politische Ansichten bekannt waren. Lenoir besaß beispielsweise über Brissot einen Bericht, der für dieses Genre üblich war:

BRISSOT, Schriftsteller, ist gefährlicher, als man denken möchte. Unter seinem anscheinend ehrenhaften Auftreten verbirgt er die Seele eines Schurken. Seine Frau, wenn sie seine Frau ist, scheint rechtschaffen. In Genf pflegte er Umgang mit einigen Männern, die aus dieser Stadt verbannt worden sind [eine Anspielung auf Clavière und andere Mitglieder der Repräsentanten-Partei, die nach der niedergeschlagenen Erhebung von 1782 verbannt wurden]. Er war in der Gesellschaft eines Engländers mit Namen Pigot anzutreffen, eines gefährlichen, ungewöhnlichen Mannes, der sehr reich ist und überall außerhalb seiner Heimat, die er verlassen hat, Häuser besitzt. Es heißt, daß Brissot in Genf ihm als Freund, Schreiber und Sekretär gedient habe.[49]

Unter den verkrachten Schriftstellerexistenzen und Salonradikalen in Paris war Brissot genügend zu Hause, um viele derartige Berichte schreiben zu können, aber es ist ebensogut möglich, daß seine Spitzeldienste darin bestanden, von Gerüchten Mitteilung zu machen und sie zu beeinflussen, wie aus einem Blatt aus Lenoirs Papieren hervorgeht, das Jacques Peuchet, ein Polizeiarchivar, veröffentlicht hat. »Der bekannte Graf Mirabeau und Brissot de Warville standen beide in Diensten der Polizei und verfaßten Verlautbarungen und andere Schriften, um sie in der Öffentlichkeit zu verbreiten und dadurch falschen Gerüchten und Klatsch entgegenzutreten.«[50] Brissot könnte die Polizei mit Berichten über die Erpresser und Schmutzhändler, die sogenannten ›libellistes‹ und ›sommateurs‹ versorgt haben, die vor 1789 die Londoner Kolonie der außer Landes verwiesenen Franzosen bevölkerten. Diese Kolonie kannte Brissot gut, er hatte den Journalismus dort gelernt und gab die Schuld an seinem ›embastillement‹ ihrem Führer Charles Théveneau de Morande, einem literarischen Freibeuter, politischen Pornographen und gelegentlichen Polizeiagenten und Diplomaten, der Desforges in seinem Streit mit Brissot wegen des Lycée unterstützte. Bei seinen Verhören in der Bastille dürfte Brissot Lenoir sehr viel mehr über die *Naissance du Dauphin*, die *Petits soupers de l'hôtel de Bouillon*, die *Rois de France dégénérés*, die *Passe-temps d'Antoinette et du vizir de Vergennes*, den *Diable dans un bénitier* und andere derartige Pamphlete erzählt haben, die von den Londoner ›libellistes‹ nach Frankreich eingeschmuggelt oder für ein Lösegeld der Pariser Polizei ausgehändigt wurden.[51] Ein Brief von dem Agenten Brissots in Ostende belegt die Unrichtigkeit seiner Behauptung, daß er mit dem zuletzt genannten Pamphlet »weder direkt noch indirekt« etwas zu tun gehabt habe[52], und ein Brief im Archiv der Société typographique de Neuchâtel beweist, daß Brissot, ganz wie Marat behauptet hatte, an der Abfassung pornographischer Schriften beteiligt war, die die *Liaisons dangereuses* noch übertrafen, von denen er sich in seinem Moralgefühl schon tief verletzt fühlte, wie es in Rezensionen, die er in zwei seiner Zeitschriften veröffentlichte, heißt.[53] Moral war für den vorrevolutionären Pamphletschreiber nicht weniger bezeichnend als seine Geldnot.

Wie seine Genossen lernte Brissot innerhalb einer barocken Bürokratie zu arbeiten, die das gedruckte Wort in Frankreich zu kontrollieren und zeitweise auszubeuten versuchte. Seine erste Lektion erhielt er 1777 durch seinen Buchhändler und Polizeiagenten mit Namen Goupil de Pallières bei einer Komödie, die sie anläßlich seiner ersten ›lettre de cachet‹ aufführten. Goupil spielte seine Rolle exquisit: Brissot möge sich auf schlechte Nachrichten gefaßt machen; er habe in seiner Broschüre *Le pot-pourri* dummerweise die Frau eines Anwalts beleidigt, zwar nur eine »Dummheit«, die ihn aber trotzdem in die Bastille bringen könne, wenn er nicht vor dem nächsten Morgen verschwinde, wo Goupil mit der ›lettre de cachet‹ eintreffen werde und als Beweis eifriger Gesetzestreue einige Seiten des Manuskripts vorzufinden erwarte, das Monsieur doch freundlicherweise zurücklassen möge. Später wollte Goupil mit verbotenen Pamphleten entlohnt werden, die er offensichtlich selbst zu vertreiben plante, denn im darauffolgenden Jahr wurde er in die Bastille geworfen, weil er seiner Frau Broschüren aus seiner Sammlung konfiszierter Schriften zum Verhökern gegeben habe.[54] Es gehörte zu den Eigenheiten dieses Untergrundmilieus, daß Polizei und Pamphletschreiber symbiotisch zusammenlebten. Natürlich hat Brissot in seinen Memoiren behauptet, daß diese Umgebung ihn nicht anzustecken vermocht habe, doch seine Briefe an seine Verleger klingen nicht so unschuldig.

Sie lesen sich, als wären sie im Hôtel de la Police verfaßt. Am 26. Juli 1781 zum Beispiel warnte Brissot die Société typographique de Neuchâtel, sich beim Versand von Raynals kürzlich verbotener *Histoire philosophique et politique des établissements des européens dans les deux Indes* vorzusehen:

Meine Anteilnahme an allem, was Sie betrifft, veranlaßt mich, Ihnen diese Warnung zugehen zu lassen. Strengste Anordnung ist ergangen, die Ankunft des Raynal in Frankreich zu verhindern. Man weiß, daß das Buch an vier Orten [außerhalb des Königreichs] hergestellt wird. Geheimagenten sind ausgesandt worden, um die Druckereien auszukundschaften und den Weg, den die Bücher nehmen werden, zu erkunden. Ich kann Ihnen mehr nicht sagen, aber, was ich sage, weiß ich aus guter Quelle. Sie werden genauestens überwacht werden.[55]

Sechs Monate später warnte er die Verleger vor Spitzeln, die hinter der Ausgabe von Merciers *Tableau de Paris* her waren: »Seien Sie mit dem *Tableau de Paris* auf der Hut. Sie werden streng überwacht. Ich warne Sie, und weiß dies aus guter Quelle.«[56] Weniger zurückhaltend äußerte sich Brissot über seine Quelle in einem Brief, der die Gesellschaft über den Wettlauf bei der Veröffentlichung von Ausgaben der Werke Rousseaus unterrichtete, so wie er sich in den Augen der für ihre Unterdrückung zuständigen Behörden darstellte. »Über den Rousseau vergaß ich Ihnen mitzuteilen, daß M. Martin von der Polizei mir kürzlich sagte, daß neun Ausgaben unterwegs seien, genug um Frankreich zu überschwemmen. Ihre Ausgabe wird einen Vorteil genießen, wenn sie rasch über die Grenze gelangen kann.«[57] Martin war der Polizeisekretär, der für alles zuständig war, »was die Bastille, Vincennes und andere Festungen betrifft, in denen Staatsgefangene eingekerkert sind, sowie für den Handel mit verbotenen Büchern usw.«, wie seine Aufgabe im *Almanach royal* umrissen wurde. Er war der entscheidende Mann, den jeder kennen wollte, der mit dem geheimen Buchhandel zu tun hatte, denn er konnte Hinweise auf Konkurrenten geben, vor Unterdrückungsmaßnahmen warnen und Hilfe leisten, wenn sich Bücher in der Maschinerie verfangen hatten, die verbotene Werke außerhalb Frankreichs halten und das Monopol der Buchhändlerschaft schützen sollte. Die Freundschaft mit Martin konnte in der rauhen Verlagswelt des achtzehnten Jahrhunderts eine machtvolle Waffe sein, wie aus einer Mitteilung von Quandet de Lachenal, einem Agenten der Société typographique de Neuchâtel, aus dem Jahre 1781 hervorgeht:

Ich werde jetzt M. Martin vorgestellt, dem höchsten Beamten in der für den Buchhandel zuständigen Polizeiabteilung. Einige Freunde von ihm, die zu kennen ich die Ehre habe, haben mir diese Gunst versprochen. Dieser Offizier ist eng verbunden mit M. Boucherot [dem Sekretär des Siegelbewahrers], und M. Boucherot ist Ihnen wohlgesonnen. Mit seiner [Martins] Hilfe gelang es ihm [Boucherot], die beschlagnahmten Kisten mit der *Description des arts* freizubekommen und sie M. Perre auszuhändigen, der sie mir überstellte.[58]

Brissot kannte Martin gut. Nicht ohne Stolz schrieb er an die Société: »M. Martin, der mich zu schätzen, mir gewogen scheint, hat mich seines guten Willens versichert.«[59] Offenbar war diese Freundschaft in der Bastille entstanden und mußte, wie die Bastille, nach dem 14. Juli 1789 verschwinden. Denn der 14. Juli verwandelte Martin in einen Schurken, entriß ihm sein Amt und ersetzte ihn durch keinen anderen als Manuel. (Für die Bewohner des Untergrundes bedeutete die Revolution nicht nur Befreiung vom ›embastillement‹, sondern Anstellung in Paris – in den überall aus dem Boden schießenden Journalen und in der Staatsbürokratie.) Als Aufseher des Buchhandels tat Manuel wenig mehr, als Material für seine eigenen Bücher zusammenzutragen, und so wurde er von Brissot, dem Herausgeber der erfolgreichen neuen

Zeitschrift *Le Patriote français*, als Verteidiger der Pressefreiheit gerühmt: »Unser Freund Manuel bringt einen ganz neuen Stil in seine Polizeiabteilung, verglichen mit dem seines Vorgängers Martin, der lettres de cachet auszufertigen pflegte und ihn, ebenso wie mich, in den Tiefen der Bastille der Tortur unterzog. M. Manuel verdient den Namen eines Republikaners, er tut so wenig, wie er kann.«[60] Brissot selbst befleißigte sich eines anderen Stils, bevor er diese glückliche Umwandlung durchmachte. Nachdem er alle Mühe aufgewandt hatte, sich in Martins Gunst zu schleichen, sandte er seinem »Folterer« kurz nach seiner Entlassung aus der Bastille einen Dankbrief:

Ich ergreife die Gelegenheit des ersten ruhigen Augenblicks, um meinen Dank für Ihre Anteilnahme an meinem Unglück zu erneuern...

Seien Sie bitte so gütig, M. Lenoir meine Hochachtung auszudrücken und ihn der Dankbarkeit zu versichern, die seine großzügige und zartfühlende Behandlung bei mir und meiner Frau geweckt haben. Und nehmen Sie selbst bitte ihren Dank und ihre guten Wünsche entgegen.

Mit dem Ausdruck meiner Hochachtung, Monsieur, bin ich Ihr ergebenster und gehorsamster Diener.[61]

Was für ein »Diener« war Brissot für Martin? Sicherlich einer, der Zugang zu internen Informationen besaß. Nachdem die Polizei einige der illegalen Bücher der Société beschlagnahmt hatte, schrieb Brissot:

Obwohl es mir nicht möglich war, M. Quandet zu sehen, weiß ich, daß dieser dem Polizeipräfekten eine gute Denkschrift unterbreitet und sich sehr gut aufgeführt hat. Ich weiß, daß er ein gutes Ansehen genießt. Morgen werde ich M. M—— sehen, um seine Meinung zu erkunden.[62]

Im Februar 1785 war Quandet sowohl bei der Polizei wie bei der Société typographique in Ungnade gefallen, nachdem er durch eine ›lettre de cachet‹ selbst ins Exil gebracht worden war. Brissot jedoch hielt seine Stellung im Kreis der Konfidenten Martins, wie aus einem Schreiben von Quandets Nachfolger als Pariser Agent der Société typographique hervorgeht:

M. de Warville berichtete mir, daß bei dem letzten Gespräch, das er mit M. Martin, dem ersten Sekretär des Pariser Polizeipräfekten, hatte, dieser [Martin] gesagt habe, welche Wege auch immer wir wählen würden, um unsere Bücher nach Paris zu schmuggeln, er einen Weg finden würde, sie zu entdecken und seine Anordnungen an der Schweizer Grenze durchzusetzen. Lediglich M. de Warville werde er gestatten, 200 Exemplare von Band sechs bis neun seiner *Bibliothèque philosophique* nach Paris einzuführen.[63]

Demnach griff die Polizei beim Schmuggel aus Neuchâtel energisch durch, war aber bereit, eine begrenzte Anzahl der verbotenen Bücher Brissots durch ihre Finger schlüpfen zu lassen, und Brissot traf sich wahrscheinlich regelmäßig mit dem Polizeioffizier, der zu Beginn des Jahres 1785 für den Buchhandel zuständig war, genau so, wie Lenoir es behauptet hat. Vergleicht man Lenoirs Behauptungen und Brissots Briefwechsel mit seinen Verlegern, dann scheint man sogar zu noch weitergehenden Folgerungen berechtigt. Brissot sandte interne Mitteilungen nach Neuchâtel, weil er tatsächlich zur Geheimpolizei von Paris gehörte, wie seine Gegner behauptet haben. Er war wahrscheinlich ein Spitzel, und seine Spitzeldienste bezogen sich auf die ›libelle‹-Literatur, die zu seinem Lebensunterhalt vor der Revolution und zu seinem Sturz während der Revolution beitrug. Diese Schlußfolgerung paßt zu dem Bild seiner Verzweiflung in der zweiten Hälfte des Jahres 1784, wie es sich aus seinem und Clavières oben zitierten Briefwechsel mit der Société typographique de Neuchâtel ergibt. In seiner Verzweiflung über den Zusammenbruch seiner Ambitionen, über das Schicksal seiner kranken Frau und seines Sohnes, die Treulosigkeit seiner Freunde, die Düsternis der Bastille und den unmittelbar bevorstehenden Bankrott hat er Lenoir offensichtlich seine Dienste angeboten, vielleicht für die 150 Livres im Monat, die Marat, Rivarol und Desmoulins erwähnen, denn die Spitzeldienste eröffneten ihm einen Weg aus seinem Mißgeschick, vielleicht sogar aus der Bastille. Schließlich fand Brissot einen besseren Ausweg in der finanziellen Gönnerschaft Clavières, doch das ist eine andere Geschichte. Die Geschichte seiner Spitzeldienste verdient unsere Beachtung, nicht um Brissot zu verurteilen, sondern um ihn zu verstehen. Sein ›embastillement‹ war nicht, wie er später behauptet hat, der Beweis für die Reinheit seines Patriotismus, sondern es korrumpierte ihn und bestätigte dadurch seinen Haß auf die alte Gesellschaftsordnung. Wie muß er sie gehaßt haben! Wie muß er innerlich gewütet haben gegen das System willkürlicher Gewalt, das ihn erst niederschlug und dann in seinen Dienst nahm. Wie muß er die Männer gehaßt haben, die dieses System überwachten und seine Versuche, aus eigener Kraft Anerkennung zu finden, erst scheitern ließen und ihn dann entehrten, indem sie ihn zu ihrem Agenten machten. Kein Wunder, daß seine Wut während der Revolution in Deklamationen gegen die Ausschweifungen Lenoirs und der anderen Männer an der Spitze des Ancien Régime zum Ausbruch kam: sie hatten den ernsthaften jungen Bürger, der Chartres mit dem Traum, ein philosophe zu werden, verlassen hatte, entehrt.

Trost gab der Gedanke, daß »sie« – die aristokratischen ›gens en place‹ – auch Rousseau korrumpiert hatten, dessen Inneres trotzdem seine Reinheit bewahrte, wie Brissot 1784 aus seiner dritten Lektüre der *Confessions* wußte. Brissot hatte mehr Grund als die meisten, sich mit Rousseau zu identifizieren – »Ich leide selbst, wenn ich ihn lese. Ich vertiefe mich in sein Leiden und sage zu mir: warum habe ich nicht das Glück gehabt, ihn kennenzulernen? Wie hätte ich ihm mein Herz geöffnet!«[64] –, denn wie Jean-Jacques erfand auch er ein fiktives Ich, um das Scheitern seines wirklichen Ich zu kompensieren. Dieses andere Ich nannte Brissot Phédor. »Phédor hat eine aufrechte Seele und eine tiefe Liebe zur Gerechtigkeit; Wohlwollen ist die Grundlage seines Charakters... Wenn er gestorben sein wird, bringt er vor den höchsten Richter eine Seele, die rein ist und die Tugend liebt.«[65] Phédor ist der junge Philosoph aus Chartres, der seine Unschuld bewahrt hat, und er war der Held der Memoiren Brissots, die er schrieb, nachdem er zum sechsten Mal die *Confessions* gelesen hatte und bevor er seinen Fall dem Revolutionstribunal vortrug, von wo er nur an die Nachwelt zu appellieren vermochte.

Wenn man den fiktiven Brissot der Memoiren entlarvt, so nimmt man Brissot nicht die typischen Züge, die die Historiker ihm verliehen haben. Seine rousseauistischen Ideale sind typisch für die Ideale seiner Zeitgenossen, aber weit kam ein Provinzbürger im vorrevolutionären Frankreich damit nicht. Als Brissot seinen Weg versperrt sah, mußte er mit dem System einen Kompromiß schließen. Als es ihn einkerkerte und seine Werke beschlagnahmte, traf er ein Abkommen mit der Polizei. Als es ihm den Lebensunterhalt als Philosoph verweigerte, wurde er ein Pamphletschreiber und ein ›mouche‹. Und als die Revolution kam, warf er sich ihr in die Arme, nicht als der uneigennützige Idealist seiner Memoiren, sondern als ein Gescheiterter der alten Ordnung, der seine Bestimmung darin sah, sich in der neuen Gesellschaftsordnung schadlos zu halten. Die Revolution machte Brissot zu dem prominenten und ziemlich erfolgreichen Herausgeber des *Patriote français*, zum mächtigen Girondistenführer. Ist es also verwunderlich, daß die »Anarchie« der Sansculotten von 1793 alles in Frage stellte, was er nach Jahren des Kampfes und der Erniedrigung endlich erreicht hatte, alles, was für ihn die Revolution *war*? Die anderen Pamphletschreiber, die in den achtziger Jahren Brissots Genossen waren, haßten das Gesellschaftssystem wahrscheinlich genauso wie er und machten ebenfalls die unumgänglichen Kompromisse mit ihm. Es waren Menschen aus Fleisch und Blut, die ihre Familien ernähren, ihren Ehrgeiz befriedigen und ihrer Lust frönen mußten. Ihr Scheitern und ihre Enttäuschungen in der alten Ordnung können als Maß für ihre Hingabe an die neue Ordnung dienen, und von ihrem Standpunkt aus läßt sich die Revolution als eine Karriere begreifen. So altmodisch und bloß biographisch die Untersuchung von Karrieren auch erscheinen mag, sie ist doch ein nötiges Korrektiv für die abstraktere Erforschung von Ideen und Ideologien. Die geistigen Ursprünge der Revolution und das Wesen ihrer politischen Praxis lassen sich besser begreifen, wenn man die Ebene der *Encyclopédie* verläßt und in den literarischen Untergrund hinabsteigt, wo Männer wie Brissot Zeitungen und Pamphlete, Plakate und Karikaturen, Lieder, Gerüchte und ›libelles‹ produzierten und damit die persönlichen Auseinandersetzungen und Parteistreitigkeiten in einen ideologischen Kampf um das Schicksal Frankreichs verwandelten.

Ein Pamphletschreiber
unterwegs

Sein Name war wahrscheinlich Le Senne, obwohl er so viele Pseudonyme benutzte, daß man dessen nicht ganz sicher sein kann. Seine Werke umfaßten ein Dutzend oder mehr Bände, von denen sich jedoch keiner mehr auffinden läßt. Sein Leben wurde zu einer einzigen Betrügerei, obwohl er es der Aufklärung geweiht hatte. Warum also den Fall des Abbé Le Senne wieder ausgraben? Er war nur ein elender Skribent, das aber so unverfälscht, ein so hoffnungsloser »armer Teufel«, wie man Leute seines Schlages im Frankreich des achtzehnten Jahrhunderts nannte, daß er es verdient, der Vergessenheit entrissen zu werden. Le Senne wühlte nicht nur die Literatur auf, sondern er war selbst ein Stück Literatur, er schien eine Verkörperung der Themen, die Voltaire in »Le Pauvre Diable« und Diderot in *Le Neveu de Rameau* entwickelten und ist ein anschauliches Beispiel für einen der am schwersten faßbaren Aspekte der Literatur im Ancien Régime, nämlich dafür, wie unorthodoxe Ideen ihren Weg von den Spekulationen der Philosophen in die Köpfe der Leser fanden. Le Senne kompilierte, kondensierte und popularisierte die Aufklärung und ging mit ihr hausieren, als hinge sein Leben davon ab, und in der Tat war es so, denn die Aufklärung war sein täglich Brot. Die Aufklärung war auch eine Kampagne zur Ausbreitung des Lichtes (lumières), das heißt ein Versuch, Ideen nicht nur im Kreise von Philosophen zu entfalten, sondern ihnen beim breiten Publikum Gehör zu verschaffen. Diese Propaganda besorgten die armen Teufel. Sie hatten weit höhere Auflagen als die philosophes und wahrscheinlich auch einen direkteren Einfluß auf die öffentliche Meinung. Ohne Mittelsmänner wie Le Senne wäre die Aufklärung vielleicht auf die Salons beschränkt geblieben, und die Stimmen ihrer Großen hätten die Zermalmung von »l'infâme« (der Schändlichen, der tyrannischen Orthodoxie) fordern können, ohne ein Echo zu finden.

Über Le Sennes Anfänge läßt sich nichts ermitteln, doch in einem bestimmten Augenblick wurde er offensichtlich von dem Fieber ergriffen, das sich um die Jahrhundertmitte in ganz Frankreich verbreitete und das dem Antihelden von Voltaires satirischem Gedicht »Le Pauvre Diable« fast zum Verhängnis geworden wäre.[1]

> J'étais sans bien, sans métier, sans génie
> Et j'avais lu quelques méchants auteurs;
> Je croyais même avoir des protecteurs.
> Mordu du chien de la métromanie,
> Le mal me prit, je fus auteur aussi.

> Ich besaß nichts und hatte weder Beruf noch Genie,
> Doch einige verrückte Autoren gelesen
> und glaubte sogar Gönner zu besitzen.
> Vom Hund des Versewahns gebissen,
> Packte mich das Übel, und ich wurde Autor auch.

Wie die meisten armen Teufel schrieb Le Senne anonym, lebte unauffällig und hinterließ bei seinem Tode beinahe keine Spur seiner Existenz.[2] Wäre er nicht in die Geschäfte der Société typographique de Neuchâtel (STN) verwickelt worden, so wäre er vollkommen in der Vergangenheit verschwunden. Aus dieser Beziehung ist eine Reihe von Briefen hervorgegangen, die für einen Zeitraum von vier Jahren (1780 bis 1784) eine ungewöhnlich reiche Anschauung von dem Leben eines philosophe und Lohnschreibers vermitteln.

Die Schweizer Verleger stießen auf Le Senne, als sie den Plan faßten, ihre Literaturzeitschrift *Journal helvétique* in Frankreich abzusetzen. Dieser Plan war von Laus de Boissy, einem kleinen Literaten, angeregt worden, der das Blatt übernehmen und aus ihm ein Parteiorgan der philosophes machen wollte.[3] Die STN ermutigte Laus, doch als ihre Leiter, Abraham Bosset de Luze und Frédéric-Samuel Ostervald, im Januar 1780 nach Paris kamen, übergingen sie ihn und wandten sich an d'Alembert, und dort trafen sie Le Senne, der auf irgendeine Weise die »Protektion« des philosophe gewonnen hatte. Die Schweizer versuchten d'Alembert zu überreden, sie zu Verlegern seiner Bücher zu machen und sich ihrer Zeitschrift als einer Plattform für seine Abhandlungen zu bedienen. Er brachte jedoch lediglich Sympathie mit ihrem Vorhaben zum Ausdruck und verwies sie an Le Senne.[4]

Auf diesen Wink hin schlüpfte Le Senne in die Rolle des Journalisten-philosophe. Er heftete sich an die Fersen von Ostervald und Bosset, bombardierte sie mit Briefen und wartete mit einer glanzvollen Ankündigung der Zeitschrift auf, die folgendermaßen begann: »Den großen Männern des Zeitalters Genugtuung zu gewähren für die Greuel des sterbenden Fanatismus, der noch immer in jenen Zeitschriften zu publizieren wagt, deren Erfolg sich einzig der Boshaftigkeit ihrer Autoren verdankt; die Überlegenheit der neuen Philosophie über die angemaßte Wahrheit der Parteigänger der Leichtgläubigkeit und der Intoleranz zu erweisen ... dies sind die Ziele, welche diese Zeitschrift verfolgen wird.«[5] Damals wurde d'Alembert von Fréron in der *Année littéraire* und vor allem von Linguet in den vielgelesenen *Annales politiques, civiles et littéraires* an den Pranger gestellt, und er wünschte eine Zeitschrift ins Leben zu rufen, die dem wachsenden Einfluß der antiphilosophischen Presse entgegenwirken konnte. D'Alembert und seine Bundesgenossen fühlten sich über die journalistischen Kämpfe so wenig erhaben, daß sie sich der Presse bedienen wollten, um die öffentliche Meinung für sich zu gewinnen. Sie waren jedoch froh, wenn sie ihre Polemik Le Senne überlassen und die Finanzierung und Herstellung seines Unternehmens der STN anvertrauen konnten. In seinem ersten Brief an die Schweizer erklärte Le Senne, daß er sich Pierre Rousseau zum Vorbild nehmen wollte, der das *Journal encyclopédique* begründet und mit der Verteidigung der philosophes ein Vermögen gemacht hatte. Le Sennes Journalismus sollte jedoch weit militanter sein als der Rousseaus, er sollte Linguet und Fréron mit ihren eigenen Waffen schlagen, indem er die antiphilosophes erbarmungslos angriff.[6]

Ostervald und Bosset sahen das Projekt etwas anders. Obwohl sie mit den philosophes sympathisierten, war es ihr vorrangiges Ziel, in den französischen Zeitschriftenmarkt einzubrechen. Sie wollten berühmte Schriftsteller als Mitarbeiter ihrer Zeitschrift gewinnen, sie nicht einem Unbekannten wie Le Senne überlassen und kein Verbot durch die französische Regierung riskieren. Auch fanden sie den Preis, den Le Senne für seine Dienste veranschlagte, reichlich hoch. Er forderte die STN auf, ihn auf ihre Kosten nach Neuchâtel zu holen und ihn für eine Probezeit von fünf Jahren zu unterstützen. Als verantwortlicher Herausgeber würde er die Nummer für 24 Livres pro Druckseite und 1 Livre pro Subskription liefern. Da er zwei Nummern von sechs Oktavseiten pro Monat herauszubringen plante, verlangte er ein garantiertes Einkommen von 3456 Livres im Jahr, einen fürstlichen Lohn für einen Journalisten, und darin war nicht einmal sein Einkommen aus den Subskriptionen eingeschlossen, das sich verdoppeln sollte, wenn diese die 4000 überschritten.[7]

Eine solche Vereinbarung lehnten die Schweizer ab, doch in der Hoffnung, d'Alembert doch noch zu gewinnen, der seinen Abbé weiterhin unterstützte, ließen sie die Möglichkeit für neue Vorschläge offen, und Le Senne ging darauf ein. Er sei bereit, sich mit einer geringeren Bezahlung abzufinden, sagte er, vorausgesetzt, er erhalte eine angemessene Entschädigung für die Artikel, die er von den bedeutendsten Pariser Schriftstellern beibringe. Seine Mitarbeiter bestanden jedoch darauf, anonym zu bleiben, und so auch er »aus Furcht, daß die Kleriker, die mich kennen, sich dadurch zu rächen suchen, daß sie die Zirkulation der Zeitschrift unterbinden«. Der Abbé schien in der Kirche keinen guten Ruf zu genießen. Er erklärte, er habe alle Hoffnung aufgegeben, eine Pfarrei zu erhalten, und er wünsche nichts mehr, als sich in einem Land niederzulassen, »das von Fanatikern gerne als häretisch bezeichnet wird... Von Gott erbitte ich nur eine Gnade: ohne die zeitliche Hilfe der Kirche leben zu dürfen.« Er verlangte bloß ein kleines Chalet mit ein paar Feldern darum herum und die Gewißheit, auch in dem Fall, daß die Zeitschrift scheiterte (nicht daß er auch nur einen Augenblick ernsthaft mit dieser Möglichkeit rechnete), ein Mitarbeiter der STN zu bleiben. Er war bereit, alles stehen- und liegenzulassen, um nach Neuchâtel zu kommen – aber offensichtlich besaß er gar nichts: »Ich gleiche jenen ungepflügten Äckern, die nichts hervorbringen, ehe nicht etwas in sie hineingesteckt wurde.«[8]

Dieses Angebot reizte Ostervald und Bosset nicht, und so meldete sich Le Senne noch einmal mit einem anderen, wiederum bescheideneren Vorschlag. Er war bereit, jede Bezahlung anzunehmen, die die STN anbot, und verlangte nur, daß sie sich für ein Jahr verpflichtete. Wenn die Schweizer ihn dann entlassen wollten, sollten sie ihm helfen, eine neue Arbeit zu finden, »entweder in derselben Gegend oder anderswo, jedenfalls aber außerhalb Frankreichs«.[9] Der Abbé schien dringend das Königreich verlassen zu wollen, er wurde aber durch Verpflichtungen gegenüber zwei von ihm Abhängigen zurückgehalten, einer Witwe namens Bauprais, die er als seine Schwägerin bezeichnete, und ihrem Sohn. Le Senne hoffte, daß die STN in irgendeiner Weise für sie sorgen werde.

An diesem Punkt unterbrachen Ostervald und Bosset ihre Verhandlungen mit ihm, um das dringlichere Problem einer Zulassung der Zeitschrift in Frankreich zu lösen. Eine solche Erlaubnis war vom Ancien Régime nicht ohne weiteres zu erlangen. Man mußte dafür bei der Direction de la librairie, der für den Buchhandel zuständigen Regierungsstelle, vorstellig werden, man mußte einen Zensor finden, der für den Inhalt jeder Nummer einstand, und man mußte das

Wohlwollen der Polizeipräfekten, des Siegelbewahrers und des Außenministers gewinnen, außerdem deren Sekretäre bestechen und an eine der französischen Zeitschriften eine Entschädigung zahlen, denn die inländischen Zeitschriften besaßen Privilegien, die ihnen ein Monopol an bestimmten Nachrichten, wie den literarischen im Falle des *Mercure* oder den auswärtigen im Falle der *Gazette de France*, gaben. Nach einigem mühseligen Ränkespiel sahen sich Ostervald und Bosset außerstande, diese Hindernisse zu nehmen. Sie unterrichteten Le Senne, daß ihr Projekt irgendwo in der französischen Bürokratie festsitze und daß sie ihn erst anstellen könnten, wenn sie es wieder flottgemacht hätten. Le Sennes erste Reaktion darauf war, daß er seinen Gönner einschalten wolle: »Ich werde sogleich an M. d'Alembert schreiben, da ich ihn vor Montag nicht sehe. Er vermag viele Hindernisse zu überwinden. Die antiphilosophische Partei ist mächtig, doch sie hat Gegner, die großen Einfluß besitzen.«[10] D'Alembert war bereit zu helfen. Er erwog, Friedrich II. zu bitten, daß er Druck auf die französischen Stellen ausübe, später aber sah er von diesem Vorhaben ab, weil er befürchtete, Friedrich würde dieses Vorgehen für unter seiner Würde halten.[11] Die Hindernisse, die sich der neuen Zeitschrift in den Weg stellten, erwiesen sich jedoch als unüberwindlich. Sie waren ökonomischer wie ideologischer Natur, denn als der größte Widersacher des Projektes erwies sich Charles-Joseph Panckoucke, der Verlegermagnat, der den *Mercure* und verschiedene andere Zeitschriften aufgekauft hatte und auf einem Gebiet, auf dem er ein Monopol zu errichten begann, keine Konkurrenten zulassen wollte.[12]

Trotz dieses Rückschlags, gab Le Senne nicht auf, nach einem Weg zu suchen, wie er in die Dienste einer Zeitschrift treten konnte, genau wie Voltaires armer Teufel es getan hatte.

> Rimant une ode, et n'ayant point dîné,
> Ja m'accostai d'un homme à lourde mine,
> Qui sur sa plume a fondé sa cuisine...
> Je m'engageai, sous l'espoir d'un salaire,
> A travailler à son hebdomadaire.

> Eine Ode reimend und noch nichts gespeist,
> Wandt' ich mich an einen Mann mit ernster Miene,
> Der seine Küche auf seine Feder gründen konnte.
> So ließ ich mich herbei, einen Lohn erhoffend,
> An seiner Zeitschrift mitzuarbeiten.

Zunächst versuchte er die STN zum Kauf des Privilegs des *Journal de littérature, des sciences et des arts* zu bewegen, das einem seiner Freunde aus dem literarischen Untergrund, dem Chevalier Paulet gehörte. Paulet verlangte jedoch 3000 Livres, und die Schweizer wollten nicht anbeißen.[13] So gab Le Senne den Plan einer philosophischen Zeitschrift auf und befürwortete eine erweiterte Ausgabe des verbreiteten *Journal helvétique,* das er von seinem Zufluchtsort in Neuchâtel aus herausgeben wollte. Die französische Sprache, schrieb er, sei überall in Europa in Mode gekommen. Wenn die STN nur 1000 Subskriptionen von außerhalb Frankreichs ansässigen französischen Lesern zusammenbringe, könnte sie ihre Kosten decken und dann einen Gewinn erwirtschaften, indem sie die Zeitschrift auf den reichen Markt innerhalb des Königreiches schmuggelte. Ostervald und Bosset gingen auf diese Überlegungen nicht ein, aber Le Senne hatte seinen Traum von einem Schweizer Häuschen und regelmäßigem Einkommen zu liebgewonnen, um ihn fallenzulassen. »Die Gründung einer Zeitschrift gleicht einem Spiel in der Lotterie«, räumte er zwar ein, doch der Gewinn lohne das Risiko. Der *Mercure* hatte mit 600 Subskribenten angefangen und hatte jetzt 5000, so machte er geltend, und die STN sollte sich deshalb nicht entmutigen lassen, auf der schmalen Basis der Schweizer Subskriptionen zu beginnen. Das *Journal helvétique* habe in Frankreich noch keine angemessene Publizität erlangt und es werde dort rasch Fuß fassen, vor allem wenn die STN sich diesen Markt erschließe, ehe der amerikanische Krieg ein Ende gefunden habe, wodurch eine »überreiche Quelle von Nachrichten« versiegen werde.[14] Die Leitung der STN wußte jedoch, daß ein Periodikum in Frankreich sich nur dann durchsetzen konnte, wenn es seine Leser regelmäßig erreichte. Wenn sie eine regelmäßige Lieferung sicherstellen wollten, mußten sie mit der Post eine Vereinbarung über den Vertrieb schließen, für Zensur oder zumindest eine formelle Erlaubnis der Regierung sorgen und vor allem ihre natürlichen Feinde, die inländischen Journalisten, deren Einfluß in Versailles groß genug war, um fremde Konkurrenz auszuschalten, beschwichtigen. Ende Mai setzten sie Le Senne davon in Kenntnis, daß das Projekt gestorben sei. Die journalistischen Projekte Le Sennes taugten von Anfang an nicht viel, aber sie hatten ihn wenigstens mit der STN in Verbindung gebracht. Für einen kleinen stellungslosen Schreiberling war es kein geringer Vorteil, bei einem reichen Schweizer Verleger den Fuß in der Tür zu haben. Die Leiter der STN wurden bei ihrem Parisbesuch beständig von mittellosen Literaten bestürmt. Nach ihrer Rückkehr nach Neuchâtel betrauten Ostervald und Bosset einen Agenten namens Quandet de Lachenal mit der Wahrnehmung ihrer Pariser Interessen, und dieser berichtete, er werde von »einer Horde von Autoren« belagert. »Sind Sie sich darüber im klaren, daß ich diesem Publikum ganze Tage widmen muß? Alle möglichen Leute überschwemmen meine Wohnung. Ich habe das Gefühl, sie haben einen Pakt geschlossen, mich gemeinsam mit ihnen ins Armenhaus zu bringen.«[15] Diese Gestalten aus dem literarischen Untergrund lebten von ihren Einfällen. Sie waren ›hommes à projets‹, Projektemacher, die aus dem Stand eine Buchankündigung produzieren oder ein Manuskript aus dem Ärmel schütteln konnten, wenn sich eine Möglichkeit abzeichnete, ein paar Sous zu verdienen. Le Senne benahm sich genau wie jeder andere in diesem Milieu. Sobald er mit Ostervald und Bosset in Verbindung trat, begann er sie mit Druckvorschlägen zu bombardieren, die er nach ihrer Abreise aus Paris im Juni 1780 auf postalischem Wege fortsetzte.

Sein erster Vorschlag für die philosophische Zeitschrift war begleitet von dem Angebot, fünf Manuskripte nach Neuchâtel zu bringen, darunter eine fünfbändige Abhandlung über »die physische und moralische Administration Frankreichs«.[16] Sechs Wochen später schrieb er, er habe eine kleine Pension verloren, die sein hauptsächlicher Lebensunterhalt gewesen sei, weshalb er jetzt zwei seiner besten Manuskripte verkaufen mußte, die in London gedruckt wurden, wahrscheinlich weil sie in Frankreich nicht durch die Zensur kommen konnten. Die genannte Abhandlung jedoch habe er für die STN reserviert, und diese sei eine besonders wertvolle Arbeit, da er sie »in stillschweigendem Auftrag von Monsieur Necker« verfaßt habe.[17] Als Ostervald und Bosset nicht anbissen, schickte Le Senne ihnen eine Aufstellung über seine Manuskripte.

VERKÄUFLICHE MANUSKRIPTE

1. Geschichte der europäischen Völker seit der Gründung Roms, mit Anmerkungen.

2. Geschichte Deutschlands, als Nachtrag zu dem Werk von M. Heiss.

3. Unparteiischer Bericht über die Ursachen und Triebkräfte der Religionskriege in den verschiedenen europäischen Staaten.

4. Ein umfassendes Lehrbuch der Agronomie.

5. Eine Neuausgabe von Deslandes kritischer Geschichte der Philosophie, mit Anmerkungen.

6. Analytische Widerlegung der *Annales littéraires et politiques* von Sieur Linguet, mit einer unparteiischen Würdigung seines Genius.

7. Prüfung, Preis und Kritik Voltaires vor dem Gerichtshof der Literatur.[18]

Le Sennes Memorandum erläuterte, daß es sich hierbei lediglich um Projekte handle, die er zum Abschluß bringen könne, wenn die STN ihm dazu den Auftrag erteilen wolle. Außerdem bot er ein Gesamtverzeichnis seiner fertigen Manuskripte an: eine Neuausgabe der Werke Charrons, Übersetzungen zweier italienischer Werke, erweiterte Neuausgaben von Humes Geschichte Englands, Langiers Geschichte von Venedig und Solignacs Geschichte Polens sowie einen Roman, *Les aventures d'un fou devenu sage.*

Le Senne wollte diese Werke unverzüglich veräußern oder sie im Tausch gegen eine Anstellung als niedergelassener Journalist der STN anbieten. Als die Aussichten der Zeitschrift sich verdüsterten, rückte er mit weiteren Projekten heraus, die er verkaufen wollte. Insbesondere verfolgte er die Idee »interessanter Kompilationen« – Anthologien, die sich mit Schere und Klebstoff herstellen ließen und hervorragende Geldquellen waren. Eine gekürzte und auf den neuesten Stand gebrachte Ausgabe von Hénaults *Abrégé chronologique de l'histoire de France* würde sich gut verkaufen, meinte er, und noch besser eine Anthologie der Reiseliteratur. Aus einer Vielzahl von Werken könne er eine Auswahl herstellen, indem er die langweiligen und unphilosophischen Passagen streiche und jeden Abschnitt mit einem Umriß der größeren Länder, »ihrer Gebräuche, Regierungsformen, Religionen, Revolutionen und gegenwärtiger Lage« einleite. »Ein solches Werk wäre interessant und delikat, und ich denke, daß es, zur Subskription gestellt, schnell ausverkauft wäre, insbesondere wenn es in einem philosophischen Ton gehalten ist.«[19]

Als aus diesem Projekt nichts wurde, versuchte Le Senne den Plan einer gekürzten und philosophischen Fassung einer jesuitischen Geschichte der gallikanischen Kirche zu lancieren. Das Werk werde sich sicher gut verkaufen, versprach er, aber die STN müsse es schnell auf den Markt bringen, denn er habe erfahren, daß es überall in den Verlagen von jemandem angeboten werde, der ihm wie ein Doppelgänger vorkomme, »ein gewisser Abbé Lanvin, kaum bekannt in der literarischen Welt, aber wagemutig«. Oder wenn die STN das lieber wolle, könne er ihr eine Anthologie der besten französischen Stücke liefern oder eine Auswahl der erlesensten Brocken aus Voltaire oder eine Sammlung über Fanatismus und Religionskriege, die ein protestantischer Freund von ihm zusammengestellt habe. Der Freund sei elend krank und habe einen großen Vorrat philosophischer Manuskripte aufgehäuft, da er von Übersetzungen und Kompilationen lebe. »Wenn er stirbt, wird alles einer Schwester zufallen, die katholisch und intolerant ist, ihn nicht leiden kann und geschworen hat, seine Papiere zu verbrennen. Es wird mir gelingen, einige dieser Manuskripte davor zu bewahren.«[20]

Diese Vorschläge interessierten die STN nicht, so daß Le Senne mit neuen aufwartete.

Zergliederung der Abhandlung über die Weisheit von Charron, ein ziemlich umfangreicher Duodezband aus 18 Druckbogen in 12 Punkt

... 300 Livres

Briefe über die Wirkungsweise des menschlichen Geistes und über den Nutzen der philosophischen Erkenntnis, auf der Grundlage des oben genannten Schriftgrades geschätzt etwa zwei umfangreiche Duodezbände

... 500 Livres

Briefe eines russischen Philosophen über verschiedene Gegenstände der Literatur und der Kritik, könnte einen Duodezband ergeben

... 150 Livres

Die eingebildete Reise, ein kritischer Roman

... 120 Livres[21]

Le Senne gab nicht vor, alle diese Werke selbst geschrieben zu haben, ein einziger konnte kaum so viel über so verschiedene Gegenstände produzieren. Le Senne betätigte sich informell als Agent für andere Verfasser, die ihn mit Manuskripten versorgten, während er diese unter die Leute brachte. Offensichtlich hatte er ein Unzahl von Kollegen im literarischen Untergrund, die nur zu gerne die Chance ergriffen, ihre Produkte in die Druckstöcke eines florierenden Schweizer Verlages zu leiten. Die Vorschläge Le Sennes können ebensogut bloße Entwürfe für Bücher gewesen sein, die er zu schreiben oder andern zuzuschustern plante, wenn die STN sich zum Kauf erbot. Ein Projekt als ein fertiges Produkt anzubieten war eine der kleineren Betrügereien in einem Gewerbe, wo Autoren und Verleger einander beständig hinters Licht führten und gemeinsam das Publikum täuschten. In einem späteren Angebot schlug Le Senne der STN vor, die *Observations philosophiques sur le Japon* unter dem neuen Titel *Les mœurs japonaises* zu drucken, so daß sie als neues Werk angeboten werden konnten.[22] Obwohl keines seiner Bücher in den einschlägigen Bibliothekskatalogen auftaucht und die STN nie ein Werk von ihm gedruckt hat, erschienen sie wahrscheinlich unter anderem Titel, denn in seinen Briefen erwähnt er des öfteren andere Verleger, die bereit seien, ihm sein Manuskript abzunehmen, und mit der Beharrlichkeit einer Gestalt aus »Le Pauvre Diable« sonderte er Kompilationen ab.

Il entassait adage sur adage;
Il compilait, compilait, compilait;
On le voyait sans cesse écrire, écrire.

Sentenz häuft' er auf Sentenz
Und kompilierte, kompilierte, kompilierte;
Ohn' Unterlaß sah man ihn schreiben, schreiben.

Als Le Senne Ostervald und Bosset kennenlernte, setzte er für seine
Waren einen hohen Preis an, berechnete 24 Livres pro Druckseite und
schacherte mit beachtlicher Sachkenntnis über drucktechnische
Details. Er kannte das Verlagsgewerbe genauestens und erwähnte
Geschäftsabschlüsse mit Druckern in London, Holland und Bouillon.[23] Die STN hatte jedoch schon mit Dutzenden unbekannter
Schriftsteller seines Schlages verhandelt, die immer behaupteten, daß
sich ihre Werke bestens verkauften. Statt Kapital für Manuskripte mit
ungewissen Absatzchancen zu riskieren, zog man es vor, in Kommis-
sion zu drucken, Manuskripte von berühmten Schriftstellern zu kaufen
oder Raubdrucke von Büchern anzufertigen, deren Marktwert erwiesen war. So wurde jeder der Vorschläge Le Sennes abgelehnt. Nach
einer langen Kette von Absagen begann er verzweifelt zu klingen. Im
April bat er die STN, seine Manuskripte an andere Verleger zu verkaufen, wenn sie selbst sie nicht erwerben wollte. Der Käufer könne sie
sogar unter seinem eigenen Namen veröffentlichen, da Le Senne ihm
alle Rechte abtreten wolle. Nur sollten sie rasch verkauft werden, sogar
zu drastisch reduziertem Preis. Er, seine verwitwete Schwägerin und
ihr Sohn seien auf seine »dürftigen literarischen Arbeiten« angewiesen,
und das Geld gehe ihnen aus.[24] Im Juni schraubte er die Bedingungen
noch weiter herunter: Er war bereit, die Manuskripte für eine
bestimmte Anzahl von Freiexemplaren oder für eine Stellung in der
Druckerei der STN herzugeben. Da er wie viele andere von seiner
Feder lebe, erklärte er, könne er Manuskripte korrigieren, Korrektur
lesen, übersetzen und kompilieren oder für die STN jedes gewünschte
Buch schreiben, für ein Honorar von 24 Livres für jede Seite neuer
Prosa und 18 Livres für jede Seite eines bereits vorliegenden Textes, der
mit zusätzlichen Anmerkungen versehen werden müsse oder Übersetzungen lateinischer Passagen erfordere.[25]
   Zunehmend hob Le Senne seine Eignung für so untergeordnete
Arbeiten hervor, da es immer deutlicher wurde, daß die STN nur für
die Prosa eines d'Alembert zu zahlen bereit war. Im Laufe seiner
literarischen Karriere, so schrieb er, habe er eine Menge nützlicher

Kenntnisse erworben, und besonders nützlich könne er der STN bei ihren Verhandlungen mit Schmugglern und Händlern sein, die ihre Bücher im literarischen Untergrund verbreiteten. In diesem Milieu war er zu Hause. Ende Mai 1780, kurz vor der Abreise Bossets aus Paris, hatte er ihn mit einer typischen Untergrundfigur bekannt gemacht: einem Kolporteur namens Cugnet, der beim *Journal encyclopédique* mitgearbeitet und vor seinem Eintritt in den »Unter-dem-Mantel«-Buchhandel kleine Partien in der Oper gesungen hatte. Cugnet war ein strammer, gutaussehender Bursche und machte Bosset den Eindruck »eines ehrlichen Mannes, obgleich ohne Fortüne, und sehr tatkräftig«.[26] Nachdem Cugnet ein paar Aufträge und ein paar illegale Buchverkäufe für Bosset übernommen hatte, schlug er der STN vor, ihm ihren Vertrieb in Paris anzuvertrauen. Mit Le Sennes Hilfe hatte er im Louvre »unter dem Portal des Cul du sac du Coq, an der rue Saint Honoré« einen kleinen Laden gemietet und begann ihn mit Büchern zu füllen. Wenn die Neuchâteler ihm helfen würden, sein Lager aufzubauen, wollte er ihre Bücher fördern, für genaue Rechnungsführung sorgen und sie bezahlen, wenn sein Umsatz stieg. Vor allem aber verfüge er über eine Möglichkeit, ihre Sendungen am Zoll, an der Polizei und der Buchhändlerzunft von Paris vorbeizuleiten. Ein gewisser Abbé Bretin, »aumônier de Monsieur à Brunoy«, hatte versprochen, die Kisten auf dem Gut des Comte de Provence in Brunoy zu lagern und sie dann in die Wagen des Grafen zu schmuggeln, die regelmäßig den Weg von Brunoy nach Paris machten, ohne durchsucht zu werden.[27] Le Senne, der an Cugnets Plan irgendwie beteiligt war, trat mit Enthusiasmus für ihn ein. »Indem Sie ihm zu einem anständigen Gewinn verhelfen, werden Sie sehen, daß er eine erstaunliche Anzahl Ihrer Bücher direkt vor der Nase der Pariser Buchhändler, die fast alle Schurken sind, verkaufen wird.« Le Senne selbst wollte die Operation überwachen, um sicherzustellen, daß die STN nicht einen Sou dabei verliere. Er wußte sogar einen zweiten heimlichen Weg nach Paris hinein. Seine Schwägerin wohnte unmittelbar vor der Barrière de Montmartre in einem Haus, wo sie Lieferungen der STN lagern und sie sogar heften oder binden lassen konnte (die Bücher wurden in ungehefteten Bogen versandt). Die Bücher konnte Le Senne dann »auf tausenderlei Wegen« durch die Stadttore bringen und dann im Collège des Bernardins, in der Nähe der Place Maubert, lagern, wo er eine Wohnung anmietete. Andere Händler lagerten dort ebenfalls Bücher, aber Le Senne glaubte das Lager der STN vor ihnen geheimhalten zu können: »Man kommt hier nur mit lettre de cachet hinein.« Er und

Cugnet konnten in Paris einen lukrativen Untergrundmarkt für die STN aufbauen. »Mit einem Wort, M. Cugnet wird alles tun, um Ihre Bücher zu verkaufen, vor allem diejenigen, die der Fanatismus verfolgt – eine Liste davon sollten Sie sowohl ihm wie mir geben –, denn Bücher, die etwas unanständig sind, und solche, die Vorurteile angreifen, verkaufen sich mit erstaunlicher Geschwindigkeit, wenn ihr Preis nicht übertrieben hoch ist. Zwei- oder dreihundert Exemplare der Werke von Helvétius, von J. J. Rousseau, der *Histoire d'Asie, d'Afrique et d'Amérique* [d. i. Raynals gerade erst verbotener *Histoire philosophique*] werden sofort verkauft sein.«[28]

Le Senne machte sich Hoffnungen, viele der Bücher der STN selbst verkaufen zu können. Er schrieb, er werde als Einkäufer für den Comte du Châtelet tätig werden, der eine Bibliothek aufbaue, und er sandte eine Bestellung ein für einen Lehrer am Collège des Bernardins, Giroux, einen der zahlreichen antiklerikalen Geistlichen aus seinem Bekanntenkreis, der *L'Intolérance ecclésiastique* und *Essai philosophique sur le monialisme* kaufen wollte. Am 4. Juni bestellte er eine umfangreiche Lieferung von Büchern, die, wie er sagte, im voraus verkauft seien. Das am besten verkaufte Buch (20 Exemplare) war der radikale und obszöne Angriff auf die französische Monarchie, mit dem Titel *Anecdotes secrètes sur Madame Du Barry*. Eine Woche später schrieb er, daß er es nun doch nicht wage, bei den Bernardinern ein geheimes Zwischenlager einzurichten, da sich ein Angehöriger des Kollegs dagegen ausgesprochen habe, der es mit den Pariser Buchhändlern nicht verderben wolle. Ein Monsieur le Grand, der das Café de l'Opéra in der rue Saint Nicaise betrieb, habe sich jedoch bereit erklärt, die Lieferungen der STN bei sich zu lagern, und die STN könne sich auf Cugnet stets verlassen. »Wenn Sie Cugnet helfen, können Sie gewiß sein, für den Vertrieb Ihrer Bücher in Paris immer einen Stützpunkt zu haben. Er ist arm, sehr arm, aber ein ehrlicher Mann, der das Vertrauen derer, die ihm ein Stück Brot geben, nicht enttäuschen wird.«[29]

Diese Empfehlung stand nicht ganz im Einklang mit der des Abbé Bretin, der Bosset im späten Juni aufsuchte, um von der Schmuggeloperation Abstand zu nehmen und die STN zu warnen, daß sie nicht zu viel Vertrauen in Cugnet setze.[30] Eine Sendung für Cugnet und eine weitere für Le Senne waren jedoch bereits abgegangen. Während die Kisten auf den geheimen Wegen zwischen Neuchâtel und Paris unterwegs waren, erledigte Bosset die letzten Geschäfte für die STN in Paris und reiste ab, nachdem er den Pariser Vertrieb der Bücher der Société Cugnet und dem mittellosen Abbé überlassen hatte.

Im Juli schrieb Le Senne, daß er seine Räume im Collège des Bernardins verlassen mußte und nun bei einem Freund, einem früheren Gendarm der garde du roi, namens Quiquincourt, »à la gerbe d'or, rue St. Honoré« wohne, wo er auf Anweisungen für seine Lieferung warte.[31] Mitte September trafen seine Kisten endlich wohlbehalten in dem Lager außerhalb der Tore von Paris ein. Cugnets Kiste dagegen wurde von der Polizei erwischt, nachdem sie durch den Zoll geschmuggelt worden war. Cugnet sei an die Polizei »verkauft« worden, berichtete Le Senne. Dies erwies sich jedoch als kein Unglück, denn durch diese Beschlagnahme hatte sich ein noch besserer Zugang zum illegalen Pariser Markt erschlossen, da es Cugnet irgendwie gelungen war, den Polizeipräfekten Jean-Pierre Lenoir dazu zu überreden, sein Unternehmen zu protegieren. Wegen der Reformversuche des Buchhandels, die die Regierung im Jahre 1777 unternahm, hatte Lenoir mit der Buchhändlerzunft Streitigkeiten gehabt. Die Regierung hatte die Privilegien des Buchhandels – das dauerhafte und exklusive Recht auf die Publikation bestimmter Texte – eingeschränkt, und die Buchhändler hatten sich mit Protesten, Demonstrationen und mit Eingaben in Versailles und beim Gerichtshof von Paris gewehrt. Durch ihre Agitation war es zum Konflikt mit Lenoir gekommen, der sich offenbar rächen wollte, indem er nicht der Zunft angehörende Buchhändler wie Cugnet begünstigte. Zwar verlangte Lenoir, daß Cugnet den Handel mit verbotenen (irreligiösen, aufrührerischen oder pornographischen) Büchern unterließ, gestattete aber seinen Handel mit Raubdrucken (Nachdrucken privilegierter Werke). »M. Lenoir gibt diese Erlaubnis nur stillschweigend«, erläuterte Le Senne. »Er steht nicht gut mit der Zunft, das ist der Hintergrund. Es bedarf in dieser Sache von unserer Seite äußerster Umsicht, und dieses Geheimnis muß von uns gehütet werden, als hinge unser Leben davon ab.«[32]

Diese Darstellung seines glücklichen Mißgeschicks wurde von Cugnet in einem Brief bestätigt, in dem er von der Freigabe seiner Sendung berichtete. Triumphierend kündigte er an, daß er jetzt jeden Raubdruck nach Paris einschleusen könne. Die Polizei erlaube ihm sogar, die Werke von Voltaire und Rousseau zu verkaufen, werde aber nichts dulden, was Religion, Staat oder Moral offen angreife. Damit erhalte die STN die gewünschte Gelegenheit, in Paris Fuß fassen zu können. Wenn sie ihm in regelmäßigen Abständen eine begrenzte Anzahl Kisten schicke, könne er in aller Ruhe ein großes Lager aufbauen, ohne daß die Buchhändlerzunft aufmerksam werde. Die Bücher werde er bei Verkauf bezahlen. »Geheimhaltung ist hierbei jedoch notwendig, denn es wäre nicht gut, wenn die Zunft merkte, daß ich vom Polizeipräfekten begünstigt werde.«[33] In einem späteren Brief behauptete er sogar, von Lenoir die Erlaubnis erhalten zu haben, daß die Bücher in dessen eigene Wohnung geliefert würden, wo Cugnet sie abholen und in ein sicheres Lager in einem »königlichen Haus« wie dem Louvre oder dem Palais Royal bringen könne.[34]

Gerade in dem Augenblick, als dieser prächtige Plan zu gelingen schien, fiel Le Senne die Decke auf den Kopf. »Mein Vertrauen zu Ihnen ist groß genug, um Ihnen mein Herz zu öffnen und in völliger Freimütigkeit mit Ihnen zu reden«, schrieb er am 20. September an die STN. »Mein Bischof macht mir das Leben schwer wegen eines Briefes über den Klerus, den ich seiner Ansicht nach geschrieben habe. Außerdem hat er, ich weiß nicht wie, herausgefunden, daß ich eine Sammlung von ausgewählten Stücken aus Voltaire herausgegeben habe, die ich nur auf wiederholtes Drängen von M. d'Alembert unternommen habe. Sie können sich meine Überraschung vorstellen.« Nun mußte er in einem »freien Land« Zuflucht suchen. Konnte Ostervald ihm ein kleines strohgedecktes Landhaus in der Umgebung von Neuchâtel besorgen? Er sei bereit, jede Arbeit für die STN zu übernehmen, und würde das Geld, um das er für die Reisekosten nachsuchen müsse, bald zurückzahlen. Er wolle frugal leben wie ein echter Philosoph. »Wenn ich nur im Schweiße meines Angesichts mein Brot verdiene, will ich auf alle Leckereien verzichten. Glücklich ist der, der in philosophischer Unabhängigkeit mit wenigem zu leben und zufrieden zu sein versteht.« Wenn die STN ihm nicht beispringen könne, müsse er einen weniger philosophischen Ausweg suchen und in ein Kloster außerhalb Frankreichs fliehen. Obwohl diese Vorstellung ihn schrecke, erinnere er sich, daß Ostervald ein Schweizer Kloster erwähnt habe, das ihn vielleicht aufnehmen würde. Er sei verzweifelt und müsse das Land verlassen.[35]

Als Ostervald antwortete, daß er Le Senne dem Kloster der Blancs Manteaux im nahe gelegenen Bellay empfehlen wolle, enthüllte der Abbé weitere Komplikationen. Als »gewöhnlicher Kanoniker« müsse er bei dem Bischof, der ihn verfolgte, um Erlaubnis nachsuchen, und er sehe sich so gut wie außerstande, sich für das Probejahr zurückzuziehen, da er die Witwe und ihren Sohn unterstützen müsse, »die mich in einer Zeit des Unglücks aufgenommen, mich im Elend unterstützt, in Betrübnis getröstet und jetzt meine Verfolgung mit mir durchlitten haben, die mich aus diesem undankbaren Land zu fliehen zwingt«. Le Senne ließ sich dabei nicht auf Einzelheiten über die Drangsal seines früheren Lebens ein, offensichtlich aber hatte seine »Schwägerin« sie als seine Geliebte geteilt. Jedenfalls konnte er den Gedanken der Trennung von ihr nicht ertragen. So bat er Ostervald, zu erkunden, ob sie und ihr Sohn bei ihm leben und ob er dem Kloster als Lehrer und nicht als Mönch beitreten könne, obwohl er zugleich wissen ließ, daß er gerne den Orden wechseln würde, wenn er dadurch »eine kleine Pfründe« ergattern könne. Die Hauptsache aber sei, »eine Zuflucht zu finden, wo ich in Frieden leben und mich ganz der Philosophie widmen kann«.[36]

Jetzt klang Le Senne ganz wie eine Verkörperung von Voltaires »Pauvre Diable«:

> A tous les emplois on me ferme la porte
> Rebut du monde, errant, privé d'espoir,
> Je me fais moine, ou gris, ou blanc, ou noir,
> Rasé, barbu, chaussé, déchaux, n'importe.

> Vor allen Posten verschloß man mir die Tür,
> Zurückgewiesen von der großen Welt, herumirrend und ohne
>   Hoffnung,
> Will ich zum Mönch mich machen, ob grau, ob weiß, ob schwarz,
> Rasiert, mit Bart, Sandalen oder barfuß bleibt sich gleich.

Am 12. Oktober unterrichtete er die STN, daß er nicht abwarten könne, ob der Abt seine Bedingungen akzeptiere, denn er müsse Paris unverzüglich verlassen: »Gott segne meine Feinde und errette mich aus ihren Klauen!... Bis ich eine Zuflucht finde, werde ich mich irgendwie durchschlagen.« Er legte eine Nachsendeadresse bei, so daß die STN ihn im Falle, es würde etwas mit der Stellung bei den Blancs Manteaux, erreichen könnte, und wie üblich gegen »Fanatismus und Unvernunft« wetternd, teilte er mit, daß er sich in eine kleine Grenzstadt aufmache, wo es die Möglichkeit gab, bei einer neuen Druckerei zu arbeiten. Da ihm nicht die Zeit blieb, seine Geldangelegenheiten zu ordnen oder die Lieferung, die er von der STN erhalten hatte, zu verkaufen, hatte er die Bücher an Cugnet abgetreten. Cugnet hatte sie mit zwei Schuldscheinen über 462 Livres insgesamt bezahlt, die Le Senne der STN überschrieben und seinem Brief beigefügt hatte. Er schuldete ihr für die Lieferung noch 202 Livres und 1 Sou, versprach jedoch diesen Betrag redlich bezahlen zu wollen, sobald er etwas Geld in Händen hätte.[37]

Le Senne versuchte also, zwei Drittel seiner Schuld an Cugnet abzutreten, ohne für seine Zahlungsfähigkeit hinsichtlich des Restes irgendeine Sicherheit anzubieten – obwohl er vage von einem »reichen und vertrauenswürdigen Mann« sprach[38], der ihm dabei behilflich sein wolle, die restlichen 202 Livres aufzutreiben. Die STN hatte zu viele arme Teufel untergehen sehen, um diesem Manöver aufzusitzen, und man begann unruhig zu werden, als nach fünf Wochen immer noch kein Brief von Le Senne da war, der gewöhnlich mindestens einmal die Woche zu schreiben pflegte. Am 19. November versuchte Ostervald zu erkunden, was aus ihm geworden war, indem er an die Nachsendeadresse schrieb. Die STN bemühe sich weiter, ihn »zum Zechkumpan unserer Mönche zu machen«, schrieb Ostervald, doch sie könne Cugnet nicht an seiner Stelle als Schuldner akzeptieren, denn auch Cugnet sei verschwunden. Die Pariser Agenten der STN waren außerstande, ihn oder seinen Laden ausfindig zu machen.[39]

Zwei Wochen später erhielt die STN eine Antwort von einem Schloß, »wo ich vor der kirchlichen Inquisition Zuflucht gefunden habe«, in der Gegend von Luzarches, etwa sechzehn Meilen nördlich von Paris. Le Senne konnte sich nicht erklären, warum Cugnet und seine Frau – die übrigens wohl die eigentliche Besitzerin des Unternehmens sei – mit ihrem Laden nicht offen operierten. Le Senne selbst habe in dieses Unternehmen Geld gesteckt, obwohl er nicht erklärte, wo er das Geld dafür aufgetrieben hatte, und ebenso überging er die Frage der 462 Livres in Schuldscheinen von Cugnet. Er wollte nach bestem Vermögen brieflich Erkundigungen einziehen, denn nach Paris zurückzukehren wagte er nicht. Jetzt enthüllte er, daß er aus der Hauptstadt hatte fliehen müssen, weil er im Verdacht stand, der Verfasser eines antiklerikalen Traktates mit dem Titel *Nouveau cadastre ecclésiastique* zu sein. Trotz anhaltender Verfolgung sei es ihm gelungen zu entkommen und er habe in der erwähnten Druckerei Arbeit gesucht. Sie sollte vom Präsidenten eines Provinzparlaments eingerichtet werden (das heißt, es hätte eine geheime Druckerei für Parlamentspropaganda sein können), aber der Präsident sei plötzlich verstorben. Le Senne war es gelungen, in dem Schloß Asyl zu finden, er brauchte aber eine sichere Anstellung außer Reichweite der französischen Regierung, der ein »scheußliches Memorandum« über ihn vorlag. Seine einzige Hoffnung sei nun die STN oder die Lehrerstelle, die sie für ihn bei den Blancs Manteaux erwirken könne.[40] Ostervald antwortete, daß er und Bosset sich bei dem Abt für ihn verwenden wollten, der vielleicht zugänglich wäre, da Bosset als Besitzer eines der erlesensten Weingüter von Neuchâtel das Kloster mit Wein belieferte. Als Gegenleistung erwarteten sie, daß Le Senne dafür sorgte, daß Cugnet seine Schuldscheine bezahlte. Wenn Cugnet sich als ehrlich erwies, wollte die STN mit ihm Geschäfte machen, und »wir können ihn mit Material versorgen, das sein Unternehmen zu einer Goldgrube machen wird; er muß jedoch fleißig, ordentlich und in seinen Zahlungen pünktlich sein«.[41] Die Möglichkeit, den Pariser Markt anzuzapfen, und die Notwendigkeit, von Cugnet die 462 Livres zu erhalten, waren für die STN Grund genug, Le Senne zappeln zu lassen und ihn mit der Aussicht auf Anstellung zu ködern, anstatt mit gerichtlichen Schritten zu drohen, wie sie es sonst tat, wenn sie einen Schuldner im Verdacht hatte, daß er seinen Verpflichtungen nicht nachkam.

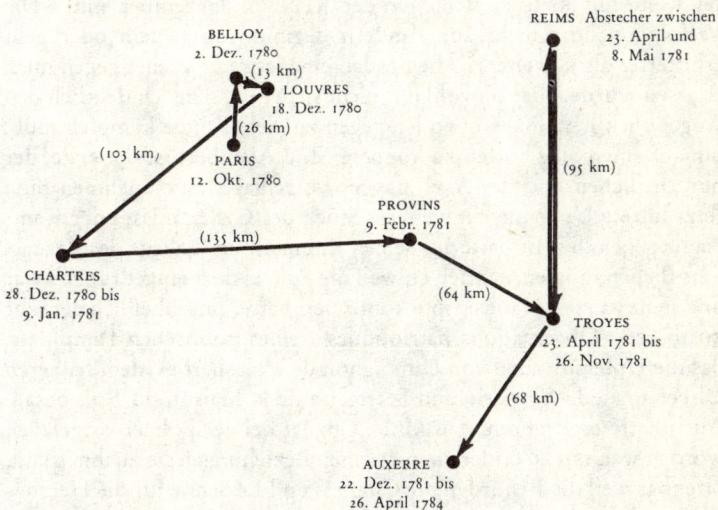

Die Wanderungen des Abbé Le Senne (in km)

REIMS Abstecher zwischen
23. April und
8. Mai 1781

BELLOY
2. Dez. 1780
(13 km)
LOUVRES
18. Dez. 1780
(26 km)
(103 km)
PARIS
12. Okt. 1780
(95 km)
PROVINS
9. Febr. 1781
(135 km)
CHARTRES
28. Dez. 1780 bis
9. Jan. 1781
(64 km)
TROYES
23. April 1781 bis
26. Nov. 1781
(68 km)
AUXERRE
22. Dez. 1781 bis
26. April 1784

Le Senne gab der STN in seinem nächsten Brief mit Datum des 18. Dezember aus Louvres, einer kleinen Stadt etwa acht Meilen südlich von seinem letzten Aufenthaltsort, einen weiteren Grund zur Nachsicht. Er ließ wissen, daß er mit d'Alembert zusammengetroffen sei, der mehr oder weniger versprochen habe, seine sämtlichen Werke von der STN veröffentlichen zu lassen, wenn man Le Senne für ihre Herausgabe anstelle. D'Alembert schien wirklich bereit, mit der STN in dieser Weise ins Geschäft zu kommen, denn zwei Wochen später schrieb er an Ostervald und bat die STN, in ihren Bemühungen um eine Lehrerstelle für Le Senne fortzufahren und ihm in ihrer Druckerei Arbeit zu geben: »Der unglückliche Gelehrte ist gerade jetzt in einer schwierigen Lage, die eine Anstellung für ihn dringlicher macht als je.

Insbesondere möchte ich wünschen, daß er sich in Neuchâtel niederlassen kann, so daß er, falls ich etwas bei Ihnen drucken lasse, wie es vielleicht bald geschehen wird, sowohl Ihnen als auch mir bei der Fahnenkorrektur nützlich sein kann.«[42] Offenbar nahm d'Alembert an seinem Schützling wirklich Anteil. Er hatte Le Senne im Frühjahr bei dessen Verhandlungen mit der STN über das *Journal helvétique* unterstützt und ihm Rat erteilt, und im Juli hatte er sogar versucht, Friedrich II. zu bewegen, »diesem armen Teufel von einem Priester« zu helfen.[43]

Le Senne brauchte alle Hilfe, die er bekommen konnte. Seine Lage sei weiterhin kritisch, teilte er der STN im Dezember mit. »Die Verfolgung hört nicht auf, sondern beginnt von neuem oder geht erbitterter als je weiter. Es heißt, daß eine lettre de cachet gegen mich erlassen wurde, aber obwohl das nicht sicher ist, sehe ich deutlich den Augenblick herannahen, wo ich gegen zu viele Feinde kämpfen muß, um auf einen Sieg hoffen zu können. M. d'Alembert ist der erste, der mir zu fliehen und das Asyl, das Sie vorschlagen, anzunehmen rät.« Jetzt lüftete Le Senne ein weiteres Stück des Geheimnisses der Kampagne gegen ihn. Er hatte aus seinen Zimmern im Collège des Bernardins fliehen müssen, schrieb er, weil die Polizei dort eingedrungen war und seine ganzen Manuskripte konfisziert hatte, einschließlich der sehr kostbaren »Observations patriotiques«, eines politischen Pamphlets, das die Unterstützung von Lamoignon de Malesherbes, dem früheren Directeur de la Librairie und Secrétaire de la Maison du Roi, besaß. Auch hatte er erfahren, daß Mme. Cugnet bei der Polizei vorgeladen worden war, um zu erklären, in welchen Beziehungen sie zu ihm stand, offenbar weil die Behörden die Cugnets und Le Senne für die Herstellung und den Vertrieb eines Pamphlets mit dem Titel *Lettre contre le premier ordre du clergé en faveur du second* verantwortlich machten. Mme. Cugnet hatte versichert, sie habe mit Le Senne weiter nichts zu tun, und hatte den Laden zeitweilig geschlossen – das war der Grund, warum sie so schwer faßbar schien. Ein Freund von ihm habe sie jedoch ausfindig gemacht und die Versicherung erhalten, daß sie ihr Geschäft fortführen, gute Beziehungen zur STN wahren und die Schuldscheine über 462 Livres einlösen wolle.

Ohne seine eigenen Schulden zu erwähnen, versuchte Le Senne die Société mit einem todsicheren, geldbringenden Vorschlag für ein anderes Buch zu locken. Er hatte herausgefunden, daß bei den französischen Geistlichen eine ungeheure Nachfrage nach einer Neuausgabe ihres »code« bestand – ein polemisches Werk, das die ganzen

Beschwerden des niederen Klerus gegen seine Oberen, besonders »die Bischöfe und zehnteintreibenden Mönche« sammelte. Le Senne wußte, daß das Buch sich phantastisch verkaufen würde, weil er und seine Mitarbeiter bereits 1720 Briefe von unterprivilegierten Geistlichen, viele davon mit Material für das Buch, erhalten hatten. »Die neue Ausgabe wird verschlungen werden wegen der Fragen hinsichtlich seiner [des höheren Klerus] göttlichen Mission, seiner Kompetenz, der Verwendung und Bestimmung der Zehntabgaben«, versicherte er der STN. »Die Spekulation wird sich reich bezahlt machen.« Falls die STN interessiert sei, möge sie ihm zu Händen von Pater Du Fossé, dem Schatzmeister des Jakobinerklosters in Chartres, schreiben, der sich erboten habe, ihn zu verstecken, bis sich die Möglichkeit seiner Anstellung in der Schweiz abzeichnete.[44]

Der Vorschlag sei in der Tat reizvoll, antwortete Ostervald, doch an welches Werk denke Le Senne? Der *Traité du gouvernement de l'Eglise telle que J. C. l'a ordonnée, ouvrage très utile à MM. les curés pour la défense de leurs droits*, drei Duodezbände? Mehr jedoch interessierte Ostervald sich für die Publikation der Werke d'Alemberts, und er bat Le Senne, den Philosophen an den Wunsch zu erinnern, »dem er mir gegenüber Ausdruck gegeben hat, einmal in einem freien Land gedruckt zu werden«. Was die Lehrerstelle angehe, so habe der Abt des Klosters von Bellelay auf das Empfehlungsschreiben der Société noch nicht geantwortet.[45] Diese Stelle sei seine letzte Hoffnung, schrieb Le Senne am 28. Dezember, kurz nach seiner Ankunft in Chartres, aber er könne nicht mehr lange durchhalten. »Meine Abreise aus Frankreich ist heute dringlicher als je. Die Verfolger sind mir dicht auf den Fersen, der Sturm wird bald losgehen... Eines Tages werden Sie die ganze Geschichte erfahren. M. d'Alembert, der Ihnen schreiben will, ist darüber ungehalten. Ich kann meinen Freunden nicht weiter zur Last fallen, mir selbst unnütz und jeden Tag der Gefahr ausgesetzt, einer Kabale zum Opfer zu fallen, die in ihrem Haß unerbittlich, grausam in ihrer Rache und unseligerweise mächtig in ihrem Einfluß ist.« Er bat jetzt nicht mehr, für die Witwe und ihren Sohn zu sorgen, die er in Paris zurückgelassen hatte, sondern er wollte nur noch für sich eine Arbeit, irgend etwas, was ihn am Leben halten konnte. Er würde zu Fuß nach Neuchâtel kommen, falls der Abt ihm das Kutschengeld nicht vorstrecken wollte. Bei den Jakobinern in Chartres könne er nicht mehr lange bleiben. »Nicht auf alle in diesem Haus kann man sich verlassen«, schrieb er besorgt und fügte hinzu, daß die Post kontrolliert werde (er bat die STN außerdem, ihm unter Du Fossés Namen zu schreiben und das Porto zu bezahlen, da er für die üblichen Nachnahmegebühren für Briefe nicht genug Geld habe). Die von ihm vorgeschlagene Attacke auf den höheren Klerus brachte ihn vollends in Schwierigkeiten, konnte für die STN jedoch zu einem sensationellen Verkaufserfolg werden, denn es ging um eine explosives Thema. »Erbost über die ungerechte Verteilung des Kirchenzehnten (décime), die Nutzlosigkeit der Proteste dagegen in der letzten Versammlung [der Generalversammlung des französischen Klerus, die im Mai und Juni 1780 zusammentrat] und den Despotismus der Bischöfe, will der zweite Stand des Klerus endlich die Rechte der Geistlichen, die Frage des Kirchenzehnten und dessen Verteilung zur Sprache bringen... Im ganzen Lande gibt es keinen Pfarrer, der dieses Werk nicht gleich bei Erscheinen kaufen und keinen Bischof, der es nicht gleich verbieten wird. Es war die Idee zu diesem Werk, die den Haß des höheren Klerus auf mich gezogen hat.« Le Senne erläuterte, daß er an die gründliche Neubearbeitung eines Werkes dachte, das unter dem Titel *Code des curés* erschienen war. Einen Prospekt dafür könne er in drei Tagen schreiben und das ganze Buch in einem Jahr. Es würde außerhalb Frankreichs von einem Verlag wie der STN gedruckt werden müssen, der durch Agenten innerhalb des Königreichs heimlich Subskriptionen sammeln und darauf rechnen könne, aus der Unzufriedenheit des niederen Klerus einen beträchtlichen Gewinn zu schlagen.[46]

Eine Woche später kamen schlechte Nachrichten von Ostervald: Der Abt hatte mitgeteilt, daß die Blancs Manteaux keine Lehrerstellen mehr frei hatten, obwohl sie Le Senne berücksichtigen würden, sobald eine Stelle frei würde.[47] Le Senne antwortete umgehend mit der Bitte um Hilfe und legte jetzt umfassend die Gründe dar, warum er aus Frankreich fliehen mußte. »Der erste Stand des Klerus hat die Behörden zur Beschlagnahme des ›Mémoire des curés‹ bewegen können, in dem die Episkopalsteuern, der Mißbrauch des Zehnten und die Verteilung der Pfründen angegriffen werden. Bei einer Durchsuchung fanden sie vier meiner Briefe sowie die meines Druckers und meines Mitarbeiters. Seither hat man uns unnachsichtig verfolgt, und diejenigen, die mir aufrichtig verbunden sind, vor allem M. d'Alembert, haben mir geraten, ins Ausland zu gehen, bis der Sturm vorüber ist.«[48]

Jetzt war die ganze Geschichte heraus, um die es bei Le Sennes Flucht ging. Während die Generalversammlung des Klerus tagte, war er bei der Verfertigung von Propagandaschriften gegen den Reichtum und die Privilegien der höheren Geistlichkeit ertappt worden. Bei diesen Versammlungen kam es häufig zu Kontroversen über die Verwaltung und die Finanzen der gallikanischen Kirche, und im Frühjahr 1780 waren diese Polemiken besonders heftig. Die *Mémoires secrets* enthielten mehrere Artikel über Flugschriften gegen Despotismus und Dekadenz unter den Prälaten, die darüber Klage führten, daß sie individuell und kollektiv verunglimpft wurden, und die Regierung veranlassen konnten, eine große Zahl dieser Schriften, einschließlich 2000 Exemplare von Le Sennes »Mémoire des curés«, zu konfiszieren.[49] In einem Brief vom 24. Mai hatte er sie der STN angeboten: »Da die Versammlung der Geistlichkeit am nächsten Montag, dem 29., beginnt, möchte ich während der Sitzungsperiode eine recht kurze Flugschrift drucken lassen, die in Paris vertrieben werden könnte, ehe die Bischöfe die Versammlung schließen.« Die Schweizer hatten diesen Vorschlag jedoch ebensowenig wie seine anderen Projekte aufgegriffen, und so ließ er heimlich in Frankreich drucken. Irgend jemand hatte ihn den Behörden angezeigt, die fast alle Exemplare seines »Mémoire« mit allen seinen Manuskripten und Papieren beschlagnahmt hatten, und jetzt versuchten sie mit einer ›lettre de cachet‹ seiner habhaft zu werden.

Im Januar 1781 meinte Le Senne den Atem der Polizei in seinem Nacken zu spüren. »Trotz meiner Vermummung bin ich genötigt, Chartres zu verlassen... Sie sehen, mein Herr, ich kann nicht länger ohne eine Zufluchtsstätte leben, meinen Freunden zur Last und in einem beständigen Alarmzustand.« Zunächst plante er nach Provins zu gehen, konnte aber nicht voraussehen, wann oder wie er dort hinkommen würde, da der Reiseweg voller Gefahren war und er ihn zu Fuß zurücklegen mußte. Pater Du Fossé werde die Briefe der STN nachsenden, und Le Senne hoffte inständig, daß sie ein Angebot zumindest für eine Halbtagsstelle in Neuchâtel bringen würden. Er könnte Aufsätze für das *Journal helvétique* schreiben, er könnte den *Nouveau code des curés* aus dem Gedächtnis rekonstruieren und ebenso könnte er seine *Pensées choisies de M. Voltaire rangée par ordre alphabétique* neu zusammenstellen, eine Anthologie, die er auf Anraten d'Alemberts gemacht hatte und die von der Polizei konfisziert worden war. »M. d'Alembert hat sie für mich skizziert und die Themen genannt, die man herausheben müßte... Er hat mir ausdrücklich versprochen, daß er für den Verkauf Sorge tragen werde. So angeleitet, kann die Auswahl nur gut werden.« Indem er seine einzige »Protektion« in ihrem ganzen Wert herausstellte, betonte Le Senne, daß d'Alembert sein »Mentor« sei und ihm versprochen habe, ihm die definitive Ausgabe seiner Schriften anzuvertrauen. Wenn dies kein ausreichender Beweggrund sei, werde Ostervald ihn vielleicht aus Erbarmen anstellen: »Geruhen Sie doch für einen Augenblick, wie ein Vater zu mir zu sein, und lassen Sie Ihr Herz sprechen. Ich habe weder das Talent Rousseaus noch das Genie Voltaires..., doch schmeichle ich mir, ihren Arbeitseifer zu besitzen.«[50]

Einen Monat später war Le Senne in Provins eingetroffen, vierundachtzig Meilen östlich von Chartres, und er war am Ende. Er konnte keine Aufsätze für das *Journal helvétique* schreiben, da er die Bücher zum Rezensieren nicht kaufen konnte. Er konnte keine Manuskripte zum Verkauf bringen, weil die Polizei sie alle beschlagnahmt hatte. Er konnte nicht einmal einen Prospekt für den *Code des curés* senden, weil er das Porto nicht bezahlen konnte. Er war schwer krank gewesen und glaubte sich von der ›lettre de cachet‹ verfolgt, als er sich im Februar durch Kälte und Schmutz zum Jakobinerkloster in Provins schleppte. »Zu Tode erschöpft und von Schmutz bedeckt kam ich dort an, nachdem ich den ganzen Weg in Angst zurückgelegt hatte«, schrieb Le Senne. Der Prior, ein Freund von ihm namens Pater Fardel, konnte ihn eine kleine Weile verbergen, doch Le Senne vermochte nicht mehr lange dort auszuhalten. »Denn es ist nun Zeit, daß dieses Wanderleben endet. Ich wünsche nichts mehr, als mich ruhig irgendwo niederzulassen und zu arbeiten... Es liegt an Ihnen, meinem Elend ein Ende zu machen und mir die einzigen Dinge zu verschaffen, nach denen ich mich sehne – Arbeit und Lebensunterhalt.«[51] Er war so tief gesunken wie der ›pauvre diable‹ auf der tiefsten Stufe seiner Laufbahn, wie Voltaire sie beschrieben hat.

> Las! où courir dans mon destin maudit!
> N'ayant ni pain, ni gite, ni crédit,
> Je résolus de finir ma carrière.

> Erschöpft! Wohin mich wenden in meinem fluchwürdigen
>   Geschick!
> Weder Brot noch Obdach noch Kredit besitzend
> Entschloß ich mich, die Laufbahn zu beenden.

In seiner Antwort zerstreute Ostervald die letzten Hoffnungen, an die Le Senne sich noch geklammert hatte. Der Abt von Bellelay hatte geschrieben, daß keinerlei Aussicht auf eine künftige Anstellung bei den Blancs Manteaux mehr bestehe, und die STN konnte ihm nichts anbieten, da ihre Geschäfte – eine indirekte Folge des amerikanischen Krieges – ins Stocken geraten waren. Außerdem war man in Sorge wegen der Schulden Cugnets, der sein Geschäft im Louvre immer noch nicht eröffnet hatte, wie Quandet de Lachenal, der Agent in Paris, den die STN auf Empfehlung Le Sennes angestellt hatte, wissen ließ.[52] Wenig später jedoch machte Quandet Cugnet und seine Frau in ihrem Laden ausfindig, den sie gerade mit, wenn auch geheimer, Unterstützung der Polizei eröffnet hatten. Mit dem gewohnten Optimismus versicherten sie, daß sie dank Lenoirs Protektion mit großen Geschäften mit der STN rechneten und daß sie alle drei Schuldscheine über insgesamt 662 Livres einlösen wollten, die sie Le Senne für die Bücher der STN ausgestellt hatten. Quandet, ein Veteran des Untergrundbuchhandels, stellte ihnen ein gutes Zeugnis aus, während er über Le Senne nichts Gutes zu sagen hatte: »Ich nenne die Dinge beim Namen, und dieser ehemalige Mönch, der zehn Jahre in St. Yon bei Rouen eingeschlossen war, ist nach allem, was ich hörte, ein Spitzbube ... Er ist hier bekannt als ein Mann ohne Integrität und von fragwürdiger Moral.«[53]

Die STN bedurfte dieser Warnung gar nicht, denn Quandets Erwähnung von drei Wechseln war enthüllend genug. Le Senne hatte nur zwei von Cugnets Wechseln der STN überschrieben, einen über 262 Livres, der im Juni 1781, und einen über 200 Livres, der im August 1781 fällig wurde. Den dritten, der 202 Livres und 1 Sous wert war und am frühesten – im April 1781 – fällig wurde, hatte er behalten. Vor seiner Abreise aus Paris, als er dringend Geld brauchte, hatte er seine ganzen Schweizer Bücher an Cugnet verkauft und nicht bloß zwei Drittel, wie er Ostervald geschrieben hatte. Den Wechsel über 202 Livres hatte er der Witwe Bauprais überschrieben, so daß sie ihn bei Fälligkeit während seiner Abwesenheit einlösen konnte. Der STN hatte er erzählt, daß er diese Summe schicken wollte, sobald er sie bei seinen Schuldnern eingetrieben hatte. Der »Anteil« also, den er an Cugnets Laden beanspruchte, war lediglich ein Kredit für Bücher im Wert von 202 Livres, der rechtmäßig der STN gehörte und den er durch Vermittlung von Mme. Bauprais im April unrechtmäßigerweise einzuziehen gedachte. Ostervald instruierte demgemäß Quandet, dem »heiligen Mann« das Handwerk zu legen, indem er Cugnet veranlaßte, von der Zahlung der 202 Livres abzusehen.[54]

Quandet agierte noch geschickter. Er bekam die Witwe eines Tages zu fassen, als sie Cugnets Laden betrat, und als sie ihren Wechsel präsentierte, schnappte er ihn sich, ließ wilde Beschimpfungen gegen sie los und ging in die Wohnung eines Polizeibeamten namens Chesnon und forderte ihn auf, den Wechsel als betrügerisch zu konfiszieren. An sich war Quandet, wie er der STN schrieb, nicht berechtigt, so zu handeln, und Chesnon hatte nur deshalb mitgemacht, weil er Cugnets Verbindungsmann bei der Polizei war. Nach dem Gesetz war Cugnet verpflichtet, 202 Livres und 1 Sou an die Witwe Bauprais auszuzahlen. Da er auf sie ausgestellt war, konnte sie auf der Zahlung dieser Summe bestehen und der STN die Eintreibung ihrer Schulden überlassen. Die Schweizer hatten formell keinerlei Ansprüche an Le Senne, da er seine Schulden geschickt auf Cugnet abgewälzt hatte, ohne eigene Wechsel nach Neuchâtel zu senden. Sie konnten ihn natürlich wegen Betrugs verfolgen, mußten ihn dann aber in einem seiner Schlupfwinkel aufstöbern, die er fast jede Woche wechselte, und selbst wenn sie für seine Verhaftung sorgten, würde er als aufrührerischer Verfassser von Flugschriften im Gefängnis sitzen, ohne seine Schulden bezahlen zu können. So mußten die Schweizer vorsichtig an zwei Fronten operieren: erstens mußten sie Le Senne überreden, daß er die Witwe Bauprais zum Verzicht auf ihren rechtmäßigen Anspruch auf 202 Livres bewog, und dann mußten sie diese Summe Cugnet abnehmen, obgleich seine formelle Verpflichtung nur gegenüber dem unauffindbaren Le Senne und nicht ihnen gegenüber bestand. Die beiden armen Teufel hatten lange genug im Untergrund gelebt, um jeglichem moralischem Druck zu widerstehen, aber die STN konnte auf Le Sennes Angewiesenheit auf eine Arbeit und auf Cugnets Interesse an Raubdrucken bauen, die er unter die Leute bringen wollte.[55]

Nicht lange nach Quandets Überfall auf die Witwe Bauprais schrieb die STN an Le Senne und verlangte, daß die Witwe auf ihren Anspruch auf das Geld verzichten solle. Le Senne, der sich geschlagen und am Ende sah, stimmte der Abtretung des Wechsels zu und versuchte, die Schuld an dem Streit auf Quandet und die Cugnets abzuwälzen. Es sei ein Pack von Gaunern, schrieb er, und die STN solle froh sein, wenn sie sie ohne Verlust ihres Vermögens loswerde. Es sei zwar richtig, daß er sie der STN anfänglich vermittelt habe, aber er sei ihnen damals noch nicht auf die Schliche gekommen – »aber wer wird nicht jeden Tag hereingelegt?« Dann ließ er eine lange, wirre und unüberzeugende Erklärung seiner eignen Rolle in diesem Durcheinander folgen und wandte sich dem angenehmeren Thema zu, wie er für die STN ein nützlicher Helfer werden könne. Eben habe er einen Brief d'Alemberts erhalten, der weiterhin seine Werke bei der STN publizieren wolle, und eine noch vielversprechendere Tätigkeit habe sich ihm im Lager des Feindes eröffnet: ein geistlicher Orden, zu dem er gute Beziehungen habe, brauchte neue Ausgaben mehrerer Andachtsbücher, darunter ein Brevier mit einer Druckauflage von 10 000 Exemplaren. Wenn die STN daran interessiert sei, möge sie ihm nach Troyes schreiben. Er war dort gerade angekommen, hatte die vierzig Meilen von seinem Krankenlager in Provins nur mit Mühe geschafft und rechnete nun damit, eine Zeitlang dort zu bleiben, obwohl er einen Abstecher nach Reims vorhatte.[56]

Wenig später berichtete Quandet, daß die Witwe Bauprais auf ihren Anspruch auf den Wechsel verzichtet habe, so daß die STN sich nun nur noch mit Cugnet ins Benehmen setzen mußte. Die Aussichten für den Laden schienen gut, denn am 2. April hatte Cugnet die STN unterrichtet, daß das Geschäft einen vielversprechenden Anfang nahm. Lenoir war weiterhin bereit, ihm seine Protektion zu gewähren, da er wußte, »daß meine Beziehungen zu dem genannten Abbé Le Senne insofern unschuldiger Natur waren, als ich von den Verfehlungen, die ihm zur Last gelegt werden, nicht das geringste ahnte und nichts damit zu tun hatte. Ich weiß mich völlig frei davon und möchte nicht einmal wissen, worum es sich handelt.« Cugnet hatte noch alle Bücher der STN in seinem Besitz und bestritt die Schulden dafür mit keinem Wort. Er bat die STN lediglich um Zahlungsaufschub für den Wechsel über 202 Livres, ein angesichts der Schwierigkeiten mit Le Senne und der verspäteten Eröffnung des Ladens verständlicher Wunsch.[57] Die STN gewährte den gewünschten Zahlungsaufschub, und damit war die finanzielle Seite ihrer Beziehungen zu Le Senne geklärt. Die Schweizer teilten Cugnet mit, daß sie mit den Angelegenheiten des herumziehenden Abbé nichts mehr zu tun haben wollten: »Wir sind von unserem Wunsch, ihm eine Stellung in unserer Umgebung zu verschaffen, gründlich geheilt.«[58]

Der Abbé wollte es nicht wahrhaben, daß man ihn fallenließ. Die Einigung der STN mit Cugnet nahm ihrer Korrespondenz mit ihm die Dringlichkeit, während der Hinweis auf den Druck des Breviers ein gewisses Interesse an ihm wachhielt, das Le Senne aus dem unerschöpflichen Reservoir seiner Projekte und Vorschläge weiter zu nähren suchte. Am 8. Mai 1781 war er wieder in Troyes und teilte mit, daß er seine Lektion gelernt habe, nämlich »daß alle, die mit der Gelehrsamkeit Handel treiben, wie Quandet und Cugnet, nur den Tadel und die souveräne Verachtung denkender Männer verdienen«. Er verhandelte über den Druck des Breviers mit dem Abt von Cîteaux und glaubte den Zuschlag für die STN vor zwei französischen Druckern erwirken zu können, die sich gleichfalls um diesen Auftrag bemühten. Unglücklicherweise habe Joseph II. in einem Anfall von aufgeklärtem Despotismus den Import von Brevieren für die Klöster des Reiches untersagt, so daß durch diese Anordnung mehr als 100 Zisterzienserklöster für den Markt der Neuausgabe ausfielen. Daher zögere der Abt, den Auftrag zu erteilen. Unterdessen konnte Le Senne einige hervorragende Manuskripte empfehlen: einen »Lagebericht über Frankreich im Jahre 1780« und die Voltaire-Anthologie, die ohne Frage gewinnträchtig sei, da d'Alembert versprochen habe, in Frankreich für den Verkauf von mindestens 500 Exemplaren zu sorgen. Le Senne sehnte sich noch immer nach »einer Pfründe und einem sicheren Broterwerb« und schloß seinen Brief mit dem dringenden Wunsch nach einem Platz in einem Kloster irgendwo in der Schweiz oder einer Lehrerstelle in Bern oder Soleure, für den Fall, daß Porrentruy oder Fribourg nicht möglich wären.

Als die STN antwortete, daß sie an dem Brevier interessiert sei, aber keinerlei Vorschüsse für den Druck zahlen wolle, versicherte Le Senne, daß die Zisterzienser alle Kosten tragen würden und daß der Markt riesig sei, weil es 1500 Klöster gab, die den Zisterzienserritus ausübten, nicht gerechnet die 100 Klöster, die in Deutschland unter das Verbot des Kaisers fielen. Er drängte die STN, ein Angebot zu unterbreiten und es in einem Brief zu erläutern, den er dem Oberhaupt des Ordens vorlegen wolle, während er gleichzeitig in Cîtaux für die Société eintreten werde. Diesem Rat folgten die Schweizer, indem sie sich erboten, einen neuen Schriftsatz zu kaufen, wenn der Abt den Druck von 8000 Exemplaren unterstützte. Aus dem Projekt ist aber nie etwas geworden, offenbar weil Le Senne seinen Einfluß in Cîtaux überschätzte. Er kannte anscheinend nur einen Mönch dort, der für das neue Brevier einen Entwurf von ein paar Seiten verfaßt hatte, in der Hoffnung, daß der Abt ihn mit der Abfassung des neuen Werkes beauftragen würde, während Le Senne sich um die Drucklegung kümmerte.[59] Das Vorhaben scheiterte an beiden Fronten, der Plan aber ist aufschlußreich genug, denn er zeigt, wie stark das Gewinnmotiv im Verlagswesen des späten achtzehnten Jahrhunderts war. Das ganze siebzehnte Jahrhundert hindurch hatten die Neuchâteler Druckereien intensiv protestantische Propaganda betrieben, und einer der Vorfahren Ostervalds hatte damals eine annotierte Bibelausgabe herausgebracht, die in ganz Frankreich verboten und konfisziert wurde. Ostervald war mit einer Reihe von philosophes bekannt und teilte ihre Ansichten. Trotzdem hätte dieser aufgeklärte protestantische Verleger auf Anraten eines antiklerikalen Abbé ohne weiteres ein Brevier für die Zisterzienser gedruckt, wenn er genug Geld dafür bekommen hätte.

Le Senne hatte noch eine Fülle anderer Vorschläge auf Lager. Er trieb sein Projekt zur »Lage Frankreichs« weiter voran, das »eine systematische Übersicht über alles, was in den letzten zwanzig Jahren zu moralischen und physischen Aspekten der öffentlichen Verwaltung geschrieben wurde«, enthalten sollte. »M. Malesherbes [C. G. de Lamoignon de Malesherbes, der ehemalige Directeur de la Librairie und Sécrétaire de la Maison du Roi] hat das Werk gesehen und hält viel davon.«[60] Es handelte sich um eine Kompilation aus physiokratischen Schriften – mehr als 500 Bände, die unter Anleitung von Malesherbes selbst in zwei Bände kondensiert seien, ließ Le Senne sich triumphierend vernehmen und fügte hinzu, daß er, wenn die STN daran interessiert sei, auch ein Vorwort für eine »Historische, kritische und philosophische Beschreibung des modernen Europa von Karl V. bis auf Joseph II.« schreiben könne. Endlich könne er sich auch beim Schmuggel für die STN nützlich machen, da er einen narrensicheren Weg entdeckt habe, um ihre Bücher mit Hilfe eines Lebensmittelhändlers in Saint-Denis nach Paris hinein zu bringen.[61] Diese Vorschläge wurden von den Schweizern nicht einmal beantwortet, aber Le Senne schickte ihnen das Manuskript zur »Lage Frankreichs« trotzdem, in der Hoffnung, daß sie es kaufen würden, wenn es ihm nur gelang, daß sie einen Blick darein warfen. Obwohl er nicht einmal das Geld für das Porto hatte (er gab das Manuskript einem Freund mit, der in die Schweiz reiste), rechnete er damit, daß der Gewinn groß genug sein würde, um ein Werk über Erziehung zum Druck bringen zu können, das er gerade vorbereitete. Als der Herbst kam, wurde er besorgt. Um nicht noch einen Winter krank herumirren zu müssen, mußte er schleunigst »Mittel und Wege finden, um wenigstens eine Zeitlang, wenn auch unter ständigen Ängsten, einen Lebensunterhalt zu haben«. Vielleicht konnte die STN ihm einige ihrer Bücher zum Verkauf in Troyes anvertrauen oder ihm in Preußen eine Stelle besorgen? Er wußte, daß sie Beziehungen dorthin besaß und vielleicht gab es dort eine Stellung als zweiter oder dritter Bibliothekar des »Philosophenkönigs«.[62]

Von der STN kam auf diesen oder einen weiteren Hilferuf keine Antwort. Ende November versuchte Le Senne nochmals etwas über das Schicksal seines Manuskriptes in Erfahrung zu bringen und bat, daß man ihm als »M. l'abbé Hubert bei M. Richard, maître de pension, gegenüber dem collégiale de St. Etienne á Troyes« schreibe.[63] »Hubert« war offenbar sein Deckname, und er hatte wohl vorübergehend eine Anstellung als Lehrer gefunden. Osterwald antwortete schließlich, daß die STN sein Werk drucken wolle, unter der Voraussetzung, daß es ihm gelang, in Troyes Leute zu finden, die ihm

Geldmittel zur Verfügung stellten, um die gesamten Kosten im voraus zu entrichten.[64] Wenn ihm dies, wie er behauptete, gelungen war, so hatte er am 22. Dezember diese Unterstützung wiederum verloren, als er aus Auxerre, zweiundvierzig Meilen von Troyes entfernt, die dringende Bitte an die STN richtete, das Werk auf eigene Kosten zu drucken oder es für ihn an einen anderen Verleger zu verkaufen oder ihm das Manuskript einer »Abhandlung über Moral für junge Leute« abzunehmen oder ihm bei der Einrichtung einer kleinen Schule in Neuchâtel behilflich zu sein. Da er sich nur »vorübergehend« in Auxerre aufhielt, solle man ihm »ganz einfach ... als M. Bauprais bei M. Charton, rue de Poncelot, Auxerre, ohne meinen Namen zu erwähnen«, schreiben.[65]

Zehn Wochen später war Le Senne immer noch in Auxerre, lebte dort als »Bauprais, Erzieher junger Menschen«, und seine Lage besserte sich. »Bauprais ist der Name mütterlicherseits«, erklärte er, »ich hielt es für richtig, mich seiner zu bedienen, um Neider und Verfolger fernzuhalten. Ich habe einen bescheidenen Lebensunterhalt gefunden, indem ich hier Mathematik und schöne Literatur unterrichte. Trotzdem, oft bin ich mehr tot als lebendig, aber ich arbeite und mache mich nützlich ... Vom Schicksal erwarte ich keine Gunst, alles läßt mich das Gegenteil erwarten. Aber da man in die unerforschlichen Ratschlüsse des Ewigen nicht eindringen kann, wird man zwischen Hoffnung und Verzweiflung hin- und hergerissen. Dies scheint mir ein guter philosophischer Grundsatz zu sein.«[66] Es war eine Philosophie der Hilflosigkeit und Resignation, die Philosophie des ›pauvre diable‹:

> Quel parti prendre? Où suis-je et qui dois-je être?
> Né dépourvu, dans la foule jeté,
> Germe naissant par le vent emporté,
> Sur quel terrain puis-je espérer de craître?

> Was soll ich tun? Wo bin ich und was wird aus mir?
> Geboren mittellos, geworfen in die Menge,
> Ein Samenkorn, vom Winde fortgetragen,
> Auf welchem Boden kann ich zu keimen hoffen?

Über die Ereignisse in Paris blieb Le Senne auf dem laufenden durch seinen alten Freund Quinquincourt, der ihm, wann immer sich die Möglichkeit zu einer Spekulation auf dem literarischen Markt bot, einen Hinweis gab. Das beste Spekulationsobjekt waren im Frühjahr 1782 anscheinend immer noch antiklerikale Themen, und Le Senne schlug weiterhin Attacken gegen Reichtum, Mißwirtschaft und Despotismus des höheren Klerus vor. Die Schweizer machten sich aber bei vielen seiner Briefe nicht mehr die Mühe, sie zu beantworten, so sehr er ihnen auch vorwarf, »gegenüber dem Los von Schriftstellern von einer grausamen Gleichgültigkeit« zu sein und die Verkaufsmöglichkeiten aktueller Flugschriften zu verkennen: »Diese Art Schriften verkaufen sich besser als die besten Bücher.«[67] Gleichwohl fuhr er fort, Manuskripte anzubieten, darunter zwei Werke über Kirchengeschichte und ein »Lehrbuch mit einem Moralkatechismus«, mit d'Alemberts Segen aus dessen Werken gezogen.[68] Die STN stimmte ihm darin zu, daß ein so großer Name einem Buch nur Glanz und Erfolg verleihen könne, nahm von dem Projekt aber Abstand, nachdem sie durch Quandet de Lachenal über die Absatzchancen einige informelle Erkundigungen eingeholt hatte. Quandet sondierte bei den ihm bekannten Schriftstellern und Buchhändlern in Paris und berichtete, daß d'Alemberts Stern inzwischen gesunken sei: »Trotz einer gewissen Zelebrität, die den Namen d'Alemberts umgibt, Messieurs, erlaube ich mir die Freiheit, Ihnen anzuraten, nur die Hälfte des Preises zu bieten, den er für seine Werke fordert. Von seinen Essays (mélanges) abgesehen, die hier niemand auch nur für einen Fetzen Papier kaufen würde, weiß ich durch Bekunden anderer, daß seine Schriften über Geometrie, die als das Beste gelten, was er gemacht hat, bei weitem nicht die geniale Tiefe aufweisen wie die eines Kepler, eines Newton usw.«[69] Nachdem man bei der STN die Begeisterung für eine Veröffentlichung von Schriften d'Alemberts verloren hatte, konnte man sich für Le Sennes Vorschlag eines Aufgusses durch seine eigene Prosa nicht erwärmen.

Wie immer aber rückte der Abbé mit einem neuen Vorschlag heraus. Einem angehenden ›littérateur‹ hatte er mit seinen Reden von den Freuden und Vorzügen des Buchhandels so sehr in den Ohren gelegen, daß der junge Mann sogleich einen Buchladen eröffnen wollte, mit dem Kapital eines reichen älteren und kinderlosen Verwandten, der in ihn vernarrt war und ihm ein Vermögen übereignen wollte. Le Senne bot sich als Schutzengel für das Unternehmen an und wollte dafür sorgen, daß es für die STN zu einer wichtigen Absatzmöglichkeit wurde, wenn die Schweizer den Laden mit Büchern ausstatteten. »Dies ist etwas anderes als Cugnets Unternehmen«, schrieb er lockend[70], doch die STN war nun endlich auf der Hut vor diesen ›hommes à projets‹, ignorierte das Anerbieten und versuchte, ihn von weiteren Vorschlägen dadurch abzuhalten, daß sie seine Briefe nicht mehr beantwortete.

Diese Strategie hatte schließlich Erfolg, und der endlose Strom von Vorschlägen versiegte – oder wurde zumindest zu anderen Verlegern in der Schweiz, in Avignon, in den Niederlanden und in England, zu denen Le Senne Beziehungen unterhielt, umgeleitet. Im April 1784 machte er jedoch einen neuen Versuch, den Spekulationsinstinkt der STN zu wecken. Er hielt sich noch immer in Auxerre auf und hatte sich bei einem Buchhändler namens Fournier fils, einem »reichen, aktiven und beschlagenen« Mann, eingeschmeichelt. Fournier hatte ein ›cabinet littéraire‹ eingerichtet, eine der Lesegesellschaften, wie sie damals überall in Frankreich aus dem Boden schossen, und konnte die Bücher der STN im großen Maßstab ans Lager nehmen und unter die Leute bringen. Außerdem erkundigte sich Le Senne, ob die Schweizer sich für irgendeines der Manuskripte, die er ihnen vor zwei Jahren nach Neuchâtel gesandt hatte, interessierten. Die Rechte wollte er ihnen jetzt für eine paar Freiexemplare anderer Bücher abtreten. Es klang jetzt aber nicht mehr so, als sei er völlig abgebrannt. Er unterrichtete immer noch, und es war ihm irgendwie gelungen, sich eine kirchliche Pension von 1000 Livres im Jahr zu erschleichen. Vielleicht war es darauf zurückzuführen, daß sich in seinen Briefen ein neuer Ton von Frömmigkeit vernehmen ließ, denn über d'Alembert, der am 29. Oktober gestorben und als Ungläubiger in einem namenlosen Grab bestattet worden war, sprach er beinahe wie ein Frömmler. Sechs Wochen vor seinem Tode, so berichtete Le Senne, habe der Philosoph in einem Brief die Absicht geäußert, seine Werke bei der STN zu veröffentlichen. Obwohl er damals zu krank war, um seine Manuskripte durchzusehen, wollte er dieses Projekt vorantreiben, und er habe Le Senne gebeten, nach Neuchâtel zu reisen, um alles zu arrangieren. Vor seiner Abreise hatte Le Senne jedoch vom Tod seines Gönners gehört – »ein Tod, der die wahren Gläubigen betrübte, da er keinerlei Zeichen der Reue und des Widerrufs [seiner unchristlichen Philosophie] erkennen ließ. Gott allein kann ihn richten. M. d'Alembert wäre jedoch um nichts weniger groß gewesen, hätte er weniger Verehrung für den verrufenen Voltaire gezeigt.«[71] Der Abbé schien vergessen zu haben, daß er in seinen früheren Tagen im literarischen Untergrund eine Anthologie von Voltairiana unter Anleitung d'Alemberts hatte herausgeben wollen.

Fünf Monate später jedoch kehrte er zu seinem voltairischen Stil zurück. Er lag wieder auf der Straße und zog herum. Aus dem Dorf Monetau bei Auxerre schrieb er, daß sein Ordenskapitel in Auxerre aufgehoben worden sei und seine Pension und die Lehrerstelle gestrichen seien. Wieder einmal bat er die STN, ihm eine Stelle in Fribourg zu besorgen, regte an, einen alten Traktat unter neuem Titel zu

drucken: »›Einkünfte des französischen Klerus‹... Die Einführungs-
abhandlung beabsichtigt dem französischen Publikum eine richtige
Vorstellung vom Reichtum des Klerus zu geben.«[72] Er bat die Schweizer, ihre Antwort an eine neue Nachsendeadresse zu schicken, doch sie
haben nie geantwortet und nie wieder von ihm gehört.

Le Senne verkörperte die Moral, die Voltaire im Anhang zu »Le Pauvre
Diable« formuliert hat: »Man teilt uns mit, daß der Verfasser dieses
Werk im Jahre 1758 zu seinem eignen Vergnügen geschrieben hat, um
einen jungen Mann, der seine Leidenschaft, Verse zu kritzeln, für
Genie hielt, von der gefährlichen Laufbahn der Literatur abzuschrek-
ken. Die Zahl derer, die sich durch diese unselige Leidenschaft
zugrunde richten, ist Legion... Sie leben von Reimen und Hoffnungen
und sterben in Armut.«[73] Ebenso hätte der Abbé einer der Tischgenos-
sen von Rameaus Neffe sein können: »ein Haufen verschämter Armer,
platte Schmarotzer, an deren Spitze ich mich zu stellen die Ehre habe als
wackerer Anführer eines furchtsamen Haufens... Wir scheinen mun-
ter; aber im Grunde haben wir alle bösen Humor und gewaltigen
Appetit. Wölfe sind nicht heißhungriger, Tiger nicht grausamer.«[74] Le
Senne ist in der Tat eine so vollkommene Verkörperung der Gestalt des
armen Teufels, daß durch seine Laufbahn neues Licht auf sie fallen
kann. Denn gerade so, wie die Satiren von Pope und Swift sich besser
verstehen lassen, wenn man sie auf das Milieu der Londoner Grub
Street bezieht[75], so sollten sich die Werke von Voltaire und Diderot
genauer begreifen lassen, indem man das Milieu hinter ihren Motiven
erforscht. Sie gaben den elenden Skribenten dem Gelächter preis, sie
machten ihn zu einem intellektuellen Hanswurst und schnitten diese
Rolle dann auf ihre Gegner zu. Aber in ihrem eigenen Lager gab es eine
Fülle solcher Skribenten. Die Gelehrtenrepublik war voll von armen
Teufeln, wirklichen Menschen aus Fleisch und Blut, die ihr elendes
Leben dadurch zu fristen suchten, daß sie alles taten, wozu sich ihnen
die Gelegenheit bot – Anthologien kompilierten, für Zeitschriften
schrieben, mit Manuskripten Handel trieben, verbotene Bücher
schmuggelten und für die Polizei spionierten. Ein armer Teufel zu sein
war eine ausgeprägte Lebensform, die aber schwer zu rekonstruieren
ist, da die meisten kleinen Literaten in einem Dunkel lebten, das mit der
Zeit immer undurchdringlicher geworden ist. Das macht den Fall Le
Sennes, eines Repräsentanten dieses Typus, so bedeutsam. Trotz seiner
enormen Produktion von Artikeln, Flugschriften und Büchern, wäre
er unwiederbringlich in der Vergangenheit versunken, wenn sein Dos-

sier nicht unter den Akten der STN erhalten geblieben wäre. Dieses Dossier vermittelt einen Eindruck von dem Leben in den Tiefen der ›basse littérature‹, der niederen Literatur, wie Voltaire sie verächtlich genannt hat.

Wie der endlose Strom von Vorschlägen an die STN zeigt, war er ein Ideenhändler, ein ›homme à projets‹, ein Projektemacher. Er schmiedete Projekte jeder Art und Größe – Romane, Geschichtswerke, Traktate, Reiseliteratur, Flugschriften, alles, was er nur für verkäuflich hielt. In seinen Anpreisungen betonte er jedoch immer wieder, daß die gewinnträchtigsten Bücher diejenigen seien, die »Vorurteile angreifen«[76], und die meisten seiner Vorschläge formulieren Themen der Aufklärung. Er popularisierte das Werk der philosophes, sowohl implizit in seinem Vorschlag einer philosophischen Geschichte der Religionskriege und explizit in seinem Plan einer Sammlung von physiokratischen Schriften, seiner Anthologie von Voltairiana, einem Werk über die öffentliche Verwaltung, das den Segen von Malesherbes besaß, und einem Traktat über Erziehung und Moral, der durch d'Alembert angeregt war.

Im Repertoire seiner philosophischen Projekte war das hervorstechende Thema das der Entweihung der Kirche. Le Senne war ein antiklerikaler Kleriker, einer jener Abbés, die man in so großer Zahl unter den Parteigängern der Aufklärung fand, und er konzentrierte seine Attacken auf den »episkopalen Despotismus« und den Reichtum des höheren Klerus. Seine Flugschrift über diesen Gegenstand während der Generalversammlung des französischen Klerus im Jahre 1780 brachte ihm eine ›lettre de cachet‹ ein und nötigte ihn in den zwei darauffolgenden Jahren, wie ein gejagtes Tier in der Provinz herumzustreunen. Er fand Unterschlupf bei sympathisierenden Priestern wie Du Fossé in Chartres und Pater Fardel in Provins, und offenbar hat er in ganz Frankreich Kontakte zu desillusionierten Curés und Abbés gehabt: daher seine Bemerkung über die Hunderte von Briefen, die er von Geistlichen erhalten habe, als er seinen antiepiskopalen »Code des curés« vorbereitete, ein Werk, das, wie er sagte, von jedem Pfarrer verschlungen und von jedem Bischof in Frankreich verfolgt werden würde. Häufig erwähnt er unbekannte Geistliche, die wie er antiklerikale Flugschriften unter die Leute brachten oder kauften: den Abbé Bretin, der Sendungen für Cugnet lagerte, den Abbé von Chez-le-Roi, der ebenfalls gewisse Beziehungen zu Cugnet unterhielt, den Abbé Lanvin, der unterderhand Propaganda gegen den Bischof verkaufte, und Giroux von den Bernhardinern, der Werke wie *L'Intolérance ecclésiastique* und *Essai philosophique sur le monialisme* kaufte. Diese Männer belegen die Existenz eines »kirchlichen Untergrundes«[77], der bedeutender gewesen sein dürfte, als man allgemein annimmt. Le Senne und seine Mitarbeiter gaben nicht nur den Enttäuschungen derer Ausdruck, die am unteren Ende der kirchlichen Hierarchie standen, sie repräsentierten vielmehr eine Ideologie, die über den Richerianismus zum Voltairianismus fortgeschritten war und waren das Sprachrohr einer entfremdeten Intelligentzija armer Teufel in den Rängen der Kirche selbst. Obwohl die Aussage über ein Netz von 1720 Pfarrern wahrscheinlich übertrieben war, war Le Senne Teil einer Welle von Propaganda, die 1789 dazu beitrug, den Ersten Stand zu spalten. Der STN gegenüber trat Le Senne jedoch in erster Linie in der Rolle eines kleineren *philosophe* auf, eines Mitläufers in d'Alemberts Zirkel, und nicht als abtrünniger Kleriker. Obwohl seine enge Verbindung zu d'Alembert wahrscheinlich eine Übertreibung war, besaß er ohne Zweifel die Unterstützung und Protektion des *philosophe* und übernahm dafür seinerseits alle möglichen Aufgaben. Die Gegenseitigkeit dieses Verhältnisses bedarf der Hervorhebung, weil die *philosophes* in ihrem Kampf gegen ›l'infâme‹ Unterstützung brauchten. Die philosophischen Manuskripte, die Le Senne der STN ständig vorlegte, dürften wohl kaum aus der Werkstatt d'Alemberts gekommen sein, auch wenn Le Senne manchmal erwähnt, daß ein bestimmtes Manuskript von d'Alembert korrigiert worden sei oder seine Ansichten wiedergebe. D'Alemberts Korrespondenz mit Voltaire zeigt, daß die beiden alles taten, um an strategisch wichtigen Stellen ihre Protégés unterzubringen, ihre ideologischen Feinde in Mißkredit zu bringen und philosophische Propaganda auszustreuen.[78] Indem Le Senne d'Alembert dabei behilflich war, verdiente er sich dessen Gunst, die er dann in ihrem ganzen Wert auszubeuten suchte. D'Alembert hatte jedoch keinen Grund, sich ausgebeutet zu fühlen. Hätte er die STN zur Anstellung seines Abbé überreden können, dann wäre es ihm gelungen, einen Propagandisten für seine Sache in einem angesehenen Verlagshaus unterzubringen. Und wäre es ihm gelungen, die Schweizer dazu zu bringen, daß sie aus dem *Journal helvétique* ein Parteiorgan der *philosophes* machten mit Le Senne als dessen Herausgeber, dann hätte er die Handhabe gehabt, um wirkungsvoll gegen die antiphilosophische Presse vorzugehen, die weitgehend dank der großen journalistischen Begabung von Linguet, einem erbitterten Gegner Voltaires und d'Alemberts, einen außerordentlichen Widerhall beim Publikum fand. Es war kein Zufall, daß unter den ersten Projekten Le Sennes eine Philosophiegeschichte von den Alten bis zu d'Alembert, eine Verteidigung Voltaires und eine Attacke gegen Linguet waren, und ebensowenig war es ein Zufall, daß bei seinen Unterhandlungen mit der STN der Journalismus eine so große Rolle spielte. Die philosophes wollten die Herrschaft über die öffentliche Meinung gewinnen. Sie wollten kämpfen – um das Bewußtsein zu verändern, Institutionen zu reformieren und Verleumdungen entgegenzutreten – und nicht nur friedlich vor sich hin philosophieren. Aufklärung war für sie die Aufgabe, dem Licht zum Durchbruch zu verhelfen. Und dafür brauchten sie literarische Agenten, Popularisierer, Polemiker, Journalisten und ideologische »Zuträger« wie Le Senne.

Die Rolle Le Sennes zeigt darüber hinaus, wie schwierig die Ausbreitung der ›lumières‹ bei dem französischen Publikum war. Die Direktoren der STN kauften kein Manuskript, ehe sie nicht die Druckkosten kalkuliert, mit Buchhändlern und Literaturagenten den Marktwert ermittelt und die günstigsten Bedingungen durchgesetzt hatten. Mit dem gleichen Eifer bemühten sie sich um einen Druckauftrag für das Brevier der Zisterzienser wie um das Werk d'Alemberts. Am Ende kamen sie zu dem Schluß, daß d'Alembert seine Schriftstellerei zu hoch taxierte, und eine Vereinbarung mit ihm blieb aus. Von einem unbekannten Schriftsteller wie Le Senne kauften sie kein Manuskript oder nahmen sie keinen Druckauftrag entgegen, es sei denn er konnte eine Deckung ihrer Kosten garantieren, indem er entweder im voraus Verkäufe vereinbarte oder Spekulanten fand, die auf ihn setzten. Le Senne scheint eine Reihe von Manuskripten bei weniger vorsichtigen und weniger angesehenen Verlegern losgeworden zu sein, ohne aber viel Gewinn daraus zu ziehen. Das war ein typisches Dilemma des kleinen Skribenten: bei Verlegern, die einen anständigen Preis zahlten, konnte er sein Werk nicht unterbringen, und bei denen, die es nahmen, erhielt er keinen anständigen Preis. Die STN hatte ihre eigenen Probleme. Sie konnte auf den französischen Markt nur vordringen, wenn sie sich einen Weg durch die Bürokratie bahnte, die die französischen Verleger, ihre natürlichen Feinde, protegierte. Wahrscheinlich hätte sie Le Senne den Auftrag für eine französische Ausgabe des *Journal helvétique* gegeben, wenn es gelungen wäre, die Zensoren zu beschwichtigen, die Beamten zu bestechen und die Eigentümer der rivalisierenden französischen Zeitschriften abzufinden. Die bürokratischen und rechtlichen Barrieren ließen sich jedoch nicht überwinden. Dieses Scheitern verdeutlicht, wie sehr die Entwicklung des Zeitschriftenwesens unter dem Ancien Régime behindert war und macht die Explosion des Journalismus 1789 begreiflich.

Buchpolizei, Zensur und der ganze Apparat der Direction de la librairie waren dafür gedacht, die religionsfeindlichen, aufrührerischen und unmoralischen Bücher zu unterdrücken, und oft gelang ihnen das. Aber man erstickte auch literarische Neuerungen und unterwarf die Buchproduktion einem Monopol, das von der Pariser Buchhändlerzunft beherrscht wurde. Immer wenn die STN in Paris ihre Bücher zu verkaufen versuchte, traf sie auf den Widerstand der Buchhändlerzunft, und deswegen nahm sie die Dienste von Männern wie Le Senne und Cugnet in Anspruch, die am Rande der Legalität operierten. Diese Strategie schien vielversprechend, da Cugnet die Unterstützung der Polizei fand, und die Polizei unterstützte ihn – vorausgesetzt, er handelte mit Raubdrucken, aber nicht mit verbotenen Werken –, weil sie bei ihrem Versuch, die von der Regierung beabsichtigte Reform des Buchhandels durchzusetzen, mit der Buchhändlerzunft in Konflikt gekommen war. Man sollte Cugnets Laden jedoch nicht zuviel Wichtigkeit beimessen: daß Lenoir ihn tolerierte, hieß nicht, daß die Polizei ein weitreichendes Bündnis mit dem literarischen Untergrund eingegangen war. Daran wurde lediglich deutlich, auf welche Widersprüche und Beschränkungen die Regierung bei ihrem Reformversuch stieß. Bei ihrem Versuch, die Privilegien des etablierten Buchhandels zu beschneiden, verbündeten sich die französischen Behörden gelegentlich mit den armen Teufeln, ohne jedoch Schmuggel im großen Maßstab oder den Verkauf von verbotenen Büchern durch illegale Händler zu gestatten.

Diese Bücher ließen sich Le Senne zufolge am besten verkaufen, und er bat die STN, ihm atheistische und aufrührerische Schriften wie die Werke Holbachs und die *Anecdotes secrètes sur Madame Du Barry* zu liefern. Er und seine Freunde konnten nicht mit irgendwelchen stillschweigenden Abreden mit der Polizei rechnen, da sie von den illegalen Aktivitäten des literarischen Untergrundes lebten. Der illegale Buchhandel hatte sich, dank der Restriktionen, denen der legale Buchhandel in Frankreich unterlag, zu einer beachtlichen Industrie entwickelt. Er brauchte Leute, die den Vertrieb besorgten, und so griff man auf die Skribenten aus dem ausgehungerten Pariser Literatenvolk zurück. Zu erwarten, daß ein armer Teufel seine Finger von den verbotenen Früchten dieses Handels ließ, war dasselbe, als wollte man von einem Schakal verlangen, daß er Fleisch verschmähte. Le Senne stürzte sich auf jede Möglichkeit des Lebensunterhalts, die sich ihm bot. Nicht nur verfaßte er illegale Schriften, sondern er trat auch als Agent für andere Schriftsteller auf, die derartiges produzierten. Geheime Manuskripte scheinen im Untergrund eine große Verbreitung gehabt zu haben. Aus Le Sennes Briefen geht hervor, daß seine Schriftstellergenossen ihn mit einem Großteil des Materials versorgten, das er an Verleger außerhalb Frankreichs verhökerte. Wenn diese Werke dann gedruckt waren, war er bei ihrem Vertrieb behilflich, indem er Schmuggelwege, geheime Lager und Verkäufer ausfindig machte. Das Unternehmen Cugnet war nur einer seiner vielen Versuche, Untergrundkanäle zu öffnen, indem er Figuren anheuerte wie den Gemüsehändler, der die Bücher von Saint-Denis hereinschmuggelte, und den Kaffeehausbesitzer, der sie in seinem Geschäft in der rue Saint-Nicaise lagerte. Le Senne selbst importierte Bücher und lief wahrscheinlich in Paris herum, um sie unter seinem Mantel zu verkaufen. Er lebte von seinen Einfällen und tat bei allem mit, was nur ein paar Sous einbrachte. Als Verfasser von Flugschriften, Journalist, Literaturagent, Schmuggler und Händler verkörperte er die vielfältigen Aktivitäten im literarischen Untergrund.

Dieses Leben forderte seinen seelischen Preis. Als Le Senne mit der STN über eine Stelle zu verhandeln begann, stellte er mit 24 Livres für die Seite Prosa, garantiertem Einkommen für fünf Jahre, Erstattung von Reisekosten und Unterstützung bei der Suche nach einem Chalet für ihn und seine Angehörigen kühne Forderungen. Bald aber gab er seine fürsorglichen Reden über die Witwe Bauprais auf und flehte, bescheiden geworden, um jede Art Arbeit, die die Schweizer ihm bieten konnten. Er bot an, zu Fuß nach Neuchâtel zu kommen, Manuskripte zu korrigieren und Fahnen zu lesen, zu jedem Lohn, den man ihm zu zahlen bereit war. Als die STN ihm mitteilte, daß sie ihn nicht anstellen konnte, bat er, ihm anderswo, in Bellelay, Soleure, Fribourg oder Bern irgendeine Stelle zu besorgen, ihn über Wasser zu halten und vor dem Gefängnis zu bewahren. Als er dann um einen Platz in einem Kloster und eine Stelle als Lehrer nachsuchte, hatte er seine früheren Angriffe auf das Klosterwesen und die ungerechte Anhäufung kirchlicher Reichtümer vergessen. Als er in den Genuß einer Atempause und einer kirchlichen Pension in Auxerre kam, brandmarkte er Voltaires Gottlosigkeiten, als hätte er niemals vorgehabt, eine Anthologie von ihnen herauszugeben, und nachdem es mit seiner Stellung in Auxerre vorbei war, kehrte er zu seinen Angriffen gegen den höheren Klerus zurück. Arme Teufel konnten es sich nicht leisten, konsequent zu sein. Sie waren käuflich und schrieben alles, was der Meistbietende verlangte, wenn sie jemanden fanden, der sie kaufte. Deshalb machten sie in kontroversen Fragen auf gegnerischen Seiten Propaganda und schlossen sich, wie alle Mitläufer, dem Lager an, das ihnen Brot gab.

Trotzdem scheinen sie sich nicht gleichmäßig auf die Parteien verteilt zu haben. Voltaire und Diderot ließen in ihren Schriften die armen Teufel als die Spießgesellen ihrer Feinde, Fréron, Palissot und der anderen antiphilosophes auftreten, Le Senne aber gehörte zu ihrem Freund d'Alembert, und sein Fall legt die Vermutung nahe, daß seine Genossen eher dazu tendierten, Frondeure der alten Ordnung als ihre Parteigänger zu sein. Es mag natürlich sein, daß Le Senne für dieses Milieu nicht typisch ist. Die meisten Männer, die ihm angehörten, waren zu unbekannt, um irgendeine Lebensspur zu hinterlassen, so daß man kaum etwas darüber wissen kann, wie sie in ihrer Mehrheit dachten und sich verhielten. Wo ihre Namen noch bekannt sind, erscheinen sie meistens in Polizeiberichten und in den Archiven der Bastille, in denen der Anteil der Hausierer mit Büchern und der Verfasser von Flugschriften ziemlich hoch ist. Das Risiko des Gewerbes waren ›lettres de cachet‹, und sie flößten den Lohnschreibern und geheimen Buchhändlern gegenüber der Regierung nicht gerade Wohlwollen ein. Ohne Frage begegnete die Regierung ihnen mit Mißtrauen: sie beschäftigte Spitzel und Polizeibeamte, um ihren Unternehmungen auf der Spur zu bleiben, und diese Aktivitäten pflegten illegal, wenn nicht aufrührerisch zu sein, da die armen Teufel auf die Herstellung und Verbreitung geächteter Literatur spezialisiert waren. Sie waren bereit, für die Regierung zu schreiben, wenn man ihnen die Möglichkeit dazu bot – Le Senne hat wahrscheinlich, wie er behauptete, für Necker Propagandaschriften verfaßt –, aber ihr hauptsächliches Betätigungsfeld lag außerhalb des Gesetzes. Unwiderstehlich wurden sie vom literarischen Untergrund in die Illegalität getrieben und zu natürlichen Feinden des Staates gemacht.

Auch Außenseiter und sogar Kriminelle wurden vom literarischen Untergrund angezogen. Die Männer in der Umgebung Le Sennes wußten, wie sie sich als aufrechte Bürger der Gelehrtenrepublik präsentieren mußten, wenn sie den ersten Kontakt nach Neuchâtel hergestellt hatten. In Empfehlungsschreiben an die STN bürgten sie einer für die Redlichkeit des anderen und wahrten eine geschlossene Front der Integrität, solange es ihr gemeinsames Bemühen war, die Schweizer auszunutzen. Bald aber gerieten sie über die Beute aneinander und gaben in ihren späteren Briefen nach Neuchâtel ein ganz anderes Bild von der Moral der anderen. Quandet enthüllte, daß die Cugnets ihre Tochter vermieteten, gerade so wie Rameaus Neffe seine Frau anzubieten versuchte. Die Cugnets und Quandet schrieben, daß Le Senne ein heruntergekommenes Geschöpf sei, der Jahre im Gefängnis zugebracht habe, und er wiederum beschrieb sie als Schurken und Diebe. In der Tat übertrafen sie ihn darin, wie sie die Schweizer hintergingen. Doch das ist eine andere Geschichte. Hier sei nur soviel gesagt, daß am Ende Quandet die STN um 10 145 Livres erleichterte und durch eine ›lettre de cachet‹ aus Paris vertrieben wurde, während Cugnet 830 Livres veruntreute, ehe er sich in die Provinz absetzte.

Le Sennes Veruntreuung belief sich auf eine relativ bescheidene Summe, doch daran zeigte sich der Widerspruch zwischen seinen hohen Ansprüchen und der Niedrigkeit seiner Handlungsweise. Nach jedem Mißerfolg und jeder Erniedrigung mußte er einen neuen Versuch machen und um mehr bitten. Nachdem es ihm nicht gelungen war, respektabel zu werden, mußte er von schmutzigen Geschäften und kleinen Gaunereien leben. Das Geschäft mit literarischem Schmutz machte ihn krank – er klagte häufig über schlechte Gesundheit und Erschöpfung – und ebenso verletzte es sein Selbstgefühl. Man kann natürlich nur nach seinen Briefen urteilen und nicht in seine Seele blicken, die Briefe aber zeigen, was es bedeutete, am Ende, krank, ausgehungert und voller Angst zu sein. Auch wenn man ihren berechneten, stilisierten Appell an das Mitgefühl der Schweizer in Rechnung stellt, wird in ihnen echte Seelenqual spürbar. Sie zeigen den philosophe als einen gebrochenen Mann, erledigt in Paris und auf den Straßen der Provinz, von Hunger und Angst von einem Ort zum anderen getrieben. Mit etwas mehr Talent, Geld und Glück hätte aus Le Senne ein respektabler Abbé-philosophe wie Condiallac, Morellet oder Raynal werden können. Sein Leben schien die bittere Einsicht von Rameaus Neffen zu bestätigen: »Verfluchte Zufälle führen uns und führen uns sehr schlecht.«[79] Er verkam zu einem Geächteten und Ausgestoßenen, der im tiefsten Winter zu Fuß herumirrte, von Almosen lebte, sich unter falschem Namen verbarg, auf der Flucht vor einer lettre de cachet und nur durch die Hoffnung aufrecht gehalten, Zuflucht in einem Schweizer Häuschen zu finden, das so unerreichbar war wie ein Luftschloß. Was ist aus ihm geworden, nachdem er auf seinen Wanderungen untertauchte? Hat er während der Revolution eine Rolle gespielt? Man kann es nicht sagen, weil er 1784 verschwand, ohne eine Spur zu hinterlassen. Aber man kann ihn sich leicht unter den Anhängern von Jacques Roux vorstellen. Seine Erfahrungen erklären die Wut der ›enragés‹: es war ein abgrundtiefer Haß gegen das Regime, dessen Korruption sich ihres eigenen inneren Lebens bemächtigt hatte.

Um in die innere Welt der armen Teufel vorzudringen, muß man nicht Voltaire Gehör geben, der nur Verachtung für sie empfand, sondern Diderot, der viele Jahre lang als ein armer Lohnschreiber gelebt hatte, der die durch Armut verursachte Erniedrigung verstand und einfühlsam über enttäuschten Ehrgeiz, Deklassierung und Außenseitertum zu schreiben wußte. *Le Neveu de Rameau* – ein Dialog zwischen einem ehrbaren, erfolgreichen philosophe und einem Außenseiter, einem Untergrundgenie – ist Diderots Antwort auf »Le Pauvre Diable«, ebenfalls ein Dialog zwischen einem impliziten ›Moi‹ und ›Lui‹. Während Voltaire seine Figur nur dazu benutzte, um seinen Feinden eins auszuwischen, ist Diderot zu einer tieferen psychischen Wirklichkeit vorgedrungen. *Le Neveu de Rameau* läßt sich tatsächlich wie ein Kommentar zu Le Sennes Briefen lesen und umgekehrt, denn das Leben Le Sennes und das literarische Werk Diderots spiegeln einander in einer Weise, die wechselseitig erhellend ist.

Rameaus Neffe war kein heiterer Bohemien, sondern ein gequälter Mensch, der unter der Psychologie des ›raté‹ ebenso litt wie am Hunger. Hunger trieb ihn, sich als berufsmäßiger Schmarotzer zu erniedrigen, und Erniedrigung ließ ihn die Grenzen der zivilisierten Gesellschaft in eine gefährliche Randexistenz überschreiten: »...aber wenn es natürlich ist, Appetit zu haben – denn ich komme immer zum Appetit zurück, zu der Empfindung, die mir immer gegenwärtig ist –, so finde ich, daß es keine gute Ordnung sei, nicht immer etwas zu essen zu haben. Welche Teufelseinrichtung! Menschen, die alles übervoll haben, indessen andre, eben auch wie sie mit ungestümen Mägen, wie sie mit einem wiederkehrenden Hunger, nichts für ihren Zahn finden.« Unter Diderots rascher Feder nahm das Denken eine revolutionäre Wendung. Eine Revolution aber blieb unter Ludwig XV. undenkbar, und das Denken kehrte sich wieder nach innen. »Und dann ist die gezwungene Stellung, in der uns das Bedürfnis hält, das Allerschlimmste. Der bedürftige Mensch geht nicht wie ein andrer, er springt, er kriecht, er krümmt sich, er schleppt sich und bringt sein Leben zu, indem er Positionen erdenkt und ausführt.«[80] Dieses Kriechen und Speichellecken verletzt, wie der Neffe (Lui) bekennt, seine Ehre.

ICH: Ja! Eure Würde macht mich lachen.
ER: Jeder hat die seinige. Ich will die meine vergessen, aber nach Belieben und nicht auf fremden Befehl. Sollte man mir sagen: Krieche! und ich müßte kriechen? Der Wurm kriecht wohl, ich auch, und wir wandern beide so fort, wenn man uns gehn läßt; aber wir bäumen uns, wenn man uns auf den Schwanz tritt.[81]

Ein Aufstand der Würmer war eine Absurdität, doch wenn auch die Würmer nichts umstürzen konnten, so konnten sie doch unterminieren. Rameaus Neffe erklärte, daß sie Rache nähmen in einer »Bettlerpantomime«, die alles Anständige und Ehrbare in der kultivierten Gesellschaft (le monde) lächerlich machte. Indem er seine Herren der Lächerlichkeit preisgab, rettete er etwas von seinem Stolz, und er kam mit metaphorischem Mord davon, weil er vollkommen in einer Rolle aufging, bei der es zum Spiel dazugehörte, sich danebenzubenehmen. Er machte sich zum überragenden Clown des ›monde‹, und wie der Hofnarr konnte der Salonkomödiant Wunden zufügen und als Possenreißer seine Unschuld bewahren. Sein selbstgewähltes exzentrisches Betragen stellte ihn außerhalb der Grenzen der Höflichkeit, außerhalb der Gesellschaft, in einen Hobbesschen Naturzustand, in dem das Bedürfnis regierte. Rameaus Neffe und seine Kohorten lebten in einer moralischen Wildnis und betrugen sich, wenn sie sich am Tisch ihres Patrons versammelten, wie die Tiere: »Wenn man uns aufnimmt, kennt man uns nicht als das, was wir sind, als eigennützige, niederträchtige, treulose Seelen? Kennt man uns, so ist alles getan. Es besteht nun eine stillschweigende Übereinkunft, daß man uns Gutes tun wird und daß wir, früher oder später, das Gute mit Bösem vergelten werden. Diese Übereinkunft, besteht sie nicht zwischen dem Menschen und seinem Affen und seinem Papagei?... Was würdet Ihr sagen..., wenn wir verlangten, daß wir mit schändlichen Sitten der allgemeinen Achtung genießen sollten? Nicht wahr, daß wir toll sind? Aber jene, die ein rechtliches Betragen von seiten lasterhafter Menschen, weggeworfner und niedriger Charaktere erwarten, sind denn die klug? Alles erhält seinen wahren Lohn in dieser Welt. Es gibt zwei Generalprokuratoren, einer, der Euch aufpaßt und die Verbrechen gegen die Gesellschaft bestraft, die Natur ist der andre. Diese kennt alle Laster, welche den Gesetzen entwischen.«[82] Indem Rameaus Neffe mit so gnadenloser Klarheit seine Ausartung wahrnahm und sie akzeptierte, legte er seine Menschlichkeit ab. Er opferte seine Seele seinem Magen, und dieses Opfer schmerzte, denn er wußte, daß er den kostbarsten Teil seines Selbst zerstört hatte. Eine solche selbst beigebrachte Wunde dürfte auch Le Senne am meisten geschmerzt haben, als er sich gegen sein Herumvagabundieren zur Wehr setzte, indem er als »Bauprais, Lehrer für junge Menschen« posierte und abwechselnd mit den Gottlosigkeiten seines Gönners d'Alembert hausieren ging oder sie brandmarkte.

Le Neveu de Rameau gehört zu einer Untergrundströmung der französischen Literatur, die von Villon bis zu Genet reicht. Zugleich aber kommt darin etwas für die Welt Le Sennes Charakteristisches zum Ausdruck. Mit seiner antisozialen Ethik formulierte Rameaus Neffe den ungeschriebenen Kodex des literarischen Untergrundes. Indem er sich außerhalb der Grenzen der Wohlanständigkeit plazierte, definierte er die Situation der elenden Skribenten, und indem er die Hypokrisie des ›monde‹ entlarvte, verschaffte er dem Haß der kleinen Schreiberlinge auf das System, das sie korrumpiert hatte, ein Ventil. Seine Extravaganz war repräsentativ für eine wichtige Seite des literarischen Lebens im achtzehnten Jahrhundert, als die Grenze zwischen Literatur und Leben zu verschwinden begann. Um diese Figur zu schaffen, mußte Diderot aus einer Vielzahl von Leben, einschließlich seines eigenen, das Wesentliche herausdestillieren, doch das Rohmaterial wird durch den Text hindurch nicht sichtbar. Wenn man einen wirklichen armen Teufel in den Fallstricken seiner wirklichen Laufbahn taumeln sieht, dann versteht man, warum die armen Teufel zu einem so wichtigen literarischen Thema werden konnten. Die ›condition humaine‹, wie sie von einer Vielzahl von Schriftstellern erlebt worden war, kam darin zur Darstellung. Umgekehrt kann man Diderots Text lesen, um eine Vorstellung davon zu gewinnen, wie es in einem Mann wie Le Senne ausgesehen haben mag. Natürlich kann man nicht wissen, ob der Abbé so empfand und dachte wie Rameaus Neffe, man kann nur soviel sagen, daß *Le Neveu de Rameau* in gehobener, fiktionaler Form die Denkweise der armen Teufel ausdrückt. Bestreitet man Diderots Dichtung jedoch die Bedeutung für das Verständnis einer realen historischen Gestalt, dann verliert die Geschichtsschreibung eine fruchtbare Quelle der Erkenntnis. Durch eine geringfügige Suspendierung des Zweifels könnten Literatur und Geschichte einander gute Dienste leisten. *Le Neveu de Rameau* läßt die psychologischen Dimensionen des Lebens eines Le Senne erahnen, und Le Sennes wirkliches Leben enthüllt den sozialen Kontext des *Neveu de Rameau*. Zusammengenommen machen sie den Überlebenskampf im literarischen Untergrund und die Spannungen verständlich, von denen die Gelehrtenrepublik am Vorabend der Französischen Revolution zerrissen wurde.

Ein Untergrundbuchhändler
in der Provinz

Obwohl der geheime Buchhandel des Ancien Régime das Interesse einiger Forscher gefunden hat, hat niemand bisher sehr viel über die Bücher, die »unter dem Mantel« gehandelt wurden, oder über die zweifelhaften Gestalten, die mit ihnen Handel trieben, in Erfahrung bringen können. Der literarische Untergrund ist immer nur aus dem Blickwinkel des Staates erforscht worden – unvermeidlicherweise, weil die Dokumente fast ausschließlich von den mit der Unterdrückung illegaler Bücher befaßten Behörden stammten. In den Akten der Société typographique de Neuchâtel erscheinen die Untergrundbuchhändler dagegen als höchst reale Personen, die sich mit sehr menschlichen Problemen herumschlagen – mit Krankheiten, Einsamkeit, Fehlschlägen und vor allem mit den Enttäuschungen ihres schwierigen Gewerbes. Indem wir die Welt eines dieser Männer genauer erkunden, können wir sehen, wie man im Untergrund operierte und was für Stoff er gewöhnlichen Lesern in einer gewöhnlichen Stadt anbot.

Die STN war einer von den vielen Verlagen, die sich entlang der französischen Grenze niederließen, um die Franzosen mit Büchern zu versorgen, die innerhalb des Königreichs nicht legal oder ungefährdet hergestellt werden konnten. Einige dieser Verlage waren auf ›livres philosophiques‹ spezialisiert, wie man in diesem Gewerbe sagte – obszöne, religionsfeindliche oder aufrührerische Werke. Andere verlegten billige Raubdrucke von Büchern, für die der französische Buchhandel ein ›privilège‹, eine Art Copyright, besaß. Die STN betätigte sich in beiden Bereichen, und oft gingen bei ihr durch geheime Kanäle des Untergrundes Manuskripte unbekannter Autoren ein, die ein Buch billig und sicher gedruckt haben wollten. Ein derartiger Vorschlag erreichte sie unter dem Datum des 14. April 1781 aus Tonnerre und war mit »De Mauvelain, écuyer« unterzeichnet. Mauvelain wollte »eine schmale Broschüre über Mönche« drucken lassen.[1] Die STN war ihm von einem Freund empfohlen worden, und zwar von Jacques-Pierre Brissot de Warville, dem späteren Girondistenführer, der sich damals bemühte, als Literat Fuß zu fassen, und die STN beauftragt hatte, seine ersten philosophischen Werke zu drucken. Die STN akzeptierte, und Mauvelain schrieb zurück, daß er sich freue, zu ihnen in Beziehung zu treten. Er wolle seine Flugschrift durch einen »Brief über Besserungs- anstalten in Frankreich« erweitern[2], und das war nur der Anfang seiner Publikationspläne: in einem nicht abreißenden Strom von Briefen spulte er die verschiedensten Vorschläge und Projekte ab und präsen- tierte sich als emsiger Gelehrter und philosophe, der über alte Manu- skripte gebeugt und über ewige Wahrheiten nachsinnend sogar seine Gesundheit ruiniert hatte. Seine Leiden waren ein andres Thema seiner Briefe: »Zu langes Sitzen bringt die Säfte zum Stillstand, die Körper- gänge verstopfen, es kommt zu Kopfschmerz und Magenbeschwerden, und der ganze Körper gerät in Unordnung.«[3]

Doch Mauvelain war kein Eremit. Er schrieb wie ein Weltmann. 1782 teilte er mit, er sei nach Troyes gezogen, wo er in der besten Gesellschaft verkehre. Seine früheren Projekte hatte er fallengelassen und verwandte sich in seinem Brief für einen dort ansässigen Rechtsan- walt namens Millon, der eine philosophische Abhandlung zum Druck bringen wollte. »Wie ich höre, ist er kein großes Genie und besitzt keine Manieren oder kein Gespür dafür, wie man sich in der Gesell- schaft aufführt, was nicht überrascht, da er der Sohn eines Kneipenwir- tes ist... Aber er hat Geld, und man geht kein Risiko ein, wenn man sich finanziell mit ihm einläßt.«[4] Mauvelain war also zu allem auch noch ein Snob, und seine Briefe verdeutlichen seine überlegene Stellung zur Genüge. In der Verlagskorrespondenz des achtzehnten Jahrhun- derts waren derartige Briefe keine Seltenheit, weil man zum Schutz gegen Betrüger auf sie angewiesen war. Durch Schuldner und Schwind- ler in seinen eigenen Reihen litt der geheime Buchhandel größeren Schaden als von der Polizei, und deshalb taucht im Briefwechsel der Buchhändler der Ausdruck ›confiance‹ wie ein Leitmotiv immer wieder auf. Sie gewährten und entzogen Vertrauen wie Kredit und verabreich- ten es je nach der Zuverlässigkeit ihrer Kunden in sorgfältig bemesse- nen Dosen.

In seinem nächsten Brief trat Mauvelain wiederum in der Rolle des Empfehlenden auf, dieses Mal für einen gewissen Bouvet, den er als einen der wichtigsten Buchhändler der Region schilderte. Er erklärte, daß er Mieter eines Teils des Bouvetschen Hauses sei, und daß der Buchhändler, der sein Lager vergrößern wolle, ihn um eine Empfehlung bei der STN gebeten habe. »Ich tue dies mit Vergnügen«, schrieb Mauvelain, »denn er ist ein anständiger Kerl, der Sie gut, sehr gut bezahlen wird. Ich verspreche, daß ich darauf ein Auge haben werde.«[5] Mauvelain machte deutlich, daß er als vornehmer Autor lediglich einem Freund aus einfachen Verhältnissen einen Gefallen tun und darauf achten wolle, daß die Schweizer ihr Vertrauen nicht einem Falschen schenkten. Wie ein Luchs werde er seinen Vermieter beobachten und sogar seine Miete einbehalten, wenn Bouvet der STN nicht pünktlich zahle. So brennend wünsche er der STN zu Diensten zu sein, daß er alle ihre Angelegenheiten mit Bouvet regeln wolle: er wolle Bouvets Aufträge übermitteln (es stellte sich heraus, daß Bouvet ohnehin kaum schreiben konnte), wolle für die Zahlungen Sorge tragen und sogar die Buchlieferungen in Empfang nehmen, da Kisten, die an einen vornehmen Herrn adressiert seien, kaum den Verdacht der Polizei wecken würden.

Gelegentlich wollte er selbst auch ein paar Bücher als Geschenk für Freunde ordern, und tatsächlich bestellte er gleich achtunddreißig Stück. Sie behandelten eine ganze Reihe von Themen – belles-lettres, Geschichte, Naturgeschichte –, darunter war aber auch ein halbes Dutzend verbotener Bücher wie *Les Fastes de Louis XV* und *L'Espion dévalisé*, die Mauvelain wie beiläufig in seine Bestellung aufnahm, als wollte er prüfen, ob die STN bereit und fähig war, sie zu besorgen. Bouvets Bestellung, die Mauvelain in einem Begleitbrief aufschrieb, enthielt einen größeren Anteil illegaler Literatur: *Anecdotes sur Mme Du Barry, Vénus dans le cloître, La Fille de joie, Les trois imposteurs* und manches andere. Bouvet benötigte die Bücher rechtzeig zur Messe, die in Troyes am 15. März eröffnete, und für den Fall, daß diese Lieferung mit Erfolg an den Behörden vorbeigeleitet werden konnte, kündigte Mauvelain an: »Wir werden später miteinander noch gut ins Geschäft kommen.«[6]

Alles lief bestens: die Kiste verließ Neuchâtel am 6. Februar und traf am 12. März in Troyes ein, eine beachtliche Zeit für einen geheimen Transport über 210 Meilen und weite Strecken durchs Gebirge. Von dieser ersten Erfahrung ermutigt, begann Mauvelain eine Bestellung nach der anderen zu machen, wobei der Anteil der verbotenen Schriften allmählich größer wurde, und jedesmal unterließ er es, einen Wechsel zur Bezahlung zu schicken. Am 9. April, als er seine vierte Bestellung aufgab, ließ sich die Frage der Bezahlung nicht länger umgehen. Der für ihn bequemste Zahlungsmodus, so erklärte er, sei es, seine Schulden auflaufen zu lassen, bis er sie von Paris aus mit einem einzigen Wechsel begleichen konnte. »Machen Sie sich bitte keine Sorgen: alles wird gutgehen … und *bitte* besorgen Sie die verbotenen Bücher für mich.«[7]

»De Mauvelain, écuyer« behandelte finanzielle Dinge mit aristokratischer Lässigkeit. Statt den versprochenen Wechsel einzureichen, sandte er der STN am 3. Mai einen Eberkopf, »noch heiß« von der Jagd, und dazu ausführliche Anleitungen, wie er zuzubereiten und zu essen sei. Der Eberkopf reiste mit der Kutsche (Mauvelain erklärte, daß die Haltbarkeit im Winter drei Monate und im Sommer sechs Wochen betrug) und überstand die Reise so gut wie die Bücher. Die Neuchâteler erhielten ihn »in gutem Zustand« und verzehrten ihn »in guter Gesellschaft«.[8] So erfüllte er bestens den ihm zugedachten Zweck, der, wie Mauvelain in zunehmend vertraulichem Ton sagte, darin bestand, die Freundschaft zu den Verlegern zu befestigen. Es ist ein farbiger Briefwechsel, voll von Klatsch und überraschenden Anekdoten (Mauvelain erzählt von dem Gerücht, daß der Genfer See infolge eines Erdbebens in Burgund koche, und daß Louis Sébastien Mercier in den Armen des Abbé Raynal gestorben sei). Mauvelains Briefe vermitteln ein lebendiges Bild von einem Bonvivant des achtzehnten Jahrhunderts. Sie zeigen ihn als einen ziemlich großen, dicken Mann von Anfang vierzig, der in Rabelaischer Manier den Freuden der Tafel und des Bettes zuspricht, und sie enthalten eine Fülle amüsanter Bemerkungen über Eberköpfe und -zungen, Schweinshaxen, Frauen und Priester, überschreiten jedoch niemals die Grenze des Schicklichen. Mauvelain erging sich in Voltairescher Respektlosigkeit, aber er selbst wollte dabei als feiner Herr und Gelehrter wirken. So ist es kein Wunder, daß er die STN amüsierte, bestrickte und für sich einnahm … und genau das wollte er erreichen. Seine Briefe zielten darauf ab, das Vertrauen der STN zu gewinnen. Eingestreut zwischen seine Scherze waren Buchbestellungen, und nach und nach und fast unmerklich ließ Mauvelain seine Bestellungen immer mehr und immer umfänglicher werden und vermied die Frage der Bezahlung. Nachdem er im Mai 1784 eine Lieferung erhalten hatte, schickte er nicht, wie üblich und wie versprochen, einen Wechsel, sondern bot nochmals einen Eberkopf und ein paar Zungen an und wurde in seinem Ton immer vertraulicher: »Wir wollen Freunde sein, mein Herr, ich bitte Sie.« Er kündigte an, daß er nach Neuchâtel reisen wolle, »Sie zu umarmen, ein heftiges Bedürfnis, das mich nicht losläßt«.[9] Er wollte Fleisch mitbringen – und Geld, denn die Bezahlung seiner Rechnungen knüpfte er nun an seine Reise nach Neuchâtel, die in den folgenden Briefen immer wieder aufgeschoben wurde.

Dieser Trick funktionierte. Im Sommer 1784 hatte Mauvelain die Schweizer so sehr für sich eingenommen, daß sie bereit waren, ihn regelmäßig und in großem Maßstab mit verbotenen Büchern zu versorgen. An diesem Punkt gab Mauvelain die Pose des Gelehrten auf und ließ sich fortan wie ein professioneller Untergrundbuchhändler vernehmen. Diese Verwandlung wurde in dreifacher Hinsicht erkennbar.

Erstens waren die Manuskripte, die er anbot, jetzt keine philosophischen oder historischen Abhandlungen mehr, deren Drucklegung er bezahlen wollte, sondern es handelte sich um Untergrundliteratur, die er zum Kauf anbot. Zum Beispiel bot er ein polemisches Werk über die französischen Finanzen an, das durch die um Neckers Ministerium entfachte Kontroverse Geld bringen sollte: »Es wird gepfeffert sein und sich gut verkaufen.«[10] Danach bot er »einen kleinen Roman« an und »eine antiklerikale Posse, unter dem Namen eines Kapuzinerpaters verfaßt.«[11] Dann ein religionsfeindliches Manuskript von einem seiner Kontaktleute im Untergrund: »Das Buch ist gut, wirklich ein ausgezeichnetes Werk, das alles untergräbt, was die Bibel, das erste Buch Mosis über die Schöpfung lehrt. Ich verspreche Ihnen, daß es sich gut verkaufen wird.«[12] Und schließlich eine Anthologie erotischer Poesie, die ein anderer befreundeter Lohnschreiber zusammengestellt hatte: »Es sind einige bezaubernde Sachen darin, es wird sich verkaufen ... ja, glauben Sie mir, es wird sich verkaufen. Diese Sorte Bücher verkauft sich immer.«[13]

Zweitens hielt Mauvelain die anderen Buchhändler in Troyes vom Geschäft mit der STN fern. Im Gegensatz zu seinen früheren Briefen war Bouvet jetzt eine Randfigur, schlitterte am Bankrott entlang und hatte es versäumt, seine Rechnungen zu bezahlen, und man rechnete damit, daß er jeden Augenblick die Stadt verlassen mußte. Mauvelain erbot sich, als Geldeintreiber für die STN tätig zu werden und überredete die Schweizer, ihm Vollmacht zu geben, so daß er für sie Geschäfte abschließen oder Bouvet vor Gericht bringen konnte. Gleichzeitig wurde er der Vertreter der STN in den Verhandlungen mit den beiden anderen Buchhändlern der Stadt, André und Sainton, die ihr ebenfalls kleinere Summen schuldeten. Er schwärzte sie in seinen Briefen als ›coquins‹ und ›fripons‹ an: »Die Bouvets, Andrés und Saintons sind überall Schurken, mit denen nichts anzufangen ist, wenn man sie nicht vor Gericht bringt.«[14] Diesem Urteil über »das verdrehte und verkommene Buchhändlerpack in Troyes« stimmte die STN zu[15] und gab ihm die Vollmacht, alle ihre Rechnungen einzutreiben.

Drittens begann Mauvelain nun ganz professionell über den Transport der Bücher zu verhandeln. Damit kommen wir zum Thema des Bücherschmuggels, das eine Abschweifung verlangt, da Mauvelains Unterhandlungen mit der STN die seltene Gelegenheit bieten, Schmuggler bei ihren Operationen zu beobachten.

Im achtzehnten Jahrhundert betrachteten die Schmuggler sich als Geschäftsleute – als ›assureurs‹ – und bezeichneten ihr Gewerbe als ›assurance‹ oder Versicherung. Am 16. August 1783 unterzeichnete einer dieser Versicherungsunternehmer, ein gewisser Faivre aus Pontarlier, einen Vertrag mit der STN. Darin verpflichtete er sich, die Bücherkisten der STN für 15 Livres pro Zentner über die schweizerisch-französische Grenze zu bringen, zahlbar von den Kunden der STN bei Empfang der Ware. Faivre war gehalten, im Falle daß die Kisten von den französischen Zollbehörden beschlagnahmt wurden, eine Entschädigung in Höhe des Großhandelspreises der Bücher zu leisten. Für die eigentliche Arbeit mietete er Trägerkolonnen, die von »Kapitänen« befehligt wurden. Nach Anbruch der Dunkelheit und einem kostenlosen Umtrunk in einer Kneipe in Les Verrières auf der Schweizer Seite holte man die Bücher aus einem geheimen Lager und lud sie sich in Fünfzig-Pfund-Packen auf den Rücken. Auf beschwerlichen Gebirgspfaden wurden sie zu einem geheimen Zwischenlager in Pontarlier in Frankreich gebracht, und dort erhielten die Träger ein paar Sous für ihre Arbeit. Erwischte man sie, dann konnten sie zum Galgen verurteilt werden.

Faivres System, das den Versicherungsunternehmen anderer Agenten an der Grenze genau glich, funktionierte recht gut bis August 1784, als die Franzosen fünf Kisten von Mirabeaus pornographischem Traktat *Le libertin de qualité* beschlagnahmten, die im Auftrag eines anderen Buchhändlers aus Neuchâtel von einem anderen Versicherer über die Grenze geschmuggelt wurden. Dieser »Schlag« stiftete an der Route von Pontarlier, die einer der wichtigsten Kanäle zur Versorgung Frankreichs mit verbotenen Büchern war, einige Verwirrung. Obwohl Faivres Träger nicht betroffen waren, berichtete er, daß sie sich nun weigerten, das geringste Risiko einzugehen, und dies zu Recht: »Die Zollbeamten sind Tag und Nacht auf dem Posten.«[16] »Und in Les Verrières gibt es Spitzel und Schufte, die meine Männer an die Polizei verkaufen.«[17] Faivre befahl Michaut, dem Lagerhalter in Les Verrières, sieben Kisten auf einem nahegelegenen Berggipfel zu verstecken, und dann begann er, seine Route allmählich wieder aufzubauen. Es stellte sich heraus, daß dies nur eine Zeitfrage war. Nachdem sich die Aufregung gelegt hatte, gelang es Faivre, einige Zollbeamte zu bestechen (sie erhielten auch Freiexemplare pornographischer Bücher), er erhöhte den Lohn seiner Träger und erschloß neue Schmuggelpfade, die nachts begangen wurden. Mauvelains sieben Kisten lassen sich also Schritt für Schritt und Woche für Woche auf ihrem Weg von Neuchâtel nach Troyes verfolgen. Das Quellenmaterial ist so ergiebig, daß sogar eine wirtschaftliche Analyse des Versicherungsgeschäfts vorgenommen werden kann (siehe Karte).

Zunächst ist natürlich klar, daß es sich keineswegs um ein romantisches Abenteuer handelte, sondern daß der Schmuggel ein kompliziertes Geschäft war. Es bedurfte einer beträchtlichen Geschicklichkeit in der Koordination einer komplizierten Organisation und im Vermeiden von Reinfällen. Besonders gewitzt mußte der Versicherer in der Einschätzung seiner Gewinnspanne und seiner Risiken sein. Die sieben Kisten Mauvelains hatten einen Großhandelswert von 1019 Livres und 11 Sous. Sie wogen 440 Pfund (poids de marc). Die Gesamtkosten für Abfertigung und Transport beliefen sich auf 148 Livres undd 14 Sous oder 14,7 Prozent des Großhandelspreises. In diesen Kosten eingeschlossen waren 66 Livres für Versicherung – nur 6,5 Prozent des Wertes, was gemessen an dem Risiko Faivres wenig war.

Mauvelain fand die Kosten insgesamt jedoch übertrieben und beklagte sich bitter darüber, daß er von Mittelsleuten betrogen werde. Seiner Schätzung nach erhöhte sich durch Transport- und Umschlagkosten der Preis für jeden einzelnen Band etwa um 6 Sous: »Hier ein Beispiel. Ihr fordert 25 Sous für *Barjac [Le Vicomte de Barjac*, ein erotisches Pamphlet von Luchet]; 6 Sous Umschlagkosten, macht 31 Sous; 3 Sous fürs Broschieren, macht 34 Sous; mindestens 1 bis 2 Sous Unkosten und Postgebühren, macht 36. Und zu diesem Preis wird das Buch hier bereits verkauft.«[18] Er fügte hinzu, daß er bei jedem Buch mit 33 Prozent Gewinn rechne, so daß sein *Barjac* bereits 44 Sous kosten mußte, 8 Sous mehr als der Preis, zu dem er von anderen Händlern in der Region angeboten wurde, und fast doppelt so viel wie der Großhandelspreis des Buches.

Mauvelains Aufstellungen waren etwas übertrieben, da er von der STN einen Nachlaß erwirken wollte und weil er über die Kosten stritt, um Zahlungen zu vermeiden – ein typischer Spaß jedes Untergrundbuchhändlers. Trotzdem, seine Erfahrung mit diesen sieben Kisten zeigt, daß der Vertrieb unerlaubter Bücher ebenso teuer sein konnte wie ihre Herstellung. Zwischen dem Augenblick, in dem ein Buch den Hersteller verließ, und dem, wo es den Verbraucher erreichte, konnte ein Buch seinen Preis verdoppeln. Warum?

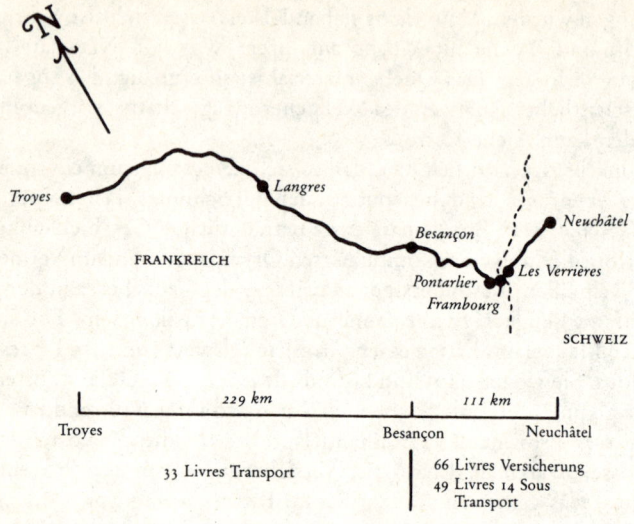

Abwicklung eines Auftrags

1) März–Juni 1784, Mauvelain erteilt seine Aufträge in einer Folge von vier Briefen.

2) Um den 26. Juli gehen bei der STN sieben Kisten mit den Nummern BM 107–110, BT 120 und BM 112–122 ein.

3) 4. Oktober. Faivre berichtet, daß alle Kisten wegen der schwierigen Lage an der Grenze in Michauts Lagerhaus in Verrières untergebracht worden seien.

4) 14. Oktober. Faivre teilt mit, er habe den Schmuggel neu organisiert: die Zollbeamten in Frambourg seien gewonnen, und die Träger würden ihre Arbeit bald wieder aufnehmen.

5) 12. November. Die ersten fünf von Mauvelains Kisten gelangen über die Grenze.

6) 18. November. Die restlichen Kisten treffen wohlbehalten in Pontarlier ein und werden am nächsten Tag von Faivre an Péchy in Besançon geliefert.

7) Anfang Dezember, Pécheys Fuhrmann Claude Carteret lädt die sieben Kisten in Besançon auf sein Fuhrwerk und bricht nach Troyes auf.

8) 31. Dezember, Mauvelain bestätigt den Empfang der Kisten, die einige Zeit zuvor eingetroffen sind, wahrscheinlich kurz nach dem 13. Dezember.

Die Versicherungskosten waren eigentlich nicht übertrieben hoch, wie Mauvelain stillschweigend einräumte, indem er Faivres Dienste weiterhin in Anspruch nahm. In diesem Fall waren nicht die Schmuggler, sondern die anderen Mittelsleute die Schuldigen. Eine Aufteilung der Frachtkosten zeigt, daß Mauvelain für das Teilstück Neuchâtel–Besançon doppelt so viel Transportkosten hatte wie für die Strecke Besançon–Troyes – obwohl diese doppelt so lang war (wenn auch freilich nicht so gebirgig). Mauvelain war von Péchey, dem Frachtagenten in Besançon, oder von Carteret, dem Fuhrmann, hereingelegt worden: so die Erklärung der STN. Es gab Mittel und Wege, sich vor derartiger Übervorteilung zu schützen, und die STN schlug einige davon Mauvelain vor. Doch die Mittelsleute hatten wiederum andere Techniken, um ihre Kunden hereinzulegen. Mauvelains Erfahrung war typisch für den Einzelhandel im Untergrund, und es zeigt eine der größten Schwächen des Untergrundbuchhandels, nämlich die, daß das System auf dem ineffektiven Prinzip der Ehre unter Dieben beruhte.

Die STN selbst sollte diese Lektion im Laufe ihres weiteren Umgangs mit Mauvelain noch lernen. Denn während er von den Fuhrleuten und Zwischenlagerhaltern ausgenommen wurde, beraubte er seinerseits die STN. Anfang 1785 hatte er zwei Jahre lang eine Büchersendung nach der anderen erhalten und seinerseits nichts geschickt außer fünf Dutzend Briefen und einem Eberkopf. Die Schweizer hatten sich von Mauvelains Geschwätz einlullen lassen und waren ihm in unbegreiflicher Vertrauensseligkeit auf den Leim gegangen. Als sie im Frühjahr 1785 zur Besinnung kamen, entdeckten sie, daß Mauvelain ihnen 2405 Livres schuldete (soviel wie ausgebildete Arbeitskräfte wie die Drucker bei der STN in drei Jahren verdienten). Sie schrieben ihm eine scharfe Notiz, in der sie ihn zum Zahlen aufforderten, und erhielten als Antwort eine schwungvolle Beteuerung seiner Unschuld. Mauvelain schrieb entrüstet, daß er gerade jetzt nicht zahlen könne, da er ein kranker Mann sei. Er hatte sich verschiedenen teuren und unangenehmen Operationen im Genitalbereich unterziehen müssen und war für fünf Monate ans Bett gefesselt. In diesem kritischen Augenblick Geld aus ihm herauszupressen, war der Gipfel der Unmenschlichkeit. »Man setzt einem nicht die Pistole auf die Brust... Ungehörigkeit kann ich nicht leiden... Ich fange an zu glauben, daß Ihr habgierig und selbstsüchtig seid und jedermann abscheulich behandelt... Ich bemerke, daß Ihr nicht gewohnt seid, mit wohlerzogenen Leuten umzugehen. Ich bin gekränkt über das, was Ihr mir angetan habt, seid dessen versichert. Dies ist mein letztes Wort.«[19]

Dieser kühne Versuch, den Angriff abzufangen, verschlug freilich nicht, denn die Schweizer hatten in ihren Geschäften mit Mauvelain zwei weitere Unregelmäßigkeiten entdeckt. Erstens entdeckten sie, daß Mauvelain die alte von Bouvet geschuldete Summe von 194 Livres einkassiert und stillschweigend für sich behalten hatte. Dann erfuhren sie noch, daß er 168 Livres für einen kleineren Druckauftrag, den er ihnen für einen Adligen der Gegend vermittelt hatte, veruntreut hatte. So sandten sie Mauvelain eine scharfe Notiz des Inhalts, daß ein Rechtsanwalt in Troyes von ihnen den Auftrag erhalten habe, seine gesamten Schulden einzutreiben oder ihn vor Gericht zu bringen. Darauf blieb Mauvelain wenig zu antworten: er war mit seinen Betrügereien, die er zwei Jahre lang mit Bravour und Scharfsinn betrieben hatte, am Ende.

Er ließ also die Maske fallen und schrieb der STN einen ungewöhnlichen Brief mit seiner gesamten Lebensgeschichte. Er stamme aus Burgund, erzählte er, und gehöre einer vornehmen Familie aus dem Amtsadel an. Seine Rechtslaufbahn sei durch einen Kampf mit einem Angehörigen des Schwertadels beendet worden. Das Gericht hatte ihn verurteilt und er hatte fliehen müssen und lebte nun von einer dürftigen Pension, die er von seiner Familie erhielt. Er besaß keinen Heller, war todkrank und des Lebens überdrüssig. Seine Lage war aber nicht hoffnungslos, denn sein Schwiegervater und sein unverheirateter Bruder waren noch kränker als er, und wenn sie starben, erbte er 300000 Livres. Die STN wäre also gut beraten, wenn sie ihn in Frieden ließe, bis er diese Erbschaft erhielt. Brächte sie ihn vor Gericht, würde sie den Prozeß gewinnen, aber er besitze nichts, was man konfiszieren könne, und der Skandal würde seine Familie veranlassen, ihn zu enterben. Außerdem: »Ich komme aus der Justiz und kenne sie in- und auswendig... Ich warne Euch, wenn Ihr mich vor Gericht bringt, werde ich den Fall durch alle Instanzen treiben bis zur glücklichen Auferstehung unseres Leibes... Schließlich, Messieurs, erlaubt, daß ich Euch an das Sprichwort erinnere, daß man einen Teufel, der keine Haare hat, nicht kämmen kann. Im Augenblick ist genau dies meine Lage.«[20]

Der Rechtsanwalt in Troyes bestätigte Mauvelains Bedürftigkeit, seine Krankheit und die Aussichtslosigkeit eines gerichtlichen Vorgehens, so daß der STN nichts anderes übrigblieb, als auf den Erbschaftsfall zu warten. Mit ihrem Einverständnis schickte er ihnen einen undatierten Wechsel über 2405 Livres und begab sich nach Paris. Dann verschwand er. Die STN sandte verschiedene Agenten und Freunde aus, die nach ihm suchen sollten, aber sie förderten nur die Entdeckung zutage, daß »seine Krankheit unehrenhaft und seine Moral verkommen war«.[21] Bis 1792 führte man ihn in den Büchern der STN in der Rubrik »Schuldner« mit dem Betrag von 2405 Livres, aber wahrscheinlich war er damals bereits an einer Geschlechtskrankheit gestorben.

Es ist eine außergewöhnliche Geschichte, die sich in ihren wesentlichen Zügen nicht von anderen Geschichten von sozialem Abstieg und Außenseitertum in der Gelehrtenrepublik unterscheidet. Auf einer fragwürdigen Ebene verlief Mauvelains Leben parallel zu dem der Skribenten, deren Bücher er unter die Leute brachte. In der Tat bestand zwischen Autoren und Buchhändlern in der literarischen Unterwelt eine gewisse Verwandtschaft: in ihrem gemeinsamen Überlebenskampf unterminierten sie die alte Gesellschaftsordnung. Und es gab sie in größerer Zahl, als man angenommen hat, obwohl sie sich gewöhnlich in den unergründlichen Tiefen der Geschichte verlieren und keine andere Spur hinterlassen als ihre Unterschrift auf einem Polizeibericht, eine Eintragung in den Akten der Bastille oder überhaupt nichts. Mauvelains Fall ist besonders faszinierend in der Detailliertheit seiner Überlieferung. Öffnet man sein Dossier, so zeigt sich ein farbiger Querschnitt durch eine verschwundene Welt und man sieht zum ersten Mal in Großaufnahme eine Welt, deren Tätigkeiten sich im Unsichtbaren abspielen sollten.

Soviel zu der Geschichte eines Mannes, der im literarischen Untergrund operierte und dort zugrunde ging. Wichtiger ist die Geschichte der Bücher Mauvelains.

Jedesmal wenn Mauvelain ein Buch bestellte, hielt ein Schreiber der STN Titel und Zahl der Exemplare in einem Verzeichnis fest, das »Livre de Commissions« hieß.

Ein Überblick über Mauvelains Aufträge in diesem Verzeichnis zeigt, in welcher Weise sich Woche für Woche über einen Zeitraum von zwei Jahren die Nachfrage nach verbotenen Büchern in Troyes entwickelt hat. Zwei Jahre, eine Stadt, 1000 Bücher – natürlich wäre es absurd, wollte man Mauvelains Geschäftsentwicklung als repräsentativ für ganz Frankreich ansehen. Doch irgendwo muß ein Anfang gemacht werden, und alle früheren Versuche, die Lesegewohnheiten der Franzosen des achtzehnten Jahrhunderts zu ermitteln, haben nicht zum Ziel geführt, weil sie von Quellen wie den Privilegienanträgen (Verlagsrechten) der Verleger ausgegangen sind, die die unorthodoxe Literatur ausschließen. Mauvelain war auf verbotene Bücher spezialisiert. Durch die Erforschung dieses Gewerbes sollte es möglich sein, die Lücke in einer Forschungstradition zu schließen, die auf die Anfänge unseres Jahrhunderts zurückgeht. Natürlich ist dies nur eine vorläufige Fallstudie, eine mikroskopische Analyse eines schmalen Ausschnitts aus dem illegalen Buchgewerbe, und man kann nur hoffen, daß das von uns gewählte Beispiel einigermaßen repräsentativ ist. Die »Livres de Commissions« sind jedoch außergewöhnliche Dokumente: sie geben ein unverfälschtes Bild der Nachfrage nach verbotener Literatur – des Interesses am Tabuierten – in einer kleinen Provinzstadt.

Unglücklicherweise zeigen sie nicht, wer Mauvelains Bücher gekauft hat, und auch wenn sie es täten, wüßten wir doch nicht, was in den Köpfen der Leser vorging. In seiner Korrespondenz hat Mauvelain seine Kunden nicht genannt, mit Ausnahme von ein paar Erwähnungen von Armeeoffizieren, die in Troyes Garnisonsdienst versahen und eine starke Vorliebe für obszöne und irreligiöse Bücher hatten. Troyes war ein bedeutendes Zentrum des Kolportagebuchhandels, und Mauvelain verkaufte einen Teil seiner Bücher wahrscheinlich an fliegende Händler, die sich auf den städtischen Messen mit Büchern eindeckten und ihre Ware in ganz Mittelfrankreich vertrieben. Sein gesamtes Lager umfaßte offenbar nicht mehr als ein paar tausend Bände, die er in einer Dachkammer aufbewahrte und verpackte, wenn Kunden vorbeikamen oder wenn er auf Reisen ging.

Die Preise der Bücher lagen über der Kaufkraft der arbeitenden Bevölkerung, nicht aber über der des Bürgertums von Troyes. Mirabeaus *Erotika biblion*, ein Oktavband, ist ein typisches Beispiel. Es kostete Mauvelain 1 Livre und 10 Sous, hinzu kamen 10 Sous für Transport, Versicherung und andere Kosten – und dann schlug er noch einmal ein Drittel oder 13 Sous als Gewinn auf, so daß sich ein Verkaufspreis von 2 Livres und 13 (oder wahrscheinlich eher 2 Livres und 15) Sous ergab. Das entsprach etwa dem Brotverbrauch – der hauptsächlichen Nahrung – einer halben Woche für eine Arbeiterfamilie mit drei Kindern oder dem Tagesverdienst eines gelernten Zimmermanns. Die Ausgabe von 2 oder 3 Livres für ein Buch konnte dagegen von Rechtsanwälten und Beamten des Land- und Garnisonsgerichts von Troyes, die 2000 oder 3000 Livres im Jahr verdienten, ohne weiteres aufgebracht werden.

Troyes war mit seinen Gerichten ein Zentrum der Provinzrechtsprechung. Als Bischofssitz und als Sitz von einem Dutzend Klöstern war Troyes auch ein kirchliches Zentrum. Am wichtigsten aber waren Handel und Textilmanufaktur. Unter der 22000 Seelen umfassenden Bevölkerung gab es in den achtziger Jahren 360 Webermeister und außerdem eine große Zahl von Handwerkern, die Nadeln, Papier und Lederwaren herstellten. Das kulturelle Leben scheint mit dem der rivalisierenden Städte in der Champagne, Châlons und Reims, nicht vergleichbar gewesen zu sein, doch Troyes besaß ein Theater, eine wichtige Bibliothek und eine Freimaurerloge, und zu seinen Lehranstalten gehörten vier Grundschulen, ein Seminar und ein Oratorianerkolleg mit 300 bis 400 Studenten. Die Alphabetisierung scheint für nordfranzösische Verhältnisse relativ gering gewesen zu sein, denn nur 40–49% der Erwachsenen in der Region von Troyes konnten auf den Heiratsurkunden mit ihrem Namen unterzeichnen. Lokalgeschichtler haben vergeblich nach Anhaltspunkten für intellektuelle Unruhe im achtzehnten Jahrhundert gesucht. Lediglich einen *sehr* unbedeutenden Philosophen, P.-J. Grosley, den »Voltaire der Champagne«, hat man ausfindig machen können. Doch 1789 führte das Cahier des Dritten Standes in Troyes eine sehr unverblümte Sprache. Alles in allem war die Stadt wahrscheinlich der Inbegriff dessen, was man in Paris als »provinziell« bezeichnet: eine kulturelle Einöde.

Von daher gesehen scheint Mauvelains Buchgeschäft beachtlich, denn in einer kleinen, verschlafenen Ecke der Provinz würde man keine große Nachfrage nach radikaler Literatur erwarten. Die quantitative Analyse der Bestellungen Mauvelains zeigt, daß es diese Nachfrage in der Tat gab.

Die Diagramme zeigen die Grundstruktur der Bestellungen Mauvelains nach Themen. Die wöchentlich in den Verzeichnissen der STN gesammelten Aufträge machen deutlich, daß die Nachfrage nach bestimmten Büchern unverändert stark blieb. Mauvelains Kunden kamen immer wieder und verlangten mehr davon, und Mauvelain gab ihre Bestellungen nach Neuchâtel weiter entsprechend seinen Verkäufen, die er häufig im voraus abschloß. Das untere Diagramm zeigt diesen Vorgang nach der Zahl der Bestellungen für jeden einzelnen Titel, während das obere Diagramm den Umfang der Mauvelainschen Aufträge nach der Zahl der von jedem Exemplar angeforderten Titel zeigt. In beiden Diagrammen ist die Struktur weitgehend dieselbe, aber sie bleibt notwendigerweise abstrakt. Damit man die Wichtigkeit jedes einzelnen Buches innerhalb der Gesamtstruktur erkennen kann, habe ich alle Titel der entsprechenden Gruppen angeführt und dabei die Gesamtzahl der Exemplare und die Anzahl der Aufträge genannt.

Welche Rolle spielt in dieser Struktur die Aufklärung? Wie die schmale Untergruppe der »Abhandlungen« zeigt, verlangten Mauvelains Kunden keine abstrakten oder theoretischen Werke. Sie bestellten

Die Nachfrage nach verbotenen Büchern

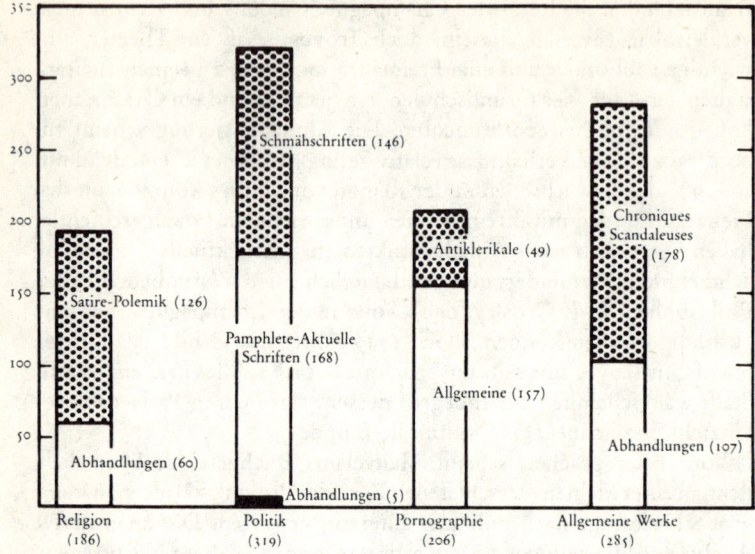

ZAHL DER BESTELLTEN BÜCHER

Religion (186) — Satire-Polemik (126), Abhandlungen (60)
Politik (319) — Schmähschriften (146), Pamphlete-Aktuelle Schriften (168), Abhandlungen (5)
Pornographie (206) — Antiklerikale (49), Allgemeine (157)
Allgemeine Werke (285) — Chroniques Scandaleuses (178), Abhandlungen (107)

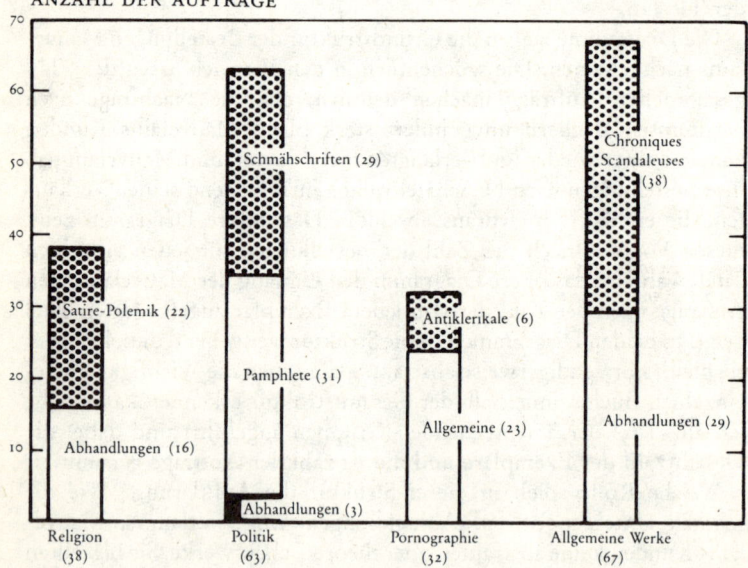

ANZAHL DER AUFTRÄGE

Religion (38) — Satire-Polemik (22), Abhandlungen (16)
Politik (63) — Schmähschriften (29), Pamphlete (31), Abhandlungen (3)
Pornographie (32) — Antiklerikale (6), Allgemeine (23)
Allgemeine Werke (67) — Chroniques Scandaleuses (38), Abhandlungen (29)

I. Religion

    A. Satire und Polemik

L'Intolérance ecclésiastique	10/4	
La Papesse Jeanne	44/6	
Le Gazetier monastique	18/3	
La Mule du pape	18/3	
Histoire des voyages des papes	18/3	
Requête pour la suppression des moines	18/3	
Insgesamt		126/22

    B. Abhandlungen

Le Christianisme dévoilé	3/3	
Histoire critique de Jésus Christ	19/6	
Le Ciel ouvert à tous les hommes	11/3	
Théologie portative	27/4	
Insgesamt		60/16
		186/38

II. Politik

    A. Schmähschriften

Les Fastes de Louis XV	84/11	
L'Espion dévalisé	37/10	
Vie privée de Louis XV	7/5	
Vie privée... de Mgr. le duc de Chartres	18/3	
Insgesamt		146/29

    B. Pamphlete und aktuelle Schriften

Mémoires sur la Bastille, Linguet	30/7	
Des Lettres de cachet, Mirabeau	21/5	
Lettres sur la liberté politique	18/3	
Dialogue des morts	31/4	
Remarques historiques sur la Bastille	18/3	
Anecdotes du Marquis de Pombal	18/3	
Mémoires sur les maisons de force	18/3	
L'Horoscope de la Pologne	14/3	
Insgesamt		168/31

    C. Abhandlungen

Système social		5/3
		319/63

III. Pornographie
  A. Antiklerikale

Aventure de la marquise de xxx et St. François	13/3
Le Chien après les moines	18/3
Les Moines après les chiens	18/3
Insgesamt	49/9

  B. Allgemeine

Muses du foyer de l'Opéra	46/5
Erotika biblion	18/3
Le Vicomte de Barjac	24/4
Le Portefeuille de Madame Gourdan	31/4
L'Art de rendre les femmes fidèles	24/4
Le Désœuvré	14/3
Insgesamt	157/23
Insgesamt	206/32

IV. Allgemeine Werke
  A. Chroniques scandaleuses

Suite de l'Espion anglois	16/5
Vie privée des françois	9/3
Mémoires secrets, Bachaumont	16/9
La Chronique scandaleuse	45/5
Correspondance politique, civile et littéraire	18/3
Essais historiques, critiques, littéraires	20/4
Le Journal des gens du monde	14/3
L'Observateur anglois	22/3
Anecdotes du dix-huitième siècle	18/3
Insgesamt	178/38

  B. Abhandlungen

Histoire philosophique, Raynal	18/9
L'An 2440	25/5
Tableau de Paris	27/5
Lettres iroquoises	18/3
Œuvres de Lamettrie	16/4
Œuvres d'Helvétius	3/3
Insgesamt	107/29
Insgesamt	285/67

kein einziges Werk von einem der vier großen philosophes, Montesquieu, Voltaire, Diderot und Rousseau. Statt dessen bevorzugten sie die Popularisierer und Vulgarisierer der Aufklärung: Raynal, Mercier, Mirabeau fils. Einige weniger bedeutende Philosophen erscheinen in Mauvelains Bestellungen: Borde, Cuppé, Maubert de Gouvest, aber die meisten Bücher waren anonyme Traktate unbekannter Schreiberlinge: Imbert, Manuel, Luchet, Buffonidor, Mayeur de Saint-Paul, Baudouin de Guémadeuc, Mouffle d'Angerville, Pidansat de Mairobert, Théveneau de Morande. Dies waren die Männer, die wahrscheinlich die geheimen Bestseller der achtziger Jahre verfaßten und die mit ihren Büchern aus der Literaturgeschichte verschwunden sind. Unter Mauvelains Autoren tauchen einige vertraute Namen auf: La Mettrie, Helvétius und insbesondere d'Holbach. Die Nachfrage nach illegalen Büchern war in Troyes offenbar über die Voltairesche Gottlosigkeit zu dem völligen Atheismus weitergegangen, den Voltaire selbst verabscheute. Natürlich kann man nicht folgern, daß Leser, die atheistische Bücher verlangten, Atheisten waren, entscheidend aber ist, daß der Handel mit verbotenen Büchern der schlimmsten Sorte die extremste, Holbachische Form des Aufklärungsdenkens favorisierte und daß dieser Typ von Aufklärung in den Aufträgen Mauvelains eine untergeordnete, aber aufschlußreiche Position einnahm.

Ebenso wie hinter religionsfeindlichen Büchern war Mauvelain hinter unmoralischen Büchern her – das heißt, er bestellte sie mit Maßen, denn beide Gruppen zusammen machten zwei Fünftel seiner Bestellungen aus und jede einzelne nimmt sich verglichen mit den politischen und allgemeinen Werken der Flächendiagramme ziemlich klein aus. Gemessen an modernen Maßstäben war die Pornographie zurückhaltend und wie die Malerei der Zeit verhüllt und voyeuristisch. Mauvelains Kunden bevorzugten Bücher, die ihnen Einblick in das Leben der Prostituierten gaben. In einer typischen Passage aus *Le Portefeuille de Madame Gourdan* beklagt sich der Bischof von M*** bei Madame Gourdan, die ein vornehmes Bordell führt: »Ich hätte Euch ins Hôpital [ein Gefängnis für Prostituierte] bringen sollen, denn in Eurem Etablissement habe ich mir einen kräftigen coup de pied de Vénus [eine Geschlechtskrankheit] geholt, der mich zum Verlassen der Hauptstadt genötigt hat, um in meiner Diözese meine Gesundheit wiederherzustellen. Es stimmt, was man sagt: es gibt in der Welt keinen Anstand mehr und man weiß nicht mehr, wem man vertrauen darf.«[22] Nicht sehr schmeichelhaft für den höheren Klerus. Die Themen der pornographischen und antiklerikalen Bücher Mauvelains überschnitten sich oft – zweifellos eine Nachwirkung einer bis ins Mittelalter zurückreichenden literarischen Tradition. Vielleicht hat dieser althergebrachte, gallische Antiklerikalismus den strikten modernen Atheismus der Bücher in der Untergruppe der »Abhandlungen« unter den religionsfeindlichen Büchern Mauvelains noch verstärkt. Sicherlich versetzten seine Bücher der Kirche einen Schlag.

Die Bücher in den Bestellungen Mauvelains, die kein beherrschendes Motiv hatten und Dinge enthielten, die beinahe jeden zur Staatsmacht in Frankreich Gehörenden verletzten, erscheinen in der Gruppe der »allgemeinen Werke«. Etwa ein Drittel davon waren Werke wie Raynals *Histoire philosophique*, in der sich das Gedankengut der Aufklärung in einer Vielzahl von Themen ausdrückte. Der Rest läßt sich als ›chroniques scandaleuses‹ beschreiben – journalistische Schilderungen von Liebesaffären, Verbrechen und sensationellen Ereignissen. Meistens handelte es sich um eine Folge kurzer Geschichten, geschrieben in einem Ton, als hätte der Verfasser irgendein spektakuläres Geheimnis aufgedeckt. Diese Schriften waren nicht eigentlich politischen Charakters, sondern legten sich auf Anekdoten über die Verfehlungen der ›grands‹ – großer Hofleute, analog den ›beautiful people‹ der populären Presse heute – und ließen die Aristokratie schlecht aussehen. So zum Beispiel in einer typischen Vignette aus zwei Sätzen in einer Veröffentlichung, die ein Musterbeispiel dieser Gattung ist, Imberts *La Chronique scandaleuse*: »Eines Tages überraschte der Herzog von *** seine keusche Gattin in den Armen des Hauslehrers ihres Sohnes. Die feine Dame sagte ihm mit herzoglicher Schamlosigkeit: ›Warum wart Ihr nicht hier, Monsieur? Wenn mein Ritter nicht da ist, nehme ich den Arm meines Lakaien‹.«[23]

Die ›chroniques scandaleuses‹ scheinen nach dem Grundsatz geschrieben, daß Namen Nachrichten machen, aber »Nachrichten« in diesem Sinne gab es, wie wir wissen, im Ancien Régime nicht. Damals kannten die Franzosen keine Zeitungen im heutigen Sinne, sondern nur Zeitschriften, die mit königlichem Privileg zirkulierten, durch Zensoren auf nichtpolitische Themen eingeschränkt waren und die es sich deshalb nicht erlauben konnten, irgend etwas zu erwähnen, was in Versailles Anstoß erregen konnte. Für ihre unzensierten Nachrichten oder ›nouvelles‹ waren die Franzosen auf Gerüchte angewiesen. In bestimmten Teilen von Paris – unter dem »Krakauer Baum« im Garten des Palais Royal beispielsweise – sammelten sich Spezialisten, die sogenannten ›nouvellistes‹, die Neuigkeiten verbreiteten. Wenn sie diesen Klatsch schriftlich niederlegten, dann verfertigten sie ›nouvelles à la main‹, und wenn diese handschriftlichen Zeitungen gedruckt wurden, dann waren es ›chroniques scandaleuses‹ – eine Gattung, die auf halbem Wege zwischen herkömmlichem Klatsch und volkstümlichem Journalismus steht. Da diese Nachrichten absolut illegal waren, legten sie sich in ihren Berichten über Tagesereignisse keinerlei Zügel an. So enthalten Bachaumonts *Mémoires secrets* und Mairoberts *L'Espion anglois* einige sehr scharfe Bemerkungen über Staatsaffären, ihr Ton aber ist ein völlig anderer als der der politischen Flugschriften. Im wesentlichen unterrichteten sie ein nach Neuigkeiten gierendes Publikum über das, was sich in der Welt der ›grands‹ abspielte. Wie die meisten Provinzleute waren Mauvelains Kunden von der Pariser Gerüchteküche abgeschnitten, und aus diesem Grunde dürfte die Nachfrage nach ›chroniques scandaleuses‹ hier größer gewesen sein als die nach allen anderen Literaturgattungen. Das Überwiegen dieser rüden Chroniken unter den Aufträgen Mauvelains weist auf die Bedeutung verschiedener Spielarten von Untergrundjournalismus hin, die heute vergessen sind.

Die wichtigste Gruppe unter den von Mauvelain bestellten Werken war freilich die politische. »Politisch« ist in seiner Anwendung auf eine vormoderne Gesellschaft, in der das Publikum am politischen Geschehen keinen Anteil hatte, natürlich ein vertrackter Begriff. Die Politik im Ancien Régime war Hofpolitik, und die politische Literatur – die an sich ebenfalls illegal war – war demgemäß von dreierlei Art: politische Theorie, aktuelle Flugschriften und Schmähschriften.

Mauvelains Kunden hatten so gut wie gar kein Interesse an Theorie: sie bestellten nur fünf Exemplare von d'Holbachs *Système social*. Dagegen verlangten sie polemische Traktate und Flugschriften wie Linguets *Mémoires sur la Bastille* (30 Exemplare) und Mirabeaus *Des Lettres de cachet et des prisons d'Etat* (21 Exemplare). Diese beiden Autoren berichteten von ihren eigenen Gefängniserfahrungen in sensationeller Form, als handele es sich um eine Parabel über den französischen Despotismus. Mit dem Versprechen, die tiefsten, düstersten Geheimnisse des Staates zu enthüllen, nahmen sie ihre Leser auf eine Reise durch die Verliese mit, in denen der König seine politischen Gefangenen verwahrte. Sie »erzählten alles« darüber, wie die Gefangenen gefilzt, in stinkende Zellen geworfen und von allem Kontakt mit der Außenwelt abgeschnitten wurden und wie man ihnen nicht nur das Recht vorenthielt, angehört zu werden, sondern sie nicht einmal wissen ließ, wie die Anklage gegen sie lautete. Linguet und Mirabeau wollten durch ihre eigene Unschuld beweisen, wie wehrlos jeder Franzose war, der den Machenschaften Versailles zum Opfer fiel, und dies zeigten sie durch die Schilderung grausiger Einzelheiten: der von Würmern zerfressenen Matratzen, der dicken, feuchten Wände, der schurkischen Wächter und des scheußlichen Essens. Diese Mitteilungen waren begleitet von rhetorischen Ausbrüchen gegen die unbegrenzte Macht von »denen da«, den niemals in Erscheinung tretenden Männern an der Spitze der Regierung, die in das Leben jedes einzelnen, so unschuldig er auch sein mochte, eingreifen und ihn für immer in irgendeinem undurchdringlichen ›cachot‹ begraben konnten. In Mauvelains Region waren dies, nach seinen brieflichen Äußerungen zu schließen, machtvolle Flugschriften und Bestseller. Sie trugen dazu bei, einen politischen Mythos zu schaffen, der jedem Franzosen das Gefühl gab, ein Sklave zu sein – auch wenn 1789 die Bastille so gut wie leer war.

Am besten verkauften sich von Mauvelains Angebot die Schmähschriften (libelles). Hierbei handelte es sich um rücksichtslose Angriffe gegen Einzelne, die angesehene und mächtige Positionen als Minister, Hofleute oder Mitglieder der königlichen Familie einnahmen. In der Betonung des Skandalösen glichen sie den ›chroniques scandaleuses‹, doch sie hatten auch einen politischen »Biß«. Indem sie die empfindliche Zone, in der private Dekadenz ein öffentliches Problem wurde, erkundeten und herausragende Einzelne in den Dreck zogen, nahmen sie dem ganzen Regime die Weihe.

Das ganze Genre ist verdichtet in dem bestverkäuflichen unter den Büchern Mauvelains, *Les Fastes de Louis XV*, das Mauvelain elfmal in insgesamt 84 Exemplaren bestellte. Obwohl das Buch sich als eine sachliche Geschichte der Regierungszeit Ludwigs gab, servierte es dem Leser eine anstößige Schilderung seines Sexuallebens. Die Agenten des Königs aus den fernsten Winkeln des Königreichs besorgten ihm für seinen »Harem« Mädchen, so hieß es da, und er verbrauchte davon zwei in der Woche, die er mit einer Pension abfand, wenn sie seine übersättigte Begierde nicht mehr zu erregen vermochten. In zehn Jahren belief sich das auf 1000 Mädchen, rechnete der Verfasser der Schrift vor, und kostete eine Billion Livres, und so war die Verkommenheit Ludwigs »eine der hauptsächlichen Quellen für die Plünderung der Staatsfinanzen«.[24] Die eigentliche Schuldige des Buches und die wahre Despotin Frankreichs war Madame Du Barry, die in anderen erfolgreichen Büchern wie *Anecdotes secrètes sur Madame Du Barry*, *Correspondance de Madame Du Barry* und *Vie privée de Louis XV*, die in *Les Fastes* weidlich plagiiert wurden, dieselbe Rolle spielte. Immer erschien die königliche Mätresse in irgendeiner extravaganten Pose:

wie sie ihren jungen Negerdiener Zamore liebkost, eine Hofdame flagelliert, sich über den Dauphin (also den künftigen Ludwig XVI.) wegen seiner Impotenz lustig macht, den König zum Narren hält, indem sie hinter seinem Rücken seine Minister verführt, und dies alles, während sie die Staatskasse um Millionen erleichtert – nach der Schätzung des Verfassers um 18 Millionen. Die politische Aussage wurde dabei sehr klar formuliert: »Ludwig XV. blieb immer derselbe, das heißt er steckte bis zum Hals in Schmutz und Lüsternheit. Ungeachtet der Verzweiflung der hungernden Menschen und des öffentlichen Elends trieb es seine Mätresse in ihrer Verschwendungssucht und ihren Raubzügen so wüst, daß es nur noch wenige Jahre gebraucht hätte, und das Königreich wäre von ihr ruiniert gewesen, wenn nicht der Tod des Despoten ihrer Ausschweifung ein Ende gesetzt hätte.«[25] Und wie starb Ludwig? Der Verfasser der Schmähschrift enthüllte das schreckliche Geheimnis: Nachdem Madame Du Barry sein Verlangen nicht mehr zu befriedigen vermochte, wurde sie seine Kupplerin und sammelte in den Straßen die Mädchen auf, die ihn zu erregen vermochten. Eines Tages fand sie ein appetitliches Mädchen vom Lande, das an einer unentdeckten Pockenerkrankung litt. Der Vater des Mädchens setzte sich zur Wehr und wurde mit ›lettres de cachet‹ aus dem Wege geräumt, und dann gab sich das Mädchen ihrem königlichen Gebieter hin, steckte ihn mit ihrer Krankheit an und schickte ihn ins Grab, zur Erleichterung der ganzen Nation.

Die wichtigste und unerwartetste Schlußfolgerung, die aus dieser Analyse der Bestellungen Mauvelains zu ziehen ist, ist vielleicht nicht die, daß er eine beträchtliche Anzahl religionsfeindlicher und obszöner Bücher anforderte, sondern daß die meisten seiner Bestellungen politischer Natur waren – keine Aufklärungsabhandlungen, sondern hartgesottener Untergrundjournalismus und politische Flugschriften. Das Diagramm der politischen Werke überragt die anderen, und dieser Vorrang wird noch durch die Tatsache verstärkt, daß Flugschriften, Schmähschriften und ›chroniques scandaleuses‹ alle dieselbe Funktion der Verbreitung von Nachrichten hatten, die alles andere als neutral waren und einen Eindruck der Verkommenheit des Regimes vermittelten. Es handelte sich um radikale Propaganda, selbst im Falle der ›chroniques‹, wo politische Themen gegenüber Verbrechen und Sexualität in den Hintergrund traten. »Radikal« ist natürlich nicht gleichbedeutend mit revolutionär. Die politischen Traktate boten ein Dutzend Variationen desselben Themas: der Ausartung der Monarchie zum Despotismus. Sie riefen nicht nach einer Revolution oder sahen 1789 voraus oder ließen sich auf eine Erörterung der tieferliegenden sozialen oder politischen Fragen ein, die den Zusammenbruch der Monarchie auslösen sollten, doch ganz unmerklich bereiteten sie dieses Ereignis dadurch vor, daß sie die Symbole entweihten und die Mythen entwerteten, die der Monarchie in den Augen der Untertanen ein legitimes Aussehen gegeben hatten.

Die meisten der Bücher Mauvelains, die nicht einmal den Rang kleinerer Klassiker erreichten, sind aus der französischen Literaturgeschichte verschwunden, genauso wie sich die Spuren Mauvelains in der französischen Geschichte verwischt haben. Niemand kennt oder liest sie heute mehr, weil die kulturgeschichtliche Entwicklung sie ausgelöscht hat. Sie gehören heute nicht zum Leserepertoire der literarischen Kultur. Unglücklicherweise kann man diese Entwicklung nicht zurückverfolgen, um die lebendige Kultur der Vergangenheit wiederzufinden. Zu vieles ist am Wegesrand liegengeblieben, und man macht es sich zu leicht, wenn man glaubt, die Franzosen hätten im achtzehnten Jahrhundert das gelesen, was heute als französische Literatur des achtzehnten Jahrhunderts gilt. Untersucht man aber die geschäftlichen Unternehmungen eines Untergrundbuchhändlers in den achtziger Jahren des achtzehnten Jahrhunderts, dann kann man einen Blick auf die Literatur erhaschen, wie sie wirklich war in ihrer explosivsten, in ihrer realen Umgebung. Mauvelains Bücher und sein Leben zeigen eine literarische Erfahrungswelt, die noch ihrer Erforschung harrt.

Eine Druckerei
jenseits der Grenze

Auf ihrem Weg durch den französischen Untergrund des achtzehnten Jahrhunderts konnten die verbotenen Bücher Aufruhr stiften, aber seither sind sie in Sammlungen seltener Bücher aufgenommen worden, wo sie unter Gewölben und zwischen getäfelten Wänden ihren Platz gefunden haben. Es sind Antiquitäten geworden. Im Moment, als diese Bücher aus der Druckerei kamen, sahen sie ganz anders aus, aber es ist nicht leicht sich vorzustellen, wie sie ursprünglich ausgesehen haben, denn über die Druckereien weiß man genauso wenig wie über das Vertriebssystem des Verlagswesens im achtzehnten Jahrhundert. Um eine annähernde Vorstellung von der Welt zu bekommen, in der die Bücher entstanden, müssen wir auf das Archiv der Société typographique de Neuchâtel zurückgreifen, wo wir die Drucker bei der Arbeit beobachten und ihren Chefs zuhören können, wenn sie über sie reden.

Da die STN in den Druckereizentren in ganz Frankreich, in der Schweiz und im Rheinland arbeiten ließ, baute ihre Leitung ein Netz von Agenten auf, die Handlanger in Marsch setzten und sich über den Arbeitsmarkt in einer Flut von Briefen ausließen, die einige Grundmerkmale der Arbeit und der Arbeiterschaft im Ancien Régime erkennen lassen. Der aufschlußreichste Briefwechsel stammt aus dem Jahre 1777, als die STN den Umfang ihrer Unternehmungen verdoppelte, um die Quartausgabe der *Encyclopédie* zu drucken, und als die Kapazitäten der gesamten Druckindustrie durch einen Boom der *Encyclopédie* überfordert waren. Aus dieser vorübergehenden Arbeitsknappheit zogen die Arbeiter Vorteile, indem sie von Arbeitsstelle zu Arbeitsstelle zogen, wann immer sie besser bezahlte Arbeit finden konnten: daher das Problem der Wanderarbeiter, das im Briefwechsel ständig wiederkehrt. Der größte Anreiz, den die STN bei der Anwerbung von Arbeitern bot, war wahrscheinlich die »Reise« (le voyage), eine Geldsumme, die in etwa dem entsprach, was ein Mann während der Zeit, die er für den Reiseweg zu seiner neuen Arbeitsstelle brauchte, verdient hätte. Die Arbeiter zogen es vor, zehn oder zwölf Stunden auf der Straße zu verbringen, mit Unterbrechungen in Landgasthäusern, statt die gleiche Zeit an Druckstöcken zu schwitzen oder sich über Setzkästen zu beugen. Ihre Reisen wurden zu einer Art bezahltem Urlaub und die Wanderschaft, zumindest in den jungen Jahren der Gesellen, zu einer Lebensform.

Manchmal kann man den Weg der Männer anhand der Briefdaten verfolgen. Gewöhnlich brauchten sie für die 70 Kilometer nach Neuchâtel von Lausanne aus zwei Tage, drei Tage für die 120 Kilometer von Basel, eine Woche für die 300 Kilometer von Lyon und zwei Wochen für die 500 Kilometer von Paris. Am 16. Juni 1777 zum Beispiel schickte ein Pariser Werber sechs Arbeiter nach Neuchâtel, mit dem Versprechen, daß sie bei ihrer Ankunft als ›voyage‹ 24 Livres erhalten würden. Genau zwei Wochen später, nach Märschen von durchschnittlich 36 Kilometern den Tag, meldeten sie sich bei der STN. Da sie in der Woche 10–15 Livres verdienten, entsprach ihr Reisegeld einem Lohn von zwei Wochen – ein gutes Entgelt für eine Überlandtour im Frühsommer. Die STN verweigerte jedoch die Auszahlung des Betrages, ehe die Männer nicht einen Monat gearbeitet hatten. Der Werber hatte es unterlassen, sie von dieser Klausel zu unterrichten, und für den Fall, daß sie sie nicht akzeptierten, hatte er ihre Habe (hardes) als eine Art Sicherheit einbehalten, die er später der STN zusandte. Den Männern blieb nichts anderes übrig, als sich an die Arbeit zu machen und die *Encyclopédie* zu setzen und zu drucken. Ihre Namen erscheinen regelmäßig acht Wochen lang im Lohnbuch des Werkmeisters, lange genug, um ihren ›voyage‹ zu bekommen und ihre ›hardes‹ auszulösen – und dann verschwanden sie. Einige von ihnen tauchten ein paar Wochen später in Genfer Druckereien auf, wo ebenfalls die *Encyclopédie* gedruckt wurde. Wenigstens einer ging in die Druckerei von Barthélemy de Félice, der in Yverdon eine protestantische Konkurrenzausgabe der *Encyclopédie* herstellte. Andere arbeiteten wahrscheinlich an der Oktavausgabe der *Encyclopédie* in Bern und Lausanne, denn ein reisender Händler der STN berichtet, daß er verschiedene »Deserteure« von Neuchâtel in anderen Schweizer Druckereien angetroffen habe. Und mindestens einer der Drucker, Gaillard, tauchte ein Jahr später in Paris auf und wollte wieder von der STN angestellt werden. Er bedauerte, einem Brief zufolge, den ein Pariser Lederhändler für ihn schrieb, »alle Verfehlungen, die er begangen hat« und war bereit, wiederum in die Schweiz aufzubrechen – zum dritten Mal.[1]

Was waren Gaillards »Verfehlungen«? Aus seinem Brief geht das nicht hervor, aber die Korrespondenz der STN zeigt, daß die Männer sich häufiger absetzten, wenn sie in Schwierigkeiten waren. Manchmal liefen sie fort, wenn sie Schulden hatten oder wenn sie ein ›salé‹, eine kleine Vorauszahlung auf den Lohn der nächsten Wochen erhalten hatten. Selten kam es dazu, daß sie Kapital bildeten, und oft waren sie in Versuchung, eine Stadt zu verlassen, um ihren Gläubigern zu entgehen und anderswo einen ›voyage‹ einzustreichen. Wegen dieser Vorkommnisse klingt in den Briefen der Unternehmer bei der Erwähnung der Arbeiter ein grundlegendes Mißtrauen durch. Arbeiter waren unzuverlässig. Wenn sie nicht mit ihrem ›voyage‹ oder dem ›salé‹ durchbrannten, dann kamen sie nicht, weil sie betrunken waren, und im schlimmsten Falle waren sie Spitzel entweder der Pariser Polizei oder rivalisierender Verleger. In den Briefen der Werber scheint in ihren Empfehlungen ein Charakterbild auf, das den Eindruck eines Idealbildes hinterläßt. Der Arbeiter hatte danach drei Qualitäten: er erschien regelmäßig zur Arbeit, er betrank sich nicht und er verstand sich auf seine Sache. So schildert ein Werber in Genf den perfekten Setzer: »Er ist ein tüchtiger Arbeiter und kann alles, was man ihm aufträgt, ist nicht liederlich und zeichnet sich durch Fleiß bei der Arbeit aus.«[2]

Ähnliche Bemerkungen lassen den Schluß auf einige unausgesprochene Voraussetzungen zu, die die Arbeiter in Bewegung zu setzen vermochten. In einer typischen, beiläufigen Bemerkung gegenüber ihrem Pariser Werber äußerte man seitens der STN: »Bei Gelegenheit könnt Ihr nun fortfahren, uns die Männer zu schicken, die auf das Leben in unserer Gegend neugierig sind, aber streckt kein weiteres Geld mehr vor.«[3] Ohne weiteres ließ sich also sagen, daß ein Mann durch »Neugier« veranlaßt werden konnte, eine 500 Kilometer weite Wanderung zu einem Arbeitsplatz im Ausland zu unternehmen. Hin und wieder enthalten die Briefe Hinweise auf andere Motive, doch dem modernen Leser erscheinen diese nicht weniger sonderbar. Zum Beispiel instruierte die STN einen Agenten, der von Lyon aus ein paar Arbeitskräfte in Marsch setzte: »Wir versprechen, ihnen nach ihrer Ankunft zwölf Livres für ihren voyage zu zahlen, vorausgesetzt sie bleiben bei uns drei Monate ... und Ihr könnt ihnen versichern, daß sie mit uns und dem Land, in dem guter Wein wächst, zufrieden sein werden.«[4] Die Verbindung von Arbeit und Wein war etwas Selbstverständliches – und daß die Anstellung nur kurze Zeit dauern würde.

Die Bemerkungen über Wein und »Wanderlust« sollten nicht dahingehend gedeutet werden, daß die Bezahlung im achtzehnten Jahrhundert eine geringe Rolle spielte. Im Gegenteil, die Werber erwähnen häufig das Interesse der Arbeiter an den Löhnen, der Menge verfügbarer Arbeit und besonderen Umständen wie den beim Setzen bevorzugten Formaten und der Bezahlung nach Zeit (conscience) und nach Stücksatz. »Gerade an der Frage der Löhne sind sie besonders interessiert«, erklärt ein Agent, »weil sie einen Ort, wo es ihnen gutgeht, nicht verlassen wollen, wenn sie es anderswo nicht noch besser treffen können.«[5] Die STN schleuste sogar in einige Genfer Druckereien, in denen ebenfalls die *Encyclopédie* gedruckt wurde, einen geheimen Agenten ein, der mit dem Versprechen höherer Löhne Arbeiter anwerben sollte. Die Arbeiter zettelten daraufhin eine ›cabale‹ an, um den Lohn in Genf in die Höhe zu treiben. Die Genfer Drucker bekamen Wind von dem Manöver der STN, und am Ende schlossen die Druckermeister miteinander Frieden, indem sie sich darauf einigten, den Arbeitslohn auf einem gleichen niedrigen Niveau zu halten.

Die Unternehmer schienen mit ihrer Anstellungs- und Kündigungspolitik die Arbeiter wie Sachen zu behandeln. Sie bestellten sie schubweise wie Papier und Tinte. Einem Lyoner Agenten gegenüber erklärte die STN: »Sie sollten assortiert kommen, das heißt, eine bestimmte Zahl Setzer und eine bestimmte Zahl Drucker.«[6] Manchmal wurden diese »Lieferungen« abgelehnt, wenn sie minderwertig waren, genau wie beim Papierkauf. So erklärte man gegenüber einem anderen Verleger, daß man von einem Werber in Lyon schlecht bedient worden sei: »Er hat uns ein paar Leute in so schlechter Verfassung geschickt, daß wir genötigt waren, sie wieder fortzuschicken.«[7] Den Anwerber rügte man, weil er die Leute nicht inspiziert hatte, bevor er sie auf den Weg schickte: »Zwei von den Leuten, die Ihr uns geschickt habt, waren bei ihrer Ankunft in Ordnung, aber so krank, daß sie alle anderen anstekken konnten. Daher konnten wir sie nicht nehmen. In der ganzen Stadt wollte niemand ihnen Logis geben. Deshalb sind sie wieder abgezogen und nach Besançon gegangen, wo sie das hôpital aufsuchen wollten.«[8] Da das ›hôpital‹ für die von Krankheit geschlagenen Armen in der Regel den Tod bedeutete, muß die STN gewußt haben, daß man diese Männer aller Wahrscheinlichkeit nach auf die letzte Etappe ihrer letzten Wanderung schickte – und der Weg durch das Juragebirge von Neuchâtel nach Besançon war keine Kleinigkeit.

Bei der STN übte man eine gewisse altmodische Mildtätigkeit. Im Lohnbuch des Werkmeisters sind verschiedene Eintragungen zu finden wie »Almosen für einen deutschen Arbeiter, 7 Batzen [1 Livre tournois].«[9] Einige eingehende Briefe zeigen gelegentlich auch eine gewisse

Sympathie für die Arbeiter. Ein Druckermeister in Bern beispielsweise empfahl einen alten Setzer folgendermaßen: »Er ist ein guter Arbeiter, der vor einiger Zeit länger in Neuchâtel gearbeitet hat, aber ich muß darauf hinweisen, daß sein Augenlicht und sein Gehör nachzulassen beginnen und daß er wegen seines Alters nicht mehr so rasch wie ein kräftiger junger Mann arbeiten kann. Trotzdem, da Ihr ihm nur Stücklohn zahlen werdet, bitte ich Euch, ihn so lange wie möglich zu halten, denn seine Armut bringt ihn in eine erbarmungswürdige Lage.«[10] Tatsache bleibt jedoch, daß die Berner ihm gekündigt hatten und er in Neuchâtel keine Anstellung fand. Die STN kündigte zwei Dritteln ihrer Arbeiter, sobald sie die *Encyclopédie* fertig hatte, trotz des Protestes einer der Töchter des Direktors, die diesem, während er auf einer Geschäftsreise war und sie die Firma leitete, schrieb: »Es geht eigentlich nicht an, daß man Leute, die Frau und Kinder haben, von einem Tag auf den anderen auf die Straße setzt.«[11] Dieser Einwand war dem Direktor noch nicht vorgekommen, und er wischte ihn mit einem Vortrag über Rentabilität vom Tisch. Es wäre demnach falsch, wenn man sich das Wanderleben der Arbeiter als eine Zeit fröhlicher, jugendlicher »Wanderjahre« vorstellen wollte oder meinen würde, daß Arbeiter und Unternehmer einander geschätzt hätten.

Aber wie dachten die Arbeiter selbst über ihre Lebensverhältnisse? Bisher ließ sich das nicht sagen, weil es den Historikern, trotz der Forschungen von Spezialisten wie E. P. Thompson, Maurice Garden und Rudolf Braun, nicht gelungen ist, unmittelbaren Zugang zu Handwerkern des achtzehnten Jahrhunderts zu bekommen. Die Drucker waren jedoch überdurchschnittlich alphabetisiert. Einige von ihnen wechselten Briefe, einige von diesen Briefen wurden von ihren Meistern zurückgehalten und einige von diesen zurückgehaltenen Briefen haben in den Akten der STN überdauert. Eines dieser seltenen Beispiele von Mitteilungen zwischen Arbeitern ist die Notiz eines Setzers aus Avignon namens Offray an einen Savoyer namens Ducret, der an der ›casse‹ (in der Setzerei) der STN arbeitete. Offray hatte die STN vor kurzem verlassen, um in der Firma von Barthélemy de Félice in Yverdon zu arbeiten, wo es, wie er Ducret versicherte, viel besser war. Es gab freilich auch Nachteile, wenn man bei Félice angestellt war: der »Professor«, wie die Leute ihn nannten, lieh seinen Angestellten nie einen Pfennig, und die deutschen Arbeiter kamen mit dem Französischen nicht gut zurecht. Das Leben aber war billiger und die Druckerei besser geführt als in Neuchâtel. »Arbeit gibt es hier genug... Um Arbeit brauchst Du Dir hier keine Sorge zu machen.«[12]

Die Arbeit konnte Sorgen machen, weil die Meister die Arbeit für einzelne Aufträge vergaben. Wenn ein Buch fertig gedruckt war, dann wurden oft die, die die Arbeit getan hatten, entlassen und neue angestellt, wenn ein neuer Auftrag da war. So gab Offray Bericht über Arbeitsmöglichkeiten in anderen Druckereien der Region. Heubach in Lausanne brauchte einen Setzer und vielleicht sogar einen Vorarbeiter, in Yverdon suchte man wenigstens zwei Drucker und außerdem drei Setzer, denn zwei von Offrays Kameraden planten insgeheim, am kommenden Sonntag Félice zu verlassen. »Nicht daß Mangel an Arbeit herrscht, sondern nur weil es die Laune der Arbeiter – und von mir als erstem – ist, andauernd die Stelle zu wechseln.« Schließlich teilte Offray Neuigkeiten über gemeinsame Freunde in anderen Firmen mit und sandte seinen früheren Kameraden in Neuchâtel Grüße: »Ich habe an M. Gorin geschrieben, und wenn ich von ihm höre, wie ich hoffe, werde ich es Dich wissen lassen. Sage bitte Grüße an M. Cloches, M. Borrel, M. Poncillon, M. Patin, M. Ango und vergiß meinen alten Freund Gaillé nicht ... Auch meine Frau läßt alle diese Herren grüßen. M. Lancy habe ich vergessen, den ich ebenfalls grüßen lasse, sowie Madame pot-au-lait.«[13] Die Spitznamen, die Anspielungen auf andere Briefe und das Gefühl für gemeinsame Verbindungen unter Freunden, das alles deutet darauf hin, daß die Arbeiter ein eigenes Mitteilungssystem entwickelt hatten und Empfehlungsschreiben über ihre Chefs – oder die ›bourgeois‹, wie sie sie nannten – austauschten, genauso wie die Meister und Anwerber Briefe über sie wechselten.

Die meisten Mitteilungen in der Gerüchteküche der Arbeiter wurden mündlich gemacht, wann immer die Drucker einander unterwegs begegneten oder in Kneipen, in denen ihr Gewerbe verkehrte, zusammen tranken. Kanäle und Inhalt dieser Mitteilungen sind schwer zu eruieren, aber aus verstreuten Hinweisen geht hervor, daß die Arbeiter mit Verstand und Realismus über die Arbeit diskutierten. Sie wollten wissen, wo die Bezahlung gut war, wo es viel Arbeit gab, die Gesellschaft gut, der Wein billig und der Vorarbeiter umgänglich waren.[14] In den Mitteilungen, die im Informationssystem der Unternehmer kursierten, ging es um andere Dinge. Die Arbeiter mußten wie Papier und Setzmaterial so billig und verläßlich wie möglich geliefert werden. Man mußte sie durch Anreize, Bußgelder und Kündigungen so gefügig wie möglich machen, und wenn man sie im Produktionsprozeß nicht mehr brauchte, konnte man sie leicht loswerden.

Arbeiter und Bourgeois lebten durchaus nicht in familiärer Gemütlichkeit beieinander, wie einige Historiker des vorindustriellen Europa sich das gerne vorstellen. Sie haßten einander wahrscheinlich genauso wie im neunzehnten und zwanzigsten Jahrhundert. Sie hatten jedoch einige gemeinsame Vorstellungen über die Beziehungen zwischen ihnen – das heißt über Grundmerkmale des Anstellungsverhältnisses: sie rechneten damit, daß es unberechenbar und regellos, möglicherweise stürmisch und wahrscheinlich kurz war, aber ohne jede auch nur entfernte Ähnlichkeit mit modernen Erscheinungen wie der Vierzigstundenwoche und einer festen Arbeitszeit von neun bis fünf, mit Überstunden, Arbeitsbeginn und Arbeitsschluß, Input und Output, Produktionsplänen, Verträgen, Gewerkschaften, Automation, »Freizeit«, Langeweile, Entfremdung und Soziologen, die sich auf all dies einen Reim zu machen suchen.

Wenn dies die Einstellung zur Arbeit bei Druckern und ihren Meistern im achtzehnten Jahrhundert war, wie war dann die Arbeit an und für sich beschaffen? Ihre subjektive Realität mag dem Historiker immer unzugänglich bleiben, doch läßt sich ihre Produktivität anhand der Lohnbücher, wie Barthélemy Spineux, der Vorarbeiter der STN, sie führte, messen. Jeden Samstagabend hielt Spineux fest, wieviel Arbeit jeder einzelne während der vergangenen Woche geleistet und wieviel Lohn er dafür erhalten hatte. Die Arbeitsleistung des Setzers stellte Spineux anhand der Signaturen unten auf den von ihnen gesetzten Bögen fest und die Leistung der Drucker berechnete er nach je tausend Druckvorgängen. Zählt man die Halbgevierte der vorliegenden Texte, dann kann man mit Hilfe der Aufzeichnungen von Spineux die Zahl der Bewegungen berechnen, die jeder Setzer in einer Woche ausführte, indem er Letter für Letter aus dem Setzkasten in den Setzrahmen überführte. Ebenso kann man die Anzahl der Druckvorgänge am Druckstock berechnen. Unglücklicherweise erfordern diese Berechnungen einige mühselige Analysen in analytischer Bibliographie, einer noch wenig entwickelten Disziplin, die den Franzosen so abwegig vorkommt, daß sie sie stets mit dem Adjektiv »angelsächsisch« versehen. Der historiographische Gewinn lohnt jedoch diese Mühe, denn eine bibliographische Analyse des Lohnbuchs von Spineux ermöglicht zum ersten Mal eine präzise Bestimmung von Leistung und Einkommen von Arbeitern in vorindustriellen Verhältnissen.

Ohne mich auf bibliographische Verwicklungen einzulassen und eine vollständige Liste von Tabellen und Graphiken vorzulegen, möchte ich die wichtigsten Schlußfolgerungen nennen, die ich aus meiner Statistik gewonnen habe.[15] Erstens ist deutlich, daß das Personal in einem unglaublichen Tempo wechselte. Fast die Hälfte der

Arbeiter war alle sechs Wochen neu, und selten war die Besetzung der Firma von einer Woche zur nächsten dieselbe, denn die Männer kamen und gingen je nach der verfügbaren Arbeit oder ihrer »Laune«, wie Offray es nannte. Es wäre irreführend, wenn man aus so unübersichtlichen Daten Durchschnittswerte ziehen wollte, doch es scheint so, daß es zwei Gruppen gab: Durchreisende, die gewöhnlich weniger als sechs Wochen bei der STN blieben, und Reguläre, die für ein Jahr oder länger blieben. Die Regulären waren gewöhnlich ältere, verheiratete Männer, obwohl auch einige junge Leute dabei waren. Im Falle der Setzer waren beiden Gruppen bestimmte Tätigkeiten zugeordnet: ein Veteran zum Beispiel, Bertho, leistete den Großteil der Satzarbeit an der *Encyclopédie* über einen Zeitraum von achtundachtzig Wochen und verließ die STN, sobald der letzte Band gedruckt war. Die Statistik erhärtet also die Bedeutung der Aufträge – ›ouvrage‹ oder ›labeur‹ in der Fachsprache der Drucker –, die in den Briefen der Arbeiter eine so große Rolle spielen.

Zweitens, indem man die von jedem einzelnen Arbeiter für jeden Bogen geleistete Satz- und Druckarbeit über einen Zeitraum von fünf Monaten verfolgt, läßt sich erkennen, wie der Werkmeister mit dem unregelmäßigen Arbeitsangebot fertig wurde. Die Drucker arbeiteten in der Abfolge der Arbeitsgänge nach den Setzern. Wenn also mehrere Setzer die STN verließen, mußten entsprechend viele Drucker entlassen werden. So verließen in der Woche vom 10. Oktober drei Setzer die STN und verminderten die ›casse‹ dadurch von dreizehn auf zehn Mann, und entsprechend reduzierte der Werkmeister die Arbeiter an der ›presse‹ von zwanzig auf zwölf, während der gesamte Ausstoß um die Hälfte zurückging. Durch einen neuen Auftrag und neuen Zugang von Setzern kehrte der Vorgang sich um, wie zwischen dem 5. und 19. September, als die ›casse‹ von neun auf zwölf Arbeiter und die ›presse‹ von dreizehn auf achtzehn Arbeiter anwuchs, während der Ausstoß sich verdoppelte. Die Kurve von Arbeitskräften und Produktivität ist außerordentlich unruhig, schnellt von einer Woche zur andern dramatisch in die Höhe und fällt wieder ab, wodurch deutlich wird, daß die Arbeitsverteilung ein Balanceakt war, der ökonomisch und menschlich hohe Kosten forderte.

Drittens ist es möglich, Leistung und Einkünfte einzelner Arbeiter zu verfolgen, und auch hier zeigen sich große Unregelmäßigkeiten, sowohl zwischen den Arbeitern wie auch im Verhalten desselben Arbeiters von einer Woche zur anderen. Die Typographen gehörten zu einer Gruppe, die oft fälschlich als »Arbeiteraristokratie« bezeichnet wird – das heißt, es waren gelernte Handwerksleute, die doppelt soviel verdienten wie gewöhnliche Arbeiter. Wenn sie Arbeit hatten, konnten sie wöchentlich etwa 100 Batzen oder 15 Livres tournois nach Hause tragen, genug um eine Familie zu ernähren und erheblich mehr als das, was Textilarbeiter, Tischler und Zimmerleute in Frankreich verdienten. Oft aber verdienten sie weit weniger, als sie verdienen konnten, nicht weil die Arbeit ausging, sondern weil sie es vorzogen, weniger zu arbeiten.

In der Woche vom 3. Oktober beispielsweise fiel die Leistung eines Setzers, Tef, um die Hälfte ab (von 92 auf 46 Batzen), während die eines anderen, Maley, um ein Drittel zunahm (von 70 auf 105 Batzen). Jeder hatte genug Manuskripte zum Setzen, zog es aber vor, nach seiner eigenen Laune in Schüben zu arbeiten. Unter den Druckern war die Unregelmäßigkeit noch größer. Chambrault verdiente mit einem Genossen in der Woche vom 13. Juni 258 Batzen und lieferte 18 000 Druckbögen, während ihre Leistung in den nächsten beiden Wochen auf 12 000 und dann auf 7000 abfiel, und ihr gemeinsames Einkommen auf 172 und 101 Batzen sank. Während einer anderen dreiwöchigen Periode stieg die Produktivität von Yonicle und seinem Mitarbeiter von 12 525 auf 18 000 und 24 000 Drucke und ihr Verdienst von 182 auf 258 und 344 Batzen. Mit ihrer Spitzenleistung schafften sie fast das Doppelte ihrer schwachen Wochen und fast dreimal soviel wie die langsameren Mannschaften. Meistens arbeitete man weit unter der vollen Leistung. Nur selten lassen sich die Produktivitätseinbrüche auf Feiertage oder Nachschubmangel zurückführen. Man verlangsamte die Arbeit oder stellte sie ganz ein, um sich eine ›débauche‹ zu leisten, eine alte Tradition im Druckgewerbe, wie aus dem folgenden Eintrag der Plantindruckerei in Antwerpen vom 11. Juni 1564 hervorgeht: »Genannter Michel ging ins Bordell und blieb dort Sonntag, Montag, Dienstag und Mittwoch und kam am Donnerstag zurück, um sich auf einer Truhe in dem Zimmer, wo er gewöhnlich wohnte, auszuschlafen.«[16]

Obwohl die Akten der STN keine so ausführlichen Einzelheiten darüber enthalten, wie die Männer ihre freie Zeit verbrachten, zeigen sie doch, daß es Zeit und Geld gab, die verbraucht werden wollten. Die ›conscience‹-Arbeiter oder Zeitkräfte galten in der Firma als die verläßlichsten, wie ihr Name deutlich macht. Ihre Anwesenheitslisten zeigen jedoch, daß sie selten eine volle Sechstagewoche arbeiteten. Pataud beispielsweise arbeitete im Sommer 1778 fünf Wochen lang ›en conscience‹. In der ersten Woche arbeitete er fünf Tage, in der zweiten ebenfalls fünf, in der dritten sechs, in der vierten sechs und in der fünften drei. Die Beispiele ließen sich beliebig vermehren, aber wie auch immer man die Daten in dem Lohnbuch aufbereitet, die Arbeitsstruktur bleibt unregelmäßig – in ihrer Dauer, ihrem Rhythmus, ihrer Organisation, Produktivität und Entlohnung.

Vergleicht man die statistischen Daten mit den in den Briefen zum Ausdruck gebrachten Einstellungen, dann wird diese Struktur bedeutungsvoll. Beide Arten von Quellen ergänzen einander und verdeutlichen die Grundmerkmale der Arbeit, wie sie von den Arbeitern selbst erlebt und verstanden wurden. Bevor man daraus seine Schlüsse zieht, möchte ich noch eine dritte Art Quelle heranziehen, die man im anthropologischen Sinne als »kulturell« bezeichnen kann: ich meine Traditionen, Brauchtum und Folklore des Druckerhandwerks. Man findet sie in reichem Maße verstreut in Druckerhandbüchern und Memoiren, wie denen von Benjamin Franklin und Nicolas Restif de la Bretonne. Die reichste Quelle von allen sind die *Anecdotes typographiques* von Nicolas Contat, einem Pariser Setzer, der seinen Aufstieg vom Lehrling zum Werkmeister in einer Druckerei in der rue Saint-Séverin in den dreißiger und vierziger Jahren des achtzehnten Jahrhunderts geschildert hat. Contats Schilderung, wie Arbeitskräfte angeworben, behandelt und bezahlt wurden, entspricht in Dutzenden von Einzelheiten dem Bild, das sich aus den Akten der STN ergibt. Sie bereichert dieses Bild aber noch durch eine zusätzliche Dimension, weil sie eine Fülle von Mitteilungen über die Kultur der Druckerei und speziell über drei Schlüsselthemen enthält: Rituale, Jargon und Witze.

Contat schreibt seine eigenen Erfahrungen einem fiktiven Burschen namens Jerome zu und beschreibt eine Vielzahl von Zeremonien, vor allem Feste wie das des heiligen Martin und von Johannes dem Evangelisten, besonderen Wert legt er aber auf die Rituale, die den Weg eines Lehrlings durch die Firma begleiten. Als Jerome beispielsweise in die Arbeiterschaft aufgenommen wurde, unterzog man ihn einem Ritual, das ›la prise de tablier‹, Schürzefassen, genannt wurde. Er mußte 6 Livres (ungefähr ein Dreitagelohn eines tüchtigen Gesellen) an die ›chapelle‹ oder Firmenorganisation zahlen. Auch die Gesellen leisteten einen kleinen Beitrag (ihre Zahlungen hießen ›la reconnaissance‹), und alle Arbeitskräfte zogen zusammen zu Le Panier Fleury, einem der von den Druckern frequentierten Bistros in der rue de la Huchette. Dort sammelten sich die Gesellen um Jerome und den Werkmeister in der Mitte des Raumes und mit gefüllten Gläsern. Der Unteraufseher kam nun mit der Schürze des Patrons, gefolgt von zwei ›anciens‹, einem aus jedem der »Stände« des Betriebs – der ›casse‹ und der ›presse‹. Der Werkmeister hielt eine kurze Ansprache und legte die Schürze über den Jungen und verknotete sie auf seinem Rücken. Dann klatschten die Gesellen Beifall, tranken auf sein Wohl und er erhielt ebenfalls ein Glas und schloß sich dem Umtrunk an.

Um die Zeremonie abzurunden, wartete am Ende des Raumes ein üppiges Mahl auf die Arbeiter. Während sie sich mit Fleisch und Brot vollstopften, unterhielten sie sich... und die *Anecdotes* geben einige Ausschnitte ihrer Gespräche wieder. »Ist es nicht so, sagt einer von ihnen, daß Drucker wissen, wie man sich vollstopft? Ich bin sicher, wenn man uns einen beliebig großen gerösteten Hammel vorsetzen würde, würden wir nur die Knochen übriglassen... Sie reden nicht über Theologie oder Philosophie und noch weniger über Politik. Jeder spricht von seiner Arbeit: einer erzählt von der ›casse‹, ein anderer von der ›presse‹, dieser über den Preßdeckel, ein anderer über die Anschwärzballen. Alle sprechen zur gleichen Zeit, ob sie gehört werden oder nicht.« Am frühen Morgen geht man schließlich auseinander, berauscht, aber bis zum Schluß zeremoniell: »Bonsoir, M. notre prote; bonsoir Messieurs les compositeurs; bonsoir Messieurs les imprimeurs; bonsoir Jerome.« Im weiteren erläutert der Text, daß Jerome bei seinem Vornamen gerufen werden wird, bis er als Geselle aufgenommen ist.[17]

Dieser Augenblick kommt vier Jahre später, nach einer Menge Schinderei und zwei Zwischenzeremonien, der »Admission à l'ouvrage« und »Admission à la Banque«. Die Form ist die gleiche – eine Feier bei Essen und Trinken, nachdem der Initiand taxiert wurde – diesmal aber geben die *Anecdotes* eine Zusammenfassung der an Jerome gerichteten Rede: »Der Neuling wird belehrt. Er wird ermahnt, seine Kollegen niemals zu verraten und den Lohnsatz zu verteidigen. Wenn ein Arbeiter den Preis [für eine Arbeit] nicht akzeptiert und den Betrieb verläßt, dann sollte niemand im Haus die Arbeit für einen geringeren Lohn tun. So lauten die Gesetze unter Arbeitern. Gewissenhaftigkeit und Redlichkeit werden ihm ans Herz gelegt. Jeder, der die anderen verrät, wenn etwas Verbotenes gedruckt wird – man nennt es ›marron‹ [Kastanie] –, muß unnachsichtig ausgeschlossen werden. Die Arbeiter [ächten] ihn durch Zirkularschreiben, die in alle Druckereien in Paris und in der Provinz versandt werden... Ansonsten ist alles erlaubt: übermäßiges Trinken wird als eine gute Eigenschaft geschätzt, Schürzenjägerei und Ausschweifungen gelten als Jugendtorheiten, Verschuldung als Zeichen der Aufgewecktheit, Unglaube als Aufrichtigkeit. Es ist ein freies und republikanisches Territorium, wo alles erlaubt ist; lebe wie du willst, aber sei ein ›honnête homme‹, keine Heuchelei.« Kurz, Jerome eignet sich ein klar formuliertes Ethos an, das einige Lichtjahre von der innerweltlichen Askese Max Webers und der Arbeitsdisziplin der modernen Fabrik entfernt scheint. An diesem Punkt nun erhält er einen neuen Namen: er legt Jerome ab und wird ein »Monsieur« – das heißt er erhält einen neuen ›état‹ oder sozialen Stand. Er hat einen Übergangsritus im strengen, anthropologischen Sinne durchlaufen.[18]

Inzwischen hat er freilich auch ein Handwerk gelernt. Sehr ausführlich beschäftigen sich die *Anecdotes* damit, wie der Lehrling das Handwerk der Setzerei und den Umgang mit Druckformen lernt. Sie enthalten sogar ein Glossar, um dem Leser das Verständnis der technischen Vorgänge zu erleichtern. Bei genauerem Zusehen erweist sich die Sprache des Handwerks nicht so sehr als eine technische Fachsprache, vielmehr als eine Sondersprache, und sie vermittelt die Atmosphäre, in der die Arbeit getan wurde ebenso wie die Art und Weise, wie dies geschah. Es sind sechs Themen, um die diese Sprache zentriert ist.

1. Zeremonien: Außer der ›bienvenu‹, der ›banque‹ und der ›reconnaissance‹, die bereits erwähnt wurden, feiern die Arbeiter ›la conduite‹ (ein Abschiedsfest für einen Kameraden, der sich auf seine Frankreichwanderung begibt) und ›le chevet‹ (eine Zahlung, die ein Geselle bei seiner Heirat an die ›chapelle‹ leistet).

2. Späße: Oft warfen die Arbeiter ihre Arbeit hin, um sich an einer ›copie‹ (einer burlesken Darstellung eines Vorfalls im Betrieb), einer ›joberie‹ (Scherz und Spott), einem ›pio‹ (einer tollen Geschichte) oder einer ›bonne huée‹ (Mordskrach) zu vergnügen.

3. Essen und Trinken: Ausdrücke wie ›fripper‹ (essen), ›prendre la barbe‹ (sich betrinken), ›une manche‹ (angeheiterter Zustand) und ›faire la déroute‹ (in einer Kneipe einen draufmachen) weisen darauf hin, wie nahe Druckerei und Kneipe beieinander lagen.

4. Gewalttätigkeit: Nach den speziellen Ausdrücken wie ›prendre la chèvre‹ (ausrasten), ›chèvre capitale‹ (ein in Gewalttätigkeit ausartender Koller) und ›se donner la gratte‹ (Gezänk) zu urteilen, kam es in den Betrieben häufig zu Prügeleien.

5. Ärger: Ein Arbeiter mochte ›promener sa chape‹ (abhauen), ›emporter son Saint Jean‹ (fortgehen, mit allen seinen Werkzeugen, die nach dem Schutzheiligen der Drucker so genannt wurden), ›faire des loups‹ (Schulden aufhäufen) oder ›prendre à symbole‹ (auf Kredit

kaufen), immer jedoch schien er Ärger zu bekommen. Wenn er an die ›petite porte‹ ging (das Ohr des Chefs), dann war er ein Speichellecker oder ein Verräter und bekam mit seinen Kameraden Ärger.

6. Die Beschaffenheit der Arbeit: Die Drucker benutzten naturgemäß viele Ausdrücke für Fehler und Irrtümer: ›pâté‹, ›coquille‹, ›moine‹, ›bourdon‹. Sie anerkannten die Aufteilung des Betriebes, indem sie zwischen ›singes‹ (Affen oder Setzern) und ›ours‹ (Bären oder Druckern – ein Druckerlehrling wurde als ›oursin‹ bezeichnet) unterschieden und ›la casse‹ und ›la presse‹ als verschiedene Stände auffaßten. Und mit ›labeur‹ und ›ouvrage‹ bezeichneten sie den Vorgang des Angeheuertwerdens für eine Arbeit, was etwas ganz anderes ist als die moderne Vorstellung vom Eintritt in eine Firma.[19]

Die Arbeiter schufen sich auch ein spezielles Repertoire an Gebärden und Witzen. In ihrer am meisten ausgearbeiteten Form waren diese Witze ›copies‹ oder burleske Späße, die das ganze Haus in Stürme von Gelächter versetzen und mit schrillen Tönen erfüllen sollten (›bais‹ und ›huées‹). Die tollste ›copie‹ während der Jahre, die Jerome in dem Betrieb verbrachte, wurde von seinem Lehrlingskameraden Léveillé veranstaltet, der eine außergewöhnliche Imitationsgabe besaß. Die Jungens, die früh aufstehen und bis spät arbeiten mußten, ehe sie sich in einer kleinen elenden Dachkammer zur Ruhe begeben konnten, fühlten sich wie Tiere behandelt – im Grunde noch schlechter als das Lieblingstier des Hauses, eine Katze, die ›la grise‹ hieß. Es scheint, daß sich bei den Pariser Druckermeistern eine Art Katzenmode verbreitet hatte. Ein Meister hatte fünfundzwanzig Katzen, deren Porträts er malen ließ und die er mit Geflügel fütterte. Jerome und Léveillé bekamen nichts als Schweinefraß zu essen, während ›la grise‹ die erlesensten Happen vom Teller der Meistersfrau erhielt.

Eines Morgens hatte Léveillé diese Ungerechtigkeit satt. Er kletterte aufs Dach über dem Schlafzimmerfenster des Meisters und fing so laut an zu fauchen und zu miauen, daß der ›bourgeois‹ und die ›bourgeoise‹ aufwachten. Nach einer Woche dieser Behandlung glaubte sich der Meister von einer Horde teuflischer Gassenkatzen verfolgt und trug den Jungen auf, sie ihm vom Halse zu schaffen. Vergnügt gehorchten sie ihm, denn: »Die Meister lieben Katzen, und folglich hassen [die Arbeiter] sie.«

Fröhlich veranstalteten die beiden Lehrlinge nun ein Katzenmassaker. Mit Werkzeugen aus der Werkstatt gingen sie auf jede Katze los, die sie zu fassen bekommen konnten, ›la grise‹ als erste. Die halbtoten

Kreaturen steckten sie in Säcke und stapelten sie im Hof auf, wo sie eine Exekution aufführten. Sie stellten Wachen auf, benannten einen Beichtiger und verkündeten das Urteil und schütteten sich aus vor Lachen, als ein possenhafter Henker die Katzen an improvisierte Galgen hängte. Mitten in den Spaß platzte die Meisterin und schrie auf, weil sie ›la grise‹ in einer Schlinge baumeln zu sehen glaubte. Der Meister kam gelaufen, aber er konnte nur noch wenig ausrichten, außer die Männer zu schelten, weil sie ihre Arbeit liegengelassen hatten, denn er selbst hatte ja das Gemetzel veranlaßt. Das Schauspiel endete damit, daß der ›bourgeois‹ sich unter lautem Gelächter zurückzog, und es ging in die Legenden der Werkstatt ein. Vier Monate später führte Léveillé die ganze Episode in einer Art Vaudevilleprozedur, einer ›copie‹ einer ›copie‹, nochmals auf und sorgte damit in der Werkstatt für Abwechslung, wenn die Arbeit langweilig wurde. Nachdem er seinen Auftritt beendet hatte, drückten die Arbeiter ihr Vergnügen dadurch aus, daß sie mit den Setzwinkeln über die Setzkästen fuhren, mit Hämmern gegen die Formrahmen schlugen und wie Ziegen meckerten. Sie brachten den Meister auf die Palme und zum ›prendre la chèvre‹. Nicht nur liebten die Arbeiter Lärm und Späße, sie haßten ihre Meister: »Die Arbeiter stehen gegen die Meister im Bunde, und es genügt, schlecht von ihnen zu reden, um von der ganzen Mannschaft der Typographen geschätzt zu sein.«[20]

Späße sind natürlich nicht unschuldig, und hier haben wir es mit einem besonders vielsagenden Spaß zu tun. Léveillés ›copie‹ zeigt, wie groß der Haß der Arbeiter auf den ›bourgeois‹ und seine andersartige Lebensweise war – nicht nur wegen seines Reichtums und seiner Macht, sondern wegen ihres miteinander nicht zu vereinbarenden Lebensgefühls. Die Freude am Hätscheln von Schoßtieren war den Handwerkern so fremd wie die Tierquälerei den Meistern. Bei diesen Grausamkeiten verdient das rituelle Element Aufmerksamkeit, denn in der Volkskultur des Ancien Régime gab es eine Fülle von Ritualen, besonders zu Festzeiten wie dem Mardi Gras, wenn die Unterklassen die Welt auf den Kopf stellten in Zeremonien, die oft mit burlesken öffentlichen Exekutionen endeten. Mit ihrem Schuldspruch über die Katzen machten die Druckergesellen ihren Meistern symbolisch den Prozeß und ließen in einer Mischung aus Straßentheater, Karneval und lärmender Hexenjagd ihrem Ärger freien Lauf.

Die Schlußfolgerungen, die aus diesem Material gewonnen werden können, müssen impressionistisch bleiben, doch spürbar scheint mir eine starke Betonung des Spezifischen und Konkreten – die Arbeitsgeräte, das Besprechen der gerade fälligen Arbeiten, eine allgemeine Aufmerksamkeit auf das Hier und Jetzt und die Alltagswelt vertrauter Dinge und unmittelbarer Beziehungen. Die Arbeiter schmückten diese Welt mit Zeremonien aus und belebten sie mit Späßen, so daß die Arbeit selbst kollektive Rituale, Übergangsriten und Späße einschloß. Es gab keine scharfe Trennlinie zwischen Arbeit und Spiel oder Arbeit und dem, was wir heute als Freizeit bezeichnen, die es im achtzehnten Jahrhundert nicht gab, wo ein Zwölf-, Vierzehn- oder Sechzehnstundentag unterschiedslos aus Arbeit und Spiel bestand.

Die Späße und das Idiom der Drucker betonten zugleich die Unsicherheit und Unregelmäßigkeit dieser Art von Arbeit – Gewalttätigkeit, Trunkenheit, Verarmung, Fortgehen und Einstellung der Arbeit. Arbeit war ›labeur‹. Sie war von Aufträgen abhängig und ihre Arbeit vollzog sich stoßweise statt in regelmäßiger Tätigkeit für einen einzigen Betrieb. Das Brauchtum des Handwerks bestätigt das Bild der raschen Veränderungen, das man aus den Lohnbüchern und der Betonung der ›voyages‹ in der Korrespondenz der Meister gewinnt. In ihrer Wanderung von Arbeitsplatz zu Arbeitsplatz identifizierten sich die Männer nicht mit einer Klasse, einer Gemeinde oder einem Betrieb, sondern mit ihrem Handwerk. Sie verstanden sich selbst als Druckergesellen und nicht als einfache Arbeiter. Sie hatten ihre eigene Sprache, verehrten einen eigenen Heiligen (zumindest in den katholischen Ländern), frequentierten ihre eigenen Kneipen und gingen in Frankreich ihre eigenen Wege. Selbst an freien Sonntagen wanderten sie gemeinsam und zogen durch die Landgasthäuser, manchmal nach Ständen gruppiert, die ›casse‹ und die ›presse‹ für sich, und stritten mit rivalisierenden Gruppen von Schustern oder Zimmerleuten. Die Drucker grenzten sich von anderen Handwerkern und auch von ihren Meistern ab. Ihr stark entwickeltes Brauchtum und Ethos verhinderten, daß sie Solidarität mit den Arbeitern im allgemeinen empfanden, brachte aber eine starke Feindseligkeit gegen die ›bourgeois‹ zum Ausdruck. Die Druckerwerkstatt war durchaus keine erweiterte Familie mit ihrer Wärme und Freundlichkeit, sondern eine angespannte und explosive kleine Welt.

Um diese Welt wiedererstehen zu lassen, habe ich versucht, die Arbeit statistisch zu erfassen, die Einstellungen der Arbeiter und Meister zu ihr sichtbar zu machen und herauszufinden, wie sie sich zu einer Handwerkskultur herausbildete. Diese drei Elemente fügen sich zueinander und lassen erkennen, welche Bedeutung die Arbeit für eine bestimmte Gruppe von Arbeitern, die Druckergesellen des achtzehnten Jahrhunderts in Frankreich und in der Schweiz, hatte. In anderen Handwerken und bei der großen Masse der ungelernten Arbeiter herrschte wahrscheinlich eine andere Auffassung der Arbeit, denn die Erfahrungen müssen höchst unterschiedliche gewesen sein. Wenn man jedoch aus diesem sehr begrenzten Material irgendwelche allgemeinen Folgerungen ziehen darf, dann wohl die, daß die vorindustrielle Arbeit regellos und unbeständig, für jedes Handwerk unterschiedlich und auf bestimmte Aufgaben orientiert, in ihrer Organisationsform kollektiv und in ihrem Tempo individuell gewesen sein dürfte, und daß alle diese Merkmale sie allgemein von der Arbeit in der industriellen Epoche abgrenzen. Die Betrachtung der Vorgänge in einer Druckerei zeigt uns den Wandel eines Grundelements des menschlichen Lebens, der uns von den vergessenen Mitarbeitern an der Literatur des achtzehnten Jahrhunderts, die den Büchern zum Dasein verhalfen, trennt.

Lesen, Schreiben und Publizieren

Die Literaturgeschichte hat eine unausweichliche Tendenz zum Anachronismus. Weil jede Zeit die literarische Erfahrung nach ihren eigenen Kriterien rekonstruiert und jeder Historiker sich mit dem Kanon der Klassiker beschäftigt, läßt sich die Literatur nicht auf Deutungsschemata fixieren. Sie ist ein Geisteszustand wie Walter Benjamins Bibliothek[1], die immer von neuem ausgepackt und neu geordnet werden kann. Und doch hat die Vorstellung der Literaturgeschichte als eines endlosen Umgruppierens großer Bücher etwas Unbefriedigendes. Könnte man sich von einer großen Menge von Büchern über einen langen Zeitraum Rechenschaft geben, wäre es dann nicht möglich, einige allgemeine Erfahrungsstrukturen für die Aufnahme der Literatur zu entdecken? Diese Frage gehört in die Soziologie und Sozialgeschichte der Literatur, und sie ist vor siebzig Jahren von Daniel Mornet gestellt worden, der ganz einfach wissen wollte, was die Franzosen im achtzehnten Jahrhundert eigentlich gelesen haben.

Mornet glaubte eine Antwort auf diese Frage finden zu können, indem er in fünfhundert Katalogen von Privatbibliotheken, die zwischen 1750 und 1780 meist für Auktionen in der Pariser Region gedruckt worden waren, Titel zählte. Er fand ein einziges Exemplar von Rousseaus *Contrat social* und entdeckte, daß die Bibliotheken des achtzehnten Jahrhunderts einen sehr geringen prozentualen Anteil anderer Klassiker der Aufklärung enthielten. Statt dessen quollen sie über von den Werken vergessener historischer Gestalten: Thémiseul de Saint-Hyacinthe, Mme. de Graffigny und Mme. Riccoboni. Die Bücherliebhaber des achtzehnten Jahrhunderts gliederten die französische Literatur in eine Zeit »vor« und »nach« Clément Marot. Wenn sie die philosophes lasen, dann den Voltaire der *Henriade* und den Rousseau der *Nouvelle Héloise*.[2]
Mornets Forschungen, die ironischerweise gleichzeitig waren mit der kulturgeschichtlichen Orientierung an den großen Büchern, schie-

nen einige der Säulen der Aufklärung umzustürzen, zumindest erschütterte Mornet die Ansicht, daß der *Gesellschaftsvertrag* Robbespierre den Weg bereitete, und Mornets Nachfolger haben diesen Zweifel noch zu vertiefen versucht.[3] Unterdessen haben die Rousseau-Anhänger in einem Gegenangriff auf Mornets Beweise wieder einigen Boden gutgemacht. Wie kann man Privatbibliotheken, die reich genug sind, um Kataloge zu drucken, zum Maßstab für die Wirkung eines Buches auf gewöhnliche und mittellose Leser nehmen? So fragen sie, und weisen darauf hin, daß die Aussage des *Gesellschaftsvertrages* das allgemeine Lesepublikum in der Version im fünften Buch von Rousseaus sehr populärem *Emile*, durch die zahlreichen Ausgaben seiner Gesammelten Werke oder durch Ausgaben erreichen konnte, die in dem von Mornets Forschungen nicht einbezogenen letzten Jahrzehnt des Ancien Régime erschienen.[4] Außerdem war es Mornet entgangen, daß Auktionskataloge vor der Drucklegung die Zensur passieren mußten.[5] So bleibt seine These, ob richtig oder falsch, unbewiesen.

Trotzdem hat Mornet einige grundlegende Probleme aufgerührt, denen man sich noch kaum zugewandt hat: Was war die Eigenart der literarischen Kultur im Ancien Régime? Wer produzierte im achtzehnten Jahrhundert Bücher, wer las sie und was waren das für Leute? Ehe diese und ähnliche Fragen nicht beantwortet sind, wird es nicht gelingen, die Aufklärung in einen kulturellen und sozialen Kontext einzuordnen, und durch traditionelle Forschungsmethoden lassen diese Fragen sich nicht beantworten.

Der einflußreichste Versuch, einen neuen methodischen Ansatz zu formulieren, ist Robert Escarpits *Sociologie de la littérature* (Paris 1958).[6] Wie der Titel erkennen läßt, wollte Escarpit, der Direktor des Centre de sociologie des faits littéraires in Bordeaux, Gegenstand und Methoden eines neuen Zweiges der Soziologie definieren. Bücher behandelt er als Wirkungsmomente in einem psychischen Prozeß der Kommunikation zwischen Autor und Leser, und auch als Waren, die in einem System von Produktion, Distribution und Konsumption zirkulieren. Da der Autor sowohl in den psychologischen wie den ökonomischen Kreisprozessen des Austauschs eine Schlüsselrolle innehat, konzentrierte sich Escarpit auf die Erforschung des Autors. Innerhalb der normalen demographischen Gesetzen unterliegenden Bevölkerung bilden die Autoren, so argumentierte er, einen bestimmten Ausschnitt, und aufgrund dieser Annahme entwickelte er eine demographische Geschichte der Autorschaft.

Um einen Überblick über die literarische Bevölkerung zu geben, begann er mit dem Petit Larousse, zog dann Bibliographien und biographische Lexika hinzu und kam schließlich zu einer Liste von 937 Schriftstellern, die in dem Zeitraum zwischen 1490 und 1900 geboren wurden. Dann arbeitete er dieses Material in eine doppelseitige Graphik ein, in der der ›fait littéraire‹ als Zunahme und Abnahme von Schriftstellern unter vierzig Jahren erschien. Escarpit machte die Beobachtung, daß der Anteil junger Autoren jeweils nach dem Tod von Ludwig XIV., Ludwig XV. und Napoleon anstieg. Desgleichen fiel das Edikt von Nantes mit einer Zunahme der jungen Autoren zusammen, die zum ersten Mal nach dem Triumph Richelieus und dann im Gefolge des Zusammenbruchs der Fronde zurückging. Die Folgerung daraus lag für Escarpit auf der Hand: die literarische Demographie wird durch politische Ereignisse bestimmt. Diese Interpretation erhärtete er durch den Hinweis auf England, wo die Armada unter den Schriftstellern ein ›vieillissement‹, ein Altern, hervorrief, das erst mit dem Tod Jakobs I. überwunden wurde.

Diese Angleichung der literarischen Bevölkerung an Schlachten, Edikte, Revolution und die Geburt von Herrschern ist ein erregendes Schauspiel. Es läßt den Leser jedoch verwirrt zurück. Soll man glauben, daß in der Gelehrtenrepublik eine Art intellektueller Empfängnisverhütung stattfand? Übten die Schriftsteller eine Art Bevölkerungskontrolle aus Loyalität zu Königin Elisabeth I. (und auch zu Queen Victoria) oder war dieses ›vieillissement‹ ihr Fluch gegen die Königinnen? Fingen die jungen Männer in England zu schreiben an, um Karl I. das Leben schwerzumachen, oder gaben sie es in Frankreich auf, um ihre Abneigung gegen Ludwig XIV. zu zeigen? Wenn man jede bewußte Motivation ausschließen will, was ist dann der Grund dafür, daß die Zahl der jungen Schriftsteller nach dem Regierungsantritt Ludwigs XIV. und Ludwigs XVI. abnahm? Und wie kommt es, daß Geburt und Tod von Herrschern eine so große demographische Bedeutung haben – eine viel größere jedenfalls als die Revolutionen von 1789 und 1848, die sich in Escarpits Kurve nicht bemerkbar machen, während 1830 als ein großer Wendepunkt erscheint?

Die Antworten auf diese Fragen kann man in den Mängeln der Statistik Escarpits finden. 937 Schriftsteller über 410 Jahre sind eine sehr schmale Auswahl – im Durchschnitt 2,3 Schriftsteller pro Jahr. Ein einziger mehr oder weniger verschiebt die Kurve um 5 Prozent oder mehr, und trotzdem hat Escarpit aus solchen Verschiebungen weitreichende Folgerungen gezogen – beispielsweise die Unterscheidung zwischen einer jugendlichen romantischen Bewegung und einem mittleren Lebensalter in der Literatur der Empirezeit. Was noch wichtiger ist, Escarpit hatte keine Vorstellung davon, wie viele Schriftsteller unerfaßt blieben. Offensichtlich glaubte er, daß ein paar Dutzend (im Falle der Frühromantik Lamartine und dreiundzwanzig weitere) demographisch eine ganze literarische Generation repräsentieren konnten. Ein paar einzelne können durchaus einen stilistischen Trend oder eine kulturelle Bewegung repräsentieren, nicht aber Phänomene, die demographisch erfaßbar sind, wie Generationskonflikte und die Angleichung der Population an die vorhandenen Ressourcen.

Escarpit führte die Unterschiede zwischen der Schriftstellerei im achtzehnten und im neunzehnten Jahrhundert auf zwei andere Faktoren zurück: »Provinzialisierung« und Professionalisierung. Indem er die geographische Herkunft der von ihm ausgewählten Autoren eruierte, deckte er eine ›alternance Paris-province‹ auf. Das geographische Argument leidet jedoch an denselben statistischen Mängeln wie das demographische, und so bleibt Escarpit den Beweis schuldig, daß das Paris Balzacs die französische Literatur stärker dominierte als das Paris Diderots. Im Falle der Professionalisierung scheinen Escarpits Schlußfolgerungen triftiger. In zwei statistischen Tabellen zeigte er, daß es im neunzehnten Jahrhundert im Mittelstand mehr professionelle Schriftsteller, also solche, die ausschließlich von ihrer Feder lebten, gab als im achtzehnten. Es bekommt seiner These freilich nicht gut, daß die Prozentzahlen in der Tabelle der Schriftsteller des achtzehnten Jahrhunderts eine Gesamtsumme von 166 Prozent ergeben.[7]

In diesem Falle hat Escarpit seine Statistik aus David Pottingers *French Book Trade in the Ancien Régime* gezogen, einem anderen Beispiel für die quantitative Autorenforschung. Pottinger entnahm biographischen Lexika Daten über 600 »Schriftsteller« zwischen 1500 und 1800, dann gruppierte er diese in fünf soziale Kategorien – Geistlichkeit, Schwertadel, Großbürgertum, mittleres und Kleinbürgertum – und kam offenbar zu dem Schluß, daß die Autoren des Ancien Régime überwiegend zum Schwertadel und zum Großbürgertum gehörten. Diese Schlußfolgerung ist wiederum überzeugender als die Statistik, denn Pottinger nahm seiner Auswahl den repräsentativen Charakter dadurch, daß er 48,5 Prozent seiner Autoren ausschied, weil er sie nicht nach ihrem sozialen Hintergrund einordnen konnte. Dieser chirurgische Eingriff führte zu einem Durchschnitt von einem Autor pro Jahr für eine soziale Analyse, die sich über drei Jahrhunderte erstreckte. Außerdem hat Pottinger viele Schriftsteller offensichtlich falsch eingeordnet, wie zum Beispiel Restif de la Bretonne, den er dem

Ersten Stand zuordnete, weil er einen Bruder hatte, der zur Kirche gehörte. Die meisten der sechzehn anderen in dieser Kategorie hatten Verwandte oder Gönner, die zur Geistlichkeit gehörten. Aber wer, außer den Bauern, gehörte im Ancien Régime nicht dazu? Die übrigen Kategorien bei Pottinger sind nicht sehr viel stichhaltiger. Alle Schriftsteller, die in Armee oder Marine dienten, wurden dem Schwertadel zugeordnet, und Lehrer, Apotheker, Architekten und alle, »die wir mit der Justiz oder mit justiznahen Stellungen im Staat in Zusammenhang bringen können«, wurden der Großbourgeoisie zugeordnet.[8] Durch dieses Aufnahmeverfahren würden viele kleine Schriftsteller, die wie Rameaus Neffe lebten, sich aber als Rechtsanwälte bezeichneten oder in der Pariser Anwaltskammer geführt wurden, an die Spitze der Gesellschaft rücken. Vor allem ist eine Abgrenzung von Schichten des hohen, mittleren und niederen Bürgertums unmöglich, denn seit vielen Jahren haben Sozialgeschichtler vergeblich versucht, Einigkeit über eine sinnvolle Definition von »Bürgertum« zu erzielen, und Definitionen der sozialen Schichtung im sechzehnten Jahrhundert dürften auf das achtzehnte Jahrhundert kaum anwendbar sein.

Was läßt sich aus den Versuchen der quantitativen Geschichtsschreibung, das Problem der Autorschaft zu analysieren, folgern? Überhaupt nichts. Weder Escarpit noch Pottinger haben Beweise dafür vorgelegt, daß die paar Männer, die sie als repräsentativ für die gesamte literarische Population einer Epoche ausgewählt hatten, tatsächlich repräsentativ waren – und sie konnten es auch nicht, weil dazu erst einmal eine Erhebung aller Schriftsteller des Ancien Régime nötig gewesen wäre. Eine solche Erhebung läßt sich nicht vornehmen, denn was ist überhaupt ein Schriftsteller? Jemand, der ein Buch geschrieben hat, jemand, der seinen Lebensunterhalt mit Schreiben bestreitet, jemand, der diesen Titel in Anspruch nimmt oder jemand, dem die Nachwelt ihn verliehen hat? Bevor dieser Zweig der Sozial- und Kulturgeschichtsschreibung erste Früchte tragen konnte, ist er durch begriffliche Unklarheiten und mangelhafte Daten verdorrt. Die Literatursoziologie steht oder fällt aber mit den ersten Versuchen ihrer praktischen Realisierung. Lesestatistiken dürften fruchtbarer sein als solche über Autoren – wenn man Mornets Ansatz modernisieren möchte.

Mornet hat gezeigt, daß das entscheidende Hindernis für ein Verständnis der literarischen Kultur des Ancien Régime darin besteht, daß wir die fundamentale Frage, was die Franzosen des achtzehnten Jahrhunderts eigentlich gelesen haben, nicht beantworten können. Die Antwort ist uns deswegen nicht möglich, weil wir für die frühe Moderne keine Bestsellerlisten oder Statistiken des Bücher-»Konsums« besitzen. Die quantitative Historie hat aus diesem Grunde Sondierungen in den verschiedensten Quellen vorgenommen, in der Hoffnung, genügend Informationen über die allgemeine Entwicklung der Lesegewohnheiten des achtzehnten Jahrhunderts zusammentragen zu können. Die Vorliebe für Statistiken schließt nicht die Annahme ein, man könne die innere Erfahrung des Lesers in Zahlen ausdrücken oder Qualität quantitativ messen oder einen numerischen Maßstab für literarischen Einfluß gewinnen. (Newtons *Principia* würden in einer bloß statistischen Übersicht nicht stark zu Buche schlagen.) Durch Quantifizierung hofft man lediglich, eine grobe Übersicht über das Lesen im allgemeinen und nach Gattungen zu erhalten. Eine enorme Menge von Daten findet sich bereits in monographischen Aufsätzen und Büchern von François Furet, Jean Ehrard, Jacques Roger, Daniel Roche, François Bluche (anhand der Untersuchungen von Régine Petit) und von Jean Meyer.[9] Dabei wurde jeweils eine von drei Arten von Quellen benutzt: Kataloge von Privatbibliotheken, Buchbesprechungen und Anträge bei den Behörden zur Autorisierung von Publikationen. Das Problem der Leserschaft ist also von drei Seiten mit Nachdruck angegangen worden. Wenn dieses Problem gelöst ist, wenn in vielen Stunden in den Archiven und durch mühselige Berechnungen aus den Daten ein durchlaufendes Muster gewonnen ist, dann kann man hoffen, die allgemeinen Umrisse der literarischen Kultur des achtzehnten Jahrhunderts ins Visier zu bekommen. Bevor sich erkennen läßt, ob alle diese Monographien zu einer Synthese gebracht werden können, ist es freilich notwendig, den Charakter jeder einzelnen von ihnen zu erläutern, weil jede ihre besonderen Stärken und Schwächen hat.

François Furet hat die Unterlagen der Bibliothèque Nationale nach Anträgen durchgesehen, die um eine Erlaubnis zur Publikation von Büchern nachsuchen. Diese Anträge zerfallen in zwei Gruppen: ›permissions publiques‹ (sowohl ›privilèges‹ wie ›permissions de sceau‹) für Bücher, die die staatliche Zensur und die bürokratische Maschinerie formell durchliefen, und ›permissions tacites‹ für Bücher, denen die Zensoren die Bescheinigung ihrer moralischen, religiösen oder politischen Ungefährlichkeit nicht offen ausstellen würden. Die Erwartung Furets war, daß in der ersten Gruppe ein traditionelles Kulturbild und in der zweiten ein innovatives hervortreten würde, denn dank der liberalen Administration des Buchhandels durch Malesherbes wurden die ›permissions tacites‹ zu einem halblegalen Schlupfloch, durch welches viele Werke der Aufklärung in der zweiten Jahrhunderthälfte den Markt erreichten. Aber welche Werke? Wie viele von ihnen? Und welcher Prozentsatz der Gesamtzahl derjenigen Bücher, die als innovativ bezeichnet werden können? Diese Fragen konnte Furet nicht beantworten. Er mußte anerkennen, daß eine nicht aktenkundige Masse von Büchern mit ›permissions simples‹, ›permissions de police‹ oder bloßen ›tolérances‹ zirkulierten, entsprechend der sorgfältig abgestuften Quasilegalität des Ancien Régime. Außerdem stopften die Franzosen unbekannte Mengen gänzlich illegaler ›mauvais livres‹ oder ›livres philosophiques‹ in ihre Stiefel, in die falschen Böden ihrer Koffer und selbst in die Kutsche des Pariser Polizeipräfekten. Die offizielle Liste der ›permissions tacites‹ bringt einen also bei der Identifizierung des Innovatorischen nicht sehr weit. Die Schwierigkeiten der Beurteilung werden noch größer, wenn es zur Klassifizierung der in die Verzeichnisse aufgenommenen Bücher kommt. Furet übernahm das Klassifikationsschema der Kataloge des achtzehnten Jahrhunderts: fünf Standardrubriken – Theologie, Jurisprudenz, Geschichte, ›sciences et arts‹ und schöne Literatur – und einen Wust von Untergruppen, die eine moderne Bibliothek in ein Tollhaus verwandeln würden. Für den Leser des Rokoko gehörten Reisebeschreibungen zur Geschichte und ›économie politique‹ folgte unmittelbar auf Chemie und Medizin, gefolgt von Agrikultur und Agronomie und dies alles unter ›sciences et arts‹ in fröhlicher Nachbarschaft. Der moderne Leser erfährt aber zu seiner Verwirrung, daß die frühen Werke über Politik (in der Kategorie ›permissions publiques‹) »fast ausschließlich handelstechnische Lehrbücher« waren.[10] Wie kann eine Statistik über ›économie politique‹ dann seine Frage beantworten, ob der Lesestoff in Frankreich im Laufe des achtzehnten Jahrhunderts zunehmend politischer wurde? Fragen des zwanzigsten Jahrhunderts im Rahmen der Kategorien des achtzehnten zu beantworten kann irreführend sein, vor allem wenn der Forscher die Aufklärung in ein globales Bild der Lesekultur des Ancien Régime einzuordnen versucht. Schließlich stieß Furet auf das Problem der Unvollständigkeit der Daten. Die Anträge zum Druck von Büchern enthalten keinerlei Angaben über Höhe der Auflage oder Zahl der Bände, Jahr, Ort und soziale Gruppen der Käufer. Außer im Fall der Erneuerung von Privilegien haben Bestseller denselben numerischen Wert wie Reinfälle – den Wert eins. Es geht aus ihnen noch nicht einmal hervor, ob der Antrag überhaupt zu einer Veröffentlichung geführt hat, und natürlich sagen sie nichts über den Zusammenhang zwischen dem Kaufen und dem Lesen von Büchern.

Um diese Mängel zu kompensieren, hat Furet eine breite statistische Übersicht über die zwischen 1723 und 1789 verzeichneten 30000 Titel gegeben. Seine Analyse von sechs Stichproben aus der Gesamtheit der Titel genügte ihm, um einige allgemeine Tendenzen zu erfassen, ohne die literarische Topographie des achtzehnten Jahrhunderts im einzelnen zu kennen. Er stellte seine Ergebnisse in Säulendiagrammen dar, die nach den Kategorien des achtzehnten Jahrhunderts unterteilt waren. Die Diagramme zeigen eine Abnahme theologischer und eine Zunahme wissenschaftlicher Schriften, was Furet zu seiner wichtigsten Schlußfolgerung einer ›désacralisation‹ ausreichend erschien. Ebenso wird dadurch Mornets Überzeugung bekräftigt, daß die aus dem siebzehnten Jahrhundert überkommene traditionelle, klassische Kultur die aufgeklärten Elemente des achtzehnten überwog. Diese Elemente sind jedoch zu willkürlich über die Diagramme verteilt, um ein quantitatives Profil der Aufklärung zu ergeben.

Durch quantitative Erfassung von Buchkritiken versuchen Jean Ehrard und Jacques Roger die Lektüre des achtzehnten Jahrhunderts mit einem Maßstab zu messen, der sich an Furets Daten nicht anlegen ließ. Sie versuchten zu zeigen, welche Arten des Schrifttums sich der größten Beliebtheit erfreuten, wie dies sich an der Zahl der rezensierten Bücher und der Länge der Besprechungen in zwei seriösen, anspruchsvollen Zeitschriften, dem *Journal des savants* und den *Mémoires de Trévoux* ablesen ließ. Ihre Statistik bezog sich auf annähernd dieselbe Periode wie bei Furet und bediente sich derselben Kategorien, und sie kamen zu entsprechenden Schlußfolgerungen über die Zunahme des Interesses an der Wissenschaft (das sie früher im achtzehnten Jahrhundert lokalisieren), den Niedergang der Theologie und den »Fortbestand der traditionellen Formen der Literatur«.[11] Leider bemühten sie sich nicht, ihre Resultate in ähnlicher Weise mit denen Mornets zu vergleichen. Mornet hatte eine sorgfältige Untersuchung der Rezensionen im *Mercure* vorgenommen und war zu dem Ergebnis gekommen, daß sie keinerlei Zusammenhang mit der wirklichen Popularität der Romane hatten.[12] Seine Ergebnisse ließen sich durch eine ausgedehntere Befragung der literarischen Quellen bestätigen, da der Journalismus des achtzehnten Jahrhunderts in vielen Fällen eher die Interessen der Journalisten als die ihrer Leser widerspiegelt. Die Journalisten des Ancien Régime erkämpften sich ihren Weg durch eine Welt von ›cabales‹, ›combines‹ und ›pistons‹ (Ausdrücke, die die Not in der rücksichtslosen französischen Gelehrtenrepublik erfinden ließ) und ihre Schriften zeigten Spuren dieses Überlebenskampfes. Das *Journal des savants* stellte beispielsweise im achtzehnten Jahrhundert medizinische Artikel besonders heraus, nicht weil sie ihre Leser besonders interessierten – die vielmehr aufhörten »dieses traurige Repertorium von Krankheiten« zu kaufen –, sondern weil die Regierung die Zeitschrift übernommen hatte und sie einer ›cabale‹ der Ärzte auslieferte, die sie benutzten, um ihre eigenen Ansichten über Medizin zu propagieren.[13]

Ehrard und Roger versuchten nun, ihre Statistik gegen den Einfluß derartiger Vorgänge dadurch zu sichern, daß sie eine große Anzahl von Rezensionen heranzogen – im Falle des *Journal des savants* Rezensionen von 1800 Büchern. Aus solchen Daten lassen sich aber nur sehr schwer Ergebnisse gewinnen und mit anderen Untersuchungen koordinieren. Wie soll man beispielsweise die Tatsache deuten, daß das *Journal des savants*, eine überwiegend wissenschaftliche Zeitschrift, ihre wissenschaftlichen Besprechungen im späten achtzehnten Jahrhundert beinahe um ein Drittel reduzierte? In der gesamten Kategorie ›sciences et arts‹ gingen die Rezensionen zurück, während die Kategorie ›schöne Literatur‹ einen spektakulären Zuwachs verzeichnete. Daß das Publikum das Interesse an den Wissenschaften verlor, wäre eine voreilige Schlußfolgerung, denn die ›permissions tacites‹ zeigen genau den entgegengesetzten Trend, wie François Furet nachgewiesen hat. Darüber hinaus hat eine Untersuchung von drei anderen Zeitschriften, die Jean-Louis und Maria Flandrin vorgenommen haben, zu Ergebnissen geführt, die im Widerspruch sowohl zu denen Furets wie zu denen von Ehrard und Roger stehen.[14] Periodika scheinen demnach keine gute Quelle für Statistiken über den Geschmack des Lesepublikums zu sein.

Die Kataloge der Privatbibliotheken dürften, worauf Mornet erstmals hingewiesen hat, der quantitativen Geschichtsschreibung besser dienen. Sie bieten aber eigene Schwierigkeiten. Wenige Menschen lesen alle Bücher, die sie besitzen, und viele, besonders im achtzehnten Jahrhundert, lasen Bücher, die sie nicht gekauft hatten. Bibliotheken wurden in der Regel über mehrere Generationen aufgebaut: anstatt den Lesegeschmack einer bestimmten Zeit zu repräsentieren, waren sie automatisch archaisch. Außerdem gab es bei Auktionen von Bibliotheken des achtzehnten Jahrhunderts eine Zensur aller illegalen Bücher. Auch wenn diese Zensur nicht alles erfaßte (Mornet fand vierzig Exemplare von Voltaires verbotenen *Lettres philosophiques*), dürfte sie doch wirksam genug gewesen sein, um einen erheblichen Teil der Aufklärungsliteratur aus den Auktionskatalogen zu verbannen.

Trotz dieser Schwierigkeiten bleiben Mornets Forschungen die wichtigsten in ihrer Art, weil sie eine so große Zahl von Bibliotheken (500) einbezogen und weil Mornet die soziale Stellung einer so großen Zahl von Bibliotheksbesitzern aufzuspüren vermochte. Er fand heraus, daß sie aus einer Vielzahl von Positionen oberhalb der Mittelschicht kamen (viele Ärzte, Anwälte und vor allem Staatsbeamte, ebenso wie Kleriker und Amts- und Schwertadel) und daß die Lesegewohnheiten in keinem engen Zusammenhang mit dem sozialen Status standen. Zu ähnlichen Ergebnissen ist Louis Trenard bei einer nichtquantitativen Untersuchung von Bibliotheken in Lyon gekommen[15], doch die erfolgreichste Anwendung der Methoden Mornets ist in Untersuchungen einer einzigen sozialen Gruppe gelungen. Daniel Roches Erforschung der Bibliothek von Dortous de Mairan beschränkte sich sogar auf die Lesegewohnheiten eines einzigen Mannes, doch Roche hat zeigen können, wie typisch für einen zweitrangigen Gelehrten der Jahrhundertmitte Mairan war. Seine Resultate geben deshalb Einblick in typische Lesegewohnheiten der einflußreichen Schicht der weniger bedeutenden Akademiker. Gestützt auf die Forschungen von Régine Petit hat François Bluche die Bibliotheken von dreißig Mitgliedern des Pariser Parlaments untersucht, die zwischen 1734 und 1795 katalogisiert wurden. Er hat seine Ergebnisse zu einem überzeugenden Bild der Parlamentskultur verarbeitet, ohne jedoch etwas über ihre Veränderungen in der Zeit auszusagen. Sein Vergleich zwischen Katalogen von 1734–1765 und 1766–1780 läßt nicht eine Abnahme des Interesses an Rechtsliteratur und ein zunehmendes Interesse an schöner Literatur und ›sciences et arts‹ erkennen, wie er behauptet hat, denn die statistischen Unterschiede sind unerheblich – nicht mehr als 1 Prozent. Gleichwohl stimmen die Ergebnisse von Bluche sehr gut zu denen von Jean Meyer, der die Bibliotheken von zwanzig Mitgliedern des britischen Parlaments untersucht hat. Meyer gründete seine Statistik auf postume Besitzstandsverzeichnisse (inventaires après décès), die gwöhnlich verläßlichere Quellen sind als Auktionskataloge. Er stellte einen überwiegenden Anteil »traditioneller« Literatur gegenüber wenigen Aufklärungsschriften fest, und außerdem bemerkte er eine Abnahme von Rechtswerken und theologischen Schriften gegenüber einem im Laufe des Jahrhunderts zunehmenden Anteil zeitgenössischer Literatur. Demnach scheint die quantitative Historie für eine Definition der Kultur des Hochadels zu brauchbaren Ergebnissen geführt zu haben.

Ist es ihr aber gelungen, die Lesegewohnheiten in Frankreich insge-

Lesestoffe in Frankreich in der Mitte des 18. Jahrhunderts samt zu erfassen? Eine Hoffnung auf Erfolg besteht, wenn die monographischen Untersuchungen einander ergänzen und die Schwäche der einen durch die Stärken der anderen ausgeglichen wird. Furet hat das Gesamtgebiet erfaßt, dabei aber jedem Titel gleiches Gewicht gegeben und ist an den Leser des achtzehnten Jahrhunderts nicht herangekommen, während dies Ehrard und Roger eher gelingt, wobei aber ihr Maß für die Lektüre fehlerhaft scheint. Mornet, Roche und Bluche haben sich die Bibliotheken des achtzehnten Jahrhunderts selbst vorgenommen, doch nur den Ausschnitt, der öffentlich versteigert wurde. Wenn jede Einzeluntersuchung die fragwürdigen Teile einer anderen behandeln würde, dann könnte man den ganzen Problemkreis für bewältigt halten. Bestätigen die Resultate einander oder widersprechen sie einander? Die Frage scheint wichtig genug, um graphisch dargestellt zu werden.[16]

Aus diesem verwirrenden Mosaik von Diagrammen läßt sich aber leider kein stimmiges Muster ablesen. Einige der Unstimmigkeiten lassen sich hinwegerklären: in dem Diagramm der ›parlementaires‹ hat die Rechtsliteratur naturgemäß einen starken Anteil, die Wissenschaft dementsprechend bei Mairan und die Theologie unter den ›permissions publiques‹ im Unterschied zu den ›permissions tacites‹. Aber die gängigen Kategorien wie ›belles-lettres‹, Geschichte und Wissenschaft zeigen erhebliche Schwankungen und die Proportionen weichen stark voneinander ab. Stellt man sich jedes Säulendiagramm als eine Person vor, die ein Sonnenbad nimmt, und jeden schwarzen Streifen als Teil ihres zweiteiligen Badeanzuges, dann sieht man, mit was für ungestalten und verschiedenartigen Einzeluntersuchungen wir leben müssen.

Eine gewisse Abschwächung dieses Bikini-Effekts ergibt sich, wenn man die zeitliche Verschiebung der Proportionen beachtet. Sie kommen alle darin überein, daß die Franzosen sehr viele historische Werke lasen – in einem solchen Umfang, daß der inzwischen schon fragwürdig gewordene Mythos von einem unhistorischen achtzehnten Jahrhundert hinfällig wird –, und sie taten dies gleichmäßig das ganze Jahrhundert hindurch. Die Einzeldarstellungen zeigen auch, daß die Franzosen im Lauf der Zeit immer weniger religiöse Literatur lasen. Wissenschaftliche Literatur wurde wahrscheinlich in einem wachsenden Maße gelesen, blieb vielleicht aber auch konstant. Im allgemeinen galt für das Lesepublikum auch eine gewisse, wie Furet es formuliert hat, ›désacralisation‹. Diese Tendenz dürfte freilich eine Beschleunigung eines im Mittelalter anhebenden Säkularisierungsvorganges sein, der es nicht erlaubt, irgendwelche allgemeinen Aussagen über das Zeitalter der Aufklärung abzuleiten, und andere Verallgemeinerungen geben die quantitativen Forschungen nicht her.

Vielleicht ist es deshalb nicht möglich, allgemeine Aussagen über die globale literarische Kultur Frankreichs im achtzehnten Jahrhundert zu machen, weil es sie damals gar nicht gab. In einem Land, in dem in den achtziger Jahren etwa 9600000 Menschen gebildet genug waren, um ihren Namen zu schreiben[17], konnte es durchaus verschiedene Leserschaften und verschiedene Kulturen geben. In diesem Falle täten die quantitativen Historiker gut daran, wenn sie eine Makroanalyse des Lesens unterließen und sich statt dessen auf Untersuchungen über bestimmte Gruppen wie die ›parlementaires‹ von Bluche und Meyer konzentrierten. Diese Form quantitativer Historie hat sich, wenn sie sorgfältig eingesetzt wird, in Verbindung mit anderen Beweismitteln und mit Bezug auf einen wohldefinierten Ausschnitt der Bevölkerung als ein brauchbares Instrument erwiesen. Antworten auf die von Mornet aufgeworfenen allgemeinen Fragen hat sie jedoch nicht geben können, und es gibt keinen Grund zu der Annahme, daß diese Antworten durch eine weitere Vermehrung von Einzeldarstellungen sich einstellen werden.[18]

Aber selbst Mornets Deutung bedarf weiterer Beweise, denn bei keiner der von ihm oder seinen Nachfolgern befragten Quellen konnte man erwarten, daß in ihnen die modernsten Werke vorkommen würden, und keine der verwendeten Kategorien konnte als der Aufklärung angemessen betrachtet werden. Die Schwierigkeit, bei der Erforschung der Lesegewohnheiten im Ancien Régime »Trägheit« und »Innovation« (um das Vokabular der *Annales*-Schule zu verwenden) messend zu erfassen, führt immer wieder auf das Problem der Daten: wenn man administrative Quellen, zensierte Zeitschriften oder zensierte Bibliothekskataloge auf statistische Erkenntnisse durchgeht, wird ein erheblicher Teil des Aufklärungsschrifttums unterschlagen. Kein Wunder also, daß die quantitative Historie die Last der Vergangenheit so drückend erscheinen ließ, wo doch so viel Gegenwärtiges aus ihrer Bilanz ausgeschlossen blieb. Es mag enttäuschend sein, wenn man zu dem Schluß kommt, daß diese ganze mühselige quantitative Erfassung uns nur wenig über Mornet hinausgebracht hat, aber die Tatsache bleibt bestehen, daß wir immer noch sehr wenig darüber wissen, was die Franzosen des achtzehnten Jahrhunderts eigentlich gelesen haben.

Wenn es der historischen Soziologie der Literatur bisher nicht gelungen ist, eine selbständige kohärente Disziplin zu werden, und wenn ihr quantifizierender Ansatz auf die Grundfragen des Lesens und Schreibens in der Vergangenheit noch keine Antworten gegeben hat, so haben Soziologen und quantitative Historiker doch gezeigt, wie wichtig es ist, die literarische Kultur des Ancien Régime nicht nur literarisch zu erforschen. Bücher haben ein soziales Leben und einen ökonomischen Wert. In der Publikationsindustrie des achtzehnten Jahrhunderts traten alle Aspekte ihrer literarischen, sozialen, ökonomischen und sogar politischen Existenz auf höchst intensive Weise zusammen. Literaturgeschichte und -soziologie können demnach aus der Erforschung des Publikationswesens bedeutenden Gewinn ziehen. Um einige der möglichen Einsichten anzudeuten, werde ich im folgenden Material aus Verlagsakten und verwandten Quellen heranziehen, um drei Hypothesen aufzustellen: was die Franzosen lasen war teilweise dadurch bestimmt, wie ihre Bücher hergestellt und vertrieben wurden; es gab dabei im achtzehnten Jahrhundert zwei Grundformen der Buchproduktion und des Vertriebs, die legale und die heimliche, und die Unterschiede zwischen beiden haben für Kultur und Politik der alten Gesellschaftsordnung entscheidende Bedeutung gehabt.[19]

Die Unterschiede treten deutlich zutage durch einen Vergleich von Dokumenten in offiziellen Archiven mit den Akten der Untergrundverleger. Die Buchhändler von Lyon beispielsweise überschütteten die Direction de la librairie mit Briefen und Memoranden, in denen sie ihre Gesetzestreue bekundeten[20], während sie sich an die ausländischen Verleger, die sie mit illegalen Büchern versorgten, in der folgenden Weise wandten (A. J. Revol, ein Händler aus Lyon, begründet, inwiefern er für seine Schmuggeldienste keine überhöhten Forderungen an die Société typographique de Neuchâtel gestellt habe):

Wir haben Freiheit und Leben, Gesundheit, Geld und Ansehen aufs Spiel gesetzt.

Freiheit, indem wir ohne Unterstützung von Freunden durch lettre de cachet hinter Gitter hätten kommen können.

Leben, insofern wir verschiedentlich Zusammenstöße mit Zollbeamten hatten und sie mit der Waffe in der Hand zur Herausgabe konfiszierter Kisten nötigen mußten (in einem Falle hatten sie zwölf von Ihrer Firma, die sonst ohne Hoffnung, sie wieder freizubekommen, verloren gewesen wären).

Gesundheit: wie viele Nächte haben wir bei schlimmstem Wetter, im Schnee, bei der Durchquerung über die Ufer getretner Flüsse und sogar auf Eis verbracht!

Geld: welche Summen haben wir nicht bei verschiedenen Gelegenheiten dafür aufgewandt, um den Weg für den Transport zu ebnen, Verfolgung zu vermeiden und die Gemüter zu besänftigen?

Ansehen, insofern wir in den Ruf von Schmugglern gekommen sind.[21]

Hunderte von Männern dieses Schlages betrieben das Untergrundgeschäft, um die französischen Leser mit verbotenen Büchern und Raubdrucken zu versorgen, die niemals die ›permissions tacites‹ hätten erhalten können. Diese literarischen Freibeuter waren farbige Gestalten: die obskuren Schmugglerbanden, die die Bücherkisten für 12 Livres den Zentner und einen kräftigen Schnaps auf mühseligen Pfaden durchs Juragebirge schleppten; die Händler auf beiden Seiten der Grenze, die die Führer bezahlten und die Wege nach Frankreich ebneten, indem sie die Agenten der Generalpächter bestachen[22]; die Fuhrleute, die die Kisten in die Lagerhäuser der Abrechnungsstellen in der Provinz wie die Auberge du Cheval Rouge außerhalb von Lyon brachten; die Provinzbuchhändler, die die Kisten durch ihre lokalen Zünfte schleusten (für 5 Livres den Zentner im Falle Revols) und sie in Zwischenlagern außerhalb von Paris unterbrachten; die Betreiber der Zwischenlager wie Mme. La Noue in Versailles – in den Augen der Welt eine schwatzhafte freundliche Witwe, für ihre Kunden aber eine ausgekochte Geschäftsfrau, die »wie ein Araber handelt«[23], und voller Berufsstolz war (»Ich schmeichle mir, daß man die Sorgfalt, mit der ich diese Art Geschäft erledige, zu schätzen weiß«[24], schrieb sie einem Kunden mit ihrer ungeübten Hand); die ambulanten Händler wie Cugnet und seine Frau, die man im Gewerbe als »Banditen ohne Moral und Scham«[25] kannte und die die Bücher von Versailles nach Paris schmuggelten; und schließlich fragwürdige Gestalten wie Desauges père et fils, die in Paris den Vertrieb besorgten und mit der Bastille Bekanntschaft gemacht hatten[26], sowie Poinçot, »in gutem Verhältnis mit der Polizei«[27], aber »der widerborstigste Charakter, den ich kenne«[28], wie J. F. Bornand es ausdrückt, einer der vielen literarischen Geheimagenten in Paris, der für die ausländischen Verleger gelegentlich tätig wurde und den Kreislauf schloß, indem er sie mit Manuskripten und Hinweisen auf erfolgreiche Bücher zum Nachdrucken versorgte.[29] Durch diese schlüpfrigen Hände gingen riesige Mengen von illegalen Büchern, deren Bedeutung im Verhältnis zur legalen und halblegalen Literatur sich nicht abschätzen läßt, solange der heimliche Import zahlenmäßig nicht erfaßt ist. Eine nichtquantitative Schlußfolgerung scheint jedoch von vornherein wichtig: Publizieren im Untergrund und legales Publizieren spielten sich in getrennten Sphären ab, und der Untergrundbetrieb war eine hochkomplizierte Sache, für die viele Arbeitskräfte aus besonderen Milieus herangezogen wurden. Die an diesem geheimen Geschäft Beteiligten sind dabei keineswegs Unbekannte geblieben, deren Spuren sich in der Geschichte verloren haben, sondern sie lassen sich ausfindig machen und sozial lokalisieren. Sie hatten Namen und Gesichter, die in den Akten der Verleger des achtzehnten Jahrhunderts lebendig werden, und ihre Erfahrung macht deutlich, daß das Publizieren im Untergrund eine Welt für sich war.

Wie ganz anders dagegen war die Welt des legalen Publizierens. Die sechsunddreißig Druckermeister und etwa hundert bestallten Buchhändler in Paris lebten in Prunk und Wohlstand, stolzierten hinter ihrem Büttel einher und traten bei zeremoniellen Anlässen prächtig gekleidet in mit goldenen Lilien besetztem Samt auf. Sie veranstalteten feierliche Messen vor der Silberstatue ihres Schutzheiligen, des Evangelisten Johannes, in der Eglise des Mathurins, tafelten üppig bei den prächtigen Banketten ihrer Bruderschaft, nahmen neue Mitglieder ihrer Zunft in feierlichen Ritualen mit Eiden und Prüfungen auf, wohnten dienstags und freitags den Inspektionen der legal importierten Bücher bei, die von Zoll und Stadttoren im Innungshaus abgeliefert wurden, und wachten über das Gewerbe. Zu ihren Geschäften waren nur Innungsmitglieder zugelassen, und genaueste Bestimmungen – wenigstens 3000 Erlasse und Anordnungen aller Art allein im achtzehnten Jahrhundert[30] – regelten die Qualifikationen und begrenzten die Zahl der im Zusammenhang mit dem legalen Buchhandel Tätigen bis zu den 120 abgerissenen Kolporteuren, die sich mit Almanachen und öffentlichen Bekanntmachungen in das offizielle Monopol des Straßenhandels teilten und die Zugehörigkeit zu ihrer Körperschaft durch Lederabzeichen zu erkennen gaben. Jeder Zweig des Gewerbes war eingebunden in Körperschaften, Monopole und Familienbeziehungen. Die Aufteilung des Marktes war die Folge einer Krise im siebzehnten Jahrhundert. Im Jahre 1666 hatte Colbert einen Handelskrieg zwischen den Pariser und den Provinzverlegern beigelegt, indem er die Druckereien in der Provinz ruinierte und das Gewerbe der Kontrolle der Communauté des libraires et imprimeurs de Paris unterstellte. Durch die Herrschaft über diese Zunft besaßen ein paar Familien von Meistern des Druck- und Buchhändlergewerbes das legale französische Publikationswesen des achtzehnten Jahrhunderts.

In den wichtigeren Verlagsedikten der Jahre 1686, 1723, 1744 und 1777 ist der Zunftgeist deutlich zu erkennen. Das Edikt von 1723, das die Gesetzgebung des achtzehnten Jahrhunderts weitgehend festlegte, läßt eine Haltung erkennen, die man als »merkantilistisch« oder »colbertistisch« bezeichnen könnte, da sie die Neuordnung des Gewerbes kodifiziert, die Colbert selbst in den sechziger Jahren herbeigeführt hatte. Diese Reform wandte sich gegen kapitalistische »Profitgier«[31] und legte Wert darauf, Qualität sicherzustellen, die sehr ins einzelne gehend definiert wurde. Das Schriftbild von drei »I« sollte genau der Breite eines »m« entsprechen, und das »m« hatte einem Modell-»m« genau zu gleichen, das bei den Syndici und Beauftragten der Zunft deponiert war, und diese waren gehalten, die sechsunddreißig Druckereien einmal im Vierteljahr zu inspizieren, um sicherzustellen, daß jede die Minimalausstattung von vier Druckerpressen und neun Schriftsätzen, sowohl kursiv wie Antiqua, in gutem Zustand besaß. Die Beförderung von Gesellen zu Meistern war streng geregelt, und deren Zahl war begrenzt und meist gingen die Meisterstellen in Familieneigentum über, denn an jedem Punkt begünstigte das Edikt die Witwen, Söhne und Schwiegersöhne der etablierten Meister. Diese privilegierten Wenigen besaßen ein wasserdichtes Monopol von Buchproduktion und -absatz. Wer nicht zur Zunft gehörte, durfte nicht einmal Altpapier verkaufen, ohne eine Strafe von 500 Livres und »exemplarische Bestrafung« zu riskieren.[32] Die Zunft war genau durchorganisiert und mit »Rechten, Freiheiten, Immunitäten, Prärogativen und Privilegien« ausgestattet.[33] Nicht nur hatte sie das Handelsmonopol, sondern als eine Universitätskörperschaft genoß sie auch spezielle Steuererleichterungen. Die Bücher selbst waren steuerfrei. Jedes enthielt ein formelles ›privilège‹ oder eine »Erlaubnis« von des Königs »Gnaden«, die in der Kanzlei und in der Chambre syndicale der Zunft registriert war. Ein Zunftmitglied, das ein Privileg erwarb, erhielt das exklusive Verkaufsrecht an dem Buch, wodurch die »Gnade« in eine Art Ware verwandelt wurde, die wiederum aufgeteilt und an andere Mitglieder weiterveräußert werden konnte. Monopol und Privileg herrschten damit auf drei Ebenen des Verlagswesens: auf der Ebene des Buches selbst, innerhalb der Zunft und als ein Aspekt der Sonderstellung dieser Zunft innerhalb des Ancien Régime.

Diese dritte Ebene verdient Beachtung, weil die Sonderstellung der Zunft sowohl eine Aufsichtsfunktion wie eine ökonomische Funktion besaß. Der Staat hatte bei seinen Versuchen, das gedruckte Wort zu überwachen, selten eine aufgeklärte Haltung eingenommen, bis 1750 Malesherbes Directeur de la librairie wurde. Im Jahre 1535 hatte man auf die Entdeckung, daß Bücher Aufruhr stiften konnten, so reagiert, daß jeder, der sie druckte, gehängt werden konnte. 1521 hatte man die neue Industrie dadurch in Zaum zu halten versucht, daß man sie der Überwachung durch eine mittelalterliche Körperschaft, die Universität, unterstellte. 1618 versuchte man es noch einmal, diesmal durch die Beschränkung der Verleger innerhalb der Zunft, einer ebenso archaischen Organisationsform, und zusätzlich versuchte der Staat die Bücher dadurch unter seine Kontrolle zu bekommen, daß er einen eigenen Apparat – zunächst innerhalb der Staatskanzlei und der Pariser Lieutenance-générale de police, später unter der Direction de la librairie – schuf und neben den Kontrolleuren des Pariser Parlaments, der Generalversammlung des Klerus und anderer einflußreicher Institutionen eigene Buchkontrolleure einsetzte. Dieser bürokratische Wirrwarr vermochte die Macht der Zunft nicht zurückzudrängen, im Gegenteil, bis zur Revolution fuhr diese fort, Jagd auf ›mauvais livres‹ zu machen. Die Edikte von 1723 und 1777 bekräftigten ihr Recht, nach illegalen Druckwerken zu suchen und Buchlieferungen nach Paris zu kontrollieren. Diese Politik war nur konsequent: der Staat schuf ein Monopol mit einem berechtigten Interesse an der Durchsetzung der gesetzlichen Bestimmungen, und die Inhaber des Monopols wahrten ihr Interesse, indem sie außergesetzliche Konkurrenten ausschalteten. Obwohl einige Zunftmitglieder im Verlagswesen des Untergrundes herumpfuschten, wollten die meisten es auslöschen. Sie wurden dadurch beraubt und unterboten, und die Zunft war dazu da, ihre Privilegien zu schützen. Geschützte Privilegien bedeuteten sicheren Gewinn, der reizvoller war als das risikoreiche Geschäft des illegalen Publizierens, zumal die Illegalität eine doppelte Gefahr einschloß: Bestrafung für das jeweilige Vergehen und dann Ausschluß aus dem Zauberkreis der Monopolisten. Die Meisterstellung eines Druckers und Buchhändlers gehörte seiner Familie und er durfte sie nicht leichtfertig aufs Spiel setzen. Besser man kaufte ein Privileg für ein Gebetbuch und strich einen sicheren, wenn auch bescheidenen Gewinn ein, als daß man für eine geheime Voltaire-Ausgabe alles aufs Spiel setzte. Diese Einstellung entsprach einer ›traditionalen‹ Wirtschaftsweise, wo sogar Spekulanten aus dem Gewerbe ausstiegen, sobald sie genug zusammenhatten, um in ›rentes‹ zu investieren – oder sich für fünf Prozent Geld liehen, um Land zu kaufen, das jährlich ein bis zwei Prozent des Kaufpreises abwarf.[34]

Es wäre also falsch, die ökonomische Seite der Verlagsgesetzgebung des Ancien Régime zu unterschätzen. P. J. Blondel, ein altmodischer Abbé ohne Neigung zu den philosophes, wetterte gegen das Edikt von 1723, trotz der verschärften Restriktionen gegen das philosophische

Schrifttum, weil er darin eine rein ökonomische Maßnahme sah: eine Ausweitung des Zunftmonopols.[35] Im Grunde ergänzten sich die politischen und ökonomischen Aspekte. Die Stärkung der Zunft schien sowohl den Interessen des Staats wie denen der privilegierten Buchhändler zu dienen, doch die Reform veränderte das Staatsinteresse, und die Verlagsgesetzgebung von 1777, die kurz nach Turgots Angriffen auf die sechs großen gewerblichen Zünfte von Paris erlassen wurde, läßt eine Abwendung vom alten ›Colbertismus‹ erkennen. Statt die »Profitgier« zu verdammen, wies nun der König jede Absicht auf Begünstigung von »Monopolen« zurück, pries die Wirkungen des »Wettbewerbs« und lockerte die Regeln für die Privilegien, um die »kommerzielle Tätigkeit zu vermehren«.[36] Der Begriff des Privilegs wurde nicht angetastet, sein Charakter als eine »auf Gerechtigkeit gegründete Gnade«[37] und nicht als eine Art von Eigentum vielmehr bekräftigt, zugleich aber zugunsten der Autoren und auf Kosten der Buchhändler modifiziert. Schon lange, bevor es dazu kam, hatte die Buchhändlerzunft diesem Schlag vorzubeugen gesucht, indem sie einen Autor gewann, der ihre Sache darlegte. Diderots *Lettre sur le commerce de la librairie* wiederholte die alten Argumente über die Bewahrung der Qualität durch Beschränkung der Produktivität, die ganz im Gegensatz standen zu Diderots eigenen liberalen Grundsätzen und zu Malesherbes *Mémoires sur la librairie*, die die Reform teilweise beeinflußt hatten. Die liberalen Nachfolger von Malesherbes, Sartine und Le Camus de Néville, ließen sich von Diderots *Lettre* als dem Werk eines gekauften Lohnschreibers offenbar nicht beeindrucken und setzten die Edikte von 1777 durch und lockerten damit ein wenig die Fesseln, die die Buchhändlerzunft dem Verlagsgewerbe anlegte.

Umstritten war in dem Gesetz von 1777 jedoch das Verhältnis von Zunftmitgliedern und Autoren: das Privileg wurde nun eindeutig von der Autorschaft hergeleitet und verblieb für immer bei dem Autor und seinen Nachfahren oder erlosch mit seinem Tode, wenn der Autor es einem Buchhändler abgetreten und wenn dieser es für wenigstens zehn Jahre besessen hatte. Diese Bestimmung hob den Schutz vieler Werke auf und rief bittere Klagen bei den Zunftmitgliedern hervor, ohne jedoch ihr Monopol wirklich zu untergraben.[39] Das Gesetz stärkte ihre Macht, den Buchhandel zu beaufsichtigen, und wiederholte in der nachdrücklichsten Form, daß niemand außerhalb der Zunft als Verleger tätig werden durfte. Die Dynastien der Drucker und Buchhändler behielten also bis zur Revolution die Herrschaft über ihr Gewerbe. Der größte von ihnen, Charles-Joseph Panckoucke, baute das erste Verlagsimperium Frankreichs auf, indem er Versailles für sich zu gewinnen wußte.[40]

Die Schaffung eines freien Buchhandels durch Aufhebung der Zunft, so wie Turgot die sechs großen ›jurandes‹ aufgehoben hatte, stand nie zur Debatte. Das ökonomische Problem nahm eine andere Gestalt an, denn es entstand aus der alten Feindschaft zwischen dem Pariser Buchhandel und den Provinzbuchhändlern. Seit dem Handelskrieg des siebzehnten Jahrhunderts hatte sich das Druckgewerbe in der Provinz nicht wieder erholen können, während sich Provinzbuchhändler in großer Zahl das ganze achtzehnte Jahrhundert hindurch behaupteten und einen Großteil ihres Lagers aus dem Ausland bezogen, wo Hunderte von tatkräftigen Druckern billige Nachdrucke französischer Werke herstellten. In den siebziger Jahren erzeugte der Staat ungewollt einen Boom dieses verbotenen Gewerbes, indem er das Papier besteuerte, das in der Kalkulation des Druckers im achtzehnten Jahrhundert ein viel größerer Kostenfaktor war als heute.

Das ›papier blanc‹ der Drucker war immer wieder einmal besteuert worden, vor allem 1680 und 1748, aber nicht in ruinösem Maße und kaum, wenn überhaupt, außerhalb von Paris – bis zum 1. März 1771, als Abbé Terray, der verzweifelt nach Wegen suchte, um das vom Siebenjährigen Krieg verursachte Defizit auszugleichen, es mit 20 Sous pro Ries besteuerte. Im August 1771 wurde diese Rate aufgrund der Importsteuer von 2 Sous pro Buch nochmals um 10 Sous erhöht. Da der französische Papierexport steuerfrei war, hatten die ausländischen Drucker und ihre Verbündeten in der Provinz einen enormen Vorteil. Ein Ries von gutem weißen ›papier d'Auvergne‹ kostete in Paris 11 Livres, während es in der Schweiz, nach einer Schätzung, 8 Livres kostete.[41] Um das Gleichgewicht wiederherzustellen, belastete Terray am 11. September 1771 Importe französischer und lateinischer Bücher mit einer Steuer von 60 Livres pro Zentner. Diese Maßnahme jedoch beeinträchtigte ungewollt den Tauschhandel zwischen Provinzhändlern und dem Ausland.

Von Panik erfaßt stellten Verlage wie die Société typographique de Neuchâtel alle Lieferungen nach Frankreich ein und suchten verzweifelt nach Wegen, um die Zollbarriere zu unterlaufen, während ihre Kunden in der Provinz, Männer wie Jean Marie Bruysset und Périsse Duluc in Lyon, für eine Rücknahme der Steuer tätig wurden.[42] Ihre Bemühungen hatten Erfolg: am 24. November 1771 wurde die Steuer auf 20 Livres herabgesetzt, am 17. Oktober 1773 belief sie sich nur noch auf 6 Livres und 10 Sous und am 23. April 1775 wurde sie von Turgot gänzlich aufgehoben. Aber trotz dieser Kurskorrektur schlug die Waage wiederum zugunsten der ausländischen Verleger aus. In einer unsignierten Denkschrift, die dem Ministerium unterbreitet wurde, hieß es: »Von diesem Zeitpunkt an haben die Schweizer, die bemerkten, daß sie unsere Bücher um die Hälfte des Preises unterbieten konnten, unseren Buchhandel geplündert und ruiniert. Sie handeln unsere Bücher für drei Liards oder einen französischen Sou pro Bogen, und da wir zusätzlich zu den Kosten der Papiersteuer und dem hohen Druckpreis in Frankreich den Ankauf von Manuskripten zu zahlen haben, können wir oftmals keinen Gewinn erzielen, wenn wir denselben Bogen für zwei oder drei Sous verkaufen.« Als Beispiel wird Panckouckes neue *Encyclopédie méthodique* genannt, die 11 Livres pro Band kosten müßte, um nur die Herstellungskosten zu decken, während eine Schweizer Ausgabe in Paris für 6 Livres pro Band auf den Markt kommen könnte und dabei einen Gewinn von 40 bis 50 Prozent erbringen würde.[43]

Bis zur Mitte des Jahres 1783 scheint das Geschäft der ausländischen Verleger und der Provinzhändler auf Kosten ihrer Pariser Konkurrenz floriert zu haben, aber am 12. Juni 1783 wurde es von dem Außenminister Vergennes mit einem Federstrich zunichte gemacht. Er ließ an den Generalsteuerpächter die Anordnung ergehen, daß alle Buchimporte – mit den üblichen Siegeln, Bleimarken und Zollzetteln garniert – der Chambre syndicale der Pariser Zunft zur Kontrolle überstellt werden mußten, bevor sie an ihre Adressaten ausgeliefert wurden. Ohne das Steuersystem weiter zu strapazieren oder formale, legale Kanäle zu durchlaufen wie die früheren Edikte, gelang es dieser Maßnahme, mit einem Schlag die Herrschaft der Zunft über den Buchhandel wiederherzustellen. Jetzt mußte eine von Genf nach Lyon gesandte Bücherkiste durch die Hände der Pariser Zunftvertreter gehen, wodurch diese Gelegenheit erhielten, Raubdrucke auszusondern, während die Adressaten in Lyon einen Umweg in Kauf nehmen mußten, der mehr kostete, als die Bücher wert waren. Sogar der zusätzliche Weg von Rouen nach Paris und zurück, schrieb ein verzweifelter Buchhändler aus Rouen, würde sein Geschäft ruinieren.[44] Buchhändler in Lille berichteten, daß ihnen nichts anderes übrigbliebe, als die Importe zu stapeln und in ihrem feuchten Zollhaus verrotten zu lassen.[45] Die Lyoner behaupteten, daß bei ihnen der gesamte Buchimport – im Umfang von 2000 Zentnern im Jahr – ruhe und daß sie in die Lage kämen, die Zahlungen aussetzen zu müssen.[46] Während es in der Direction de la librairie Proteste von Provinzbuchhändlern hagelte, wurden die Verleger, die die Provinz aus dem Ausland versorgten, mit panischen Briefen überschüttet. Boubers in Brüssel, Gosse in Den Haag, Dufour in Mastricht, Grasset in Lausanne, Bassompierre in Genf und Dutzende andere bangten um ihre kommerzielle Existenz.

Die Société typographique de Neuchâtel sandte einen Agenten, J.-F. Bornand, aus, um den Schaden zu inspizieren, den ihre Nachschubwege erlitten hatten. Bornand berichtete, daß die »ruinösen Anordnungen« von Vergennes den gesamten Buchverkehr in Savoyen und der Franche-Comté zum Erliegen gebracht hätten. Ein Abstecher nach Grenoble zeigte ihm, daß die südliche Route »von Wachen strotzte, in einer solchen Zahl, daß am Grenzposten von Chaparillan alle Bücher in meiner Truhe beschlagnahmt wurden... mit Berufung auf die Anordnung des Königs, kein einziges Buch durchzulassen.«[47] Die Buchhändler in Lyon erzählten Bornand so haarsträubende Geschichten, daß er zu dem Schluß kam: »Wir müssen Frankreich aufgeben.«[48] In Lyon glaubte man, daß Panckoucke hinter diesen einschneidenden Maßnahmen stand, weil er alle Schweizer Konkurrenten erledigen wollte, namentlich Heubach & Cie, dessen Raubdrucke seiner Ausgabe von Buffons *Histoire naturelle* ihm große Verluste zugefügt hatte. Gleichlautende Gerüchte teilte Bornand aus Besançon mit, und als er in Paris eintraf, ließen ihn die Buchhändler ihre »ganze Verachtung« spüren. Einer drohte ihm mit »allem nur denkbaren Ärger; die Pariser Buchhändler haben sich gegen die ausländischen Buchhändler und sogar gegen die in der Provinz zusammengeschlossen«.[49] Mitte 1785 hatten die Neuchâteler immer noch keinen Weg gefunden, wie sie ihre Bücher in das große Zentrum des Untergrundhandels nach Avignon schaffen konnten[50] und gaben ihre Versuche auf, Paris über Schmuggler in Genf, Besançon, Dijon, Châlons-sur-Saône und Clairvaux zu erreichen. Ihr blühendes Geschäft in Frankreich war zu einem Rinnsal geschrumpft und es konnte sich nicht mehr erholen, da sie, wie sie einem Pariser Vertrauten erzählten, nicht wußten, »welche Wege die anderen Buchhändler von hier, aus Lausanne und Bern benutzen. Wir kennen keine andere Möglichkeit, Paris zu erreichen, als die mit einem acquit à caution... Alle anderen Kanäle sind für uns verschlossen, da wir kein Risiko eingehen wollen und uns auch nicht Beschlagnahmungen und Geldbußen aussetzen möchten.«[51] Vergennes hatte die Lebensader zwischen ausländischen Produzenten und Provinzhändlern durchschnitten.

Den Protesten der Provinz zufolge mußte man damit rechnen, daß der legale Außenhandel mit Büchern einen Einbruch erleiden würde.

Da die neue Regelung die Importe untragbar teuer machte, würde es unvermeidlich zu einem Rückgang des Exportgeschäftes kommen müssen, zumal Import und Export meist nicht in Geld, sondern im Austausch von Druckbögen abgewickelt wurde. Der Staat sah in den neuen Anordnungen ein neuartiges Mittel der Beaufsichtigung des Buchhandels mit dem Ziel, alle Raubdrucke und verbotenen Bücher, die Lebensgrundlage der Untergrundverlage, zu beseitigen. Beide Ansichten dürften richtig gewesen sein, wahrscheinlich aber war das heimliche Gewerbe am meisten betroffen. Die monopolistischen Praktiken der Pariser hatten die Provinzbuchhändler gezwungen, im Untergrund Zuflucht zu suchen. Sie verbündeten sich mit ausländischen Verlegern, und von ihnen erhielten sie illegale Werke unter dem Schutz eines ›acquit à caution‹, einer Zollgenehmigung, die Buchsendungen vor jeder Kontrolle zwischen der Grenze und dem Bestimmungsort in Frankreich schützte, wo sie dann von dem nächsten offiziellen Buchhändler geprüft wurden. Er bescheinigte ihre Rechtmäßigkeit durch einen Vermerk auf der Rückseite des ›acquit‹, der ihn dann von dem Lieferanten, der die Bücher gebracht hatte, wieder der Zollstation, bei der er ausgestellt worden war, zukommen ließ. Ein Händler, der mit einem illegalen Verleger zusammenarbeitete, konnte die Bücher entweder selbst vertreiben (anstatt sie zu beschlagnahmen) oder er konnte sie nach Paris weitersenden und eine Provision kassieren. Da inländische Buchtransporte unterwegs selten kontrolliert wurden, konnten sie ohne Risiko ein Zwischenlager, gewöhnlich in Versailles, erreichen und dann in kleinen Portionen in die Hauptstadt geschmuggelt werden.

Solange die Provinzbuchhändler die ›acquits à caution‹ gegenzeichnen durften, funktionierte dieses System recht gut. Als Vergennes diese Funktion aber der Pariser Zunft übertrug, war dem ganzen Verfahren der Boden entzogen. Es gab natürlich andere Mittel, um den Markt zu erreichen, aber es war nicht leicht, sich einen Weg durch die Zollschranken im Innern zu bahnen und den umherziehenden Kontrolleuren des Generalsteuerpächters aus dem Weg zu gehen, die nach jeder Beschlagnahme ein Entgelt und einen Teil der Waren erhielten. Den Fuhrleuten und heimlichen Agenten lag an einer legalen Tarnung, die ihnen erlaubte, ganze Wagenladungen auf den guten Straßen Mittelfrankreichs zu den Zunfthäusern der Provinz und direkt in den Palast des Königs rollen zu lassen. Im Untergrundhandel galt es, Risiko und Gewinnspannen gegeneinander abzuwägen. Ein zu risikoreiches, zu kompliziertes Schmuggelsystem konnte sich nicht auszahlen. Als Vergennes die Spielregeln änderte, standen die ausländischen Lieferanten und die Provinzbuchhändler vor dem Ruin. Wenn man die Unterlagen der Société typographique de Neuchâtel als repräsentativ für die allgemeine Reaktion auf die Anordnung vom 12. Juni 1783 ansehen kann, dann erlebte der ganze Untergrundhandel eine Depression, die wenigstens zwei Jahre, vielleicht aber bis 1789 anhielt.[52] Was die ausländischen Verlage betraf, so hatte sich die französische Regierung einer Politik des laissez faire, aber nicht des laissez passer verschrieben.

Merkwürdigerweise zeigen die Diagramme der legalen französischen Buchproduktion, die Robert Estivals und François Furet erstellt haben, im Jahre 1783 ebenfalls einen spektakulären Rückgang, den Tiefpunkt einer Baisse, die etwa von 1774 bis 1786 reicht.[53] Wie es zu dieser Baisse kam, ist schwer zu sagen. Sie scheint nicht mit Labrousses vorrevolutionärer Wirtschaftskrise oder den ihr verwandten »Zyklen« zusammenzuhängen, die Estival in seiner Statistik irgendwie zu erkennen meint. Könnte sie mit Vergennes' Verordnung vom 12. Juni 1783 zu tun haben? Die Absicht dieser Verordnung ist in ihrem Text deutlich ausgesprochen: sie sollte »der Vielzahl der im Ausland gedruckten und ins Königreich gelieferten libelles« ein Ende machen.[54] Selbst die Petitionen der Provinzbuchhändler erkannten, daß »es der Beweggrund der Anordnung ist, dem Strom der libelles, die aus dem Ausland kommen, Einhalt zu gebieten«.[55] Ebenso zeigt ein Blick in Vergennes' Korrespondenz mit seinen Botschaftern, wie sehr die ›libelles‹ ihn beunruhigten. In den Jahren 1782 und 1783 befassen sich seine Briefe nach England im selben Maße mit der Notwendigkeit, der von emigrierten französischen ›libellistes‹ betriebenen Schmutzproduktion Einhalt zu gebieten, wie mit der diplomatischen Vorbereitung des Pariser Vertrages. Er sandte einen Geheimagenten nach dem anderen (eine bizarre Sammlung von falschen Baronen und einen als Schirmhändler getarnten Polizeioffizier), um die ›libellistes‹ zu kaufen oder zu kidnappen. Keine Einzelheit ihrer phantastischen Rokokointrigen war zu banal, um die Aufmerksamkeit von Vergennes auf sich zu ziehen, denn er fürchtete den Einfluß der ›libelles‹ auf die öffentliche Meinung in Frankreich. Noch vor der Halsbandgeschichte ermahnte er den französischen Geschäftsträger, für die Vernichtung der politischen Pornographie Sorge zu tragen: »Sie kennen die Böswilligkeit unseres Jahrhunderts und wissen, wie leichtgläubig die widersinnigsten Märchen aufgenommen werden.«[56] Die Verordnung vom 12. Juni 1783 muß Teil dieser Kampagne und ihr Erfolg durchschlagend gewesen sein, wenn man danach urteilt, welche Bestürzung sie in der Welt der Untergrundverlage auslöste, und welche Zahl von Werken wie *Les amours de Charlot et Toinette* und *Essais historiques sur la vie de Marie-Antoinette* nach 1789 von den Revolutionären in der Bastille mit Vergnügen registriert wurden.[57]

Es besteht kein Grund dafür, die Kampagne gegen die ›libelles‹ mit dem Rückgang der legalen Buchproduktion in Zusammenhang zu bringen. Trotzdem scheint es durchaus möglich, daß Vergennes um jeden Preis entschlossen war, den Strom der ›libelles‹ nach Frankreich hinein zu unterbinden, so daß er auch die Kanäle für den rechtmäßigen Import verstopfte. Sein Vorgehen kann durchaus Rückwirkungen auf den legalen Buchhandel gehabt haben, wie die Provinzbuchhändler argumentierten. Selbst die ehrlichsten Provinzbuchhändler seien zu Kürzungen genötigt, weil ihre Kosten drastisch anstiegen und ihr Tauschhandel vernichtet war. Außerdem verlören sie ihre Funktion als Mittelsmänner im Handel zwischen Nord- und Südeuropa (was in Lyon ein wichtiger Bestandteil des Geschäfts war). Wie immer seien die Pariser die Gewinner auf Kosten der Provinz. Da die Provinzhändler einen Teil ihres Lagers für den Tauschverkehr mit dem Ausland aus Paris bezogen, konnten Vergennes' Anordnungen durchaus auch Teile des Pariser Marktes in Mitleidenschaft gezogen haben. Jedenfalls gingen die Buchimporte im nationalen Maßstab zurück und führten wahrscheinlich, aufgrund der entscheidenden Rolle, die das Tauschgeschäft im Buchhandel spielte, zu einem entsprechenden Rückgang der Exporte. Demnach hätte die ganze französische Buchproduktion leiden müssen, genau wie sie es nach dem Schlag von 1771 durch die Besteuerung und Zollgebühren tat.

Wenn diese Hypothesen richtig sind, dann führen sie zu der Annahme, daß das Publikationswesen im Untergrund und das legale nicht so getrennt voneinander und nicht so verfeindet waren, als daß sie nicht gemeinsam getroffen werden konnten. Zwischen beiden Systemen hatte sich wahrscheinlich eine gewisse Symbiose entwickelt. Beide waren stark auf den Zustrom ausländischer Bücher angewiesen, und dieses ausländische Element muß zahlenmäßig erfaßt werden, wenn man genauere Kenntnis über die Zirkulation von Ideen in der alten Gesellschaftsordnung erlangen will. Auf der vorstatistischen Stufe scheint es jedoch legitim, auf einem Punkt zu insistieren: Entgegen der Annahme, daß das Publikationswesen am Vorabend der Revolution infolge einer faktischen Pressefreiheit eine Blütezeit erlebt habe, ist es unbestreitbar, daß es eine Krise durchmachte, die von den Historikern nicht bemerkt worden ist, weil sie sich in offiziellen Dokumenten, wie den Edikten für den Buchhandel, nicht zu erkennen gibt.[58]

Die Verlagskrise verdient vor allem deshalb Aufmerksamkeit, weil ihre ökonomische und intellektuelle Seite in einer Weise zusammenhingen, die die vorrevolutionäre Krise beleuchtet. Ökonomisch gesehen repräsentierten legales und heimliches Publikationswesen gegensätzliche Wirtschaftsweisen. Die Pariser Communauté des libraires et imprimeurs blieb den ›Colbertschen‹ Methoden treu und produzierte nach offiziellen Kriterien eine begrenzte Zahl von Qualitätsgütern. Sie lieferte traditionelle Bücher für einen traditionellen Markt, den sie durch ein offizielles Monopol kontrollierte. Von berühmten Ausnahmen wie André François Le Breton, dem Verleger der *Encyclopédie*, abgesehen, hielt man das Risiko gering, weil man den Gewinn den Privilegien verdankte, und diese Privilegien waren ein Familiengut, das vom Vater auf den Sohn und vom Ehemann auf die Witwe überging. Außerdem befestigte die Zunft ihr Monopol, indem sie an der Zwangsgewalt des Staates partizipierte. Im Verlagswesen wie in so vielen anderen Fällen wurde das Ancien Régime von den Privilegien aufgezehrt – nicht nur von Rechtsprivilegien, durch die der Adel von den Gemeinen unterschieden wurde, sondern durch das Privileg berechtigter Interessen, von denen der Staat wie von einem Krebsgeschwür zerfressen wurde. In ihren letzten Jahren versuchte die Regierung, sich zu wehren und Reformen durchzusetzen. Durch diese Versuche brach aber der jahrhundertealte Konflikt zwischen Pariser und Provinz-Buchhändlern wieder auf, und die Buchsteuern von 1771–1775 und die sie ablösende Verordnung Vergennes' vom 12. Juni 1783 besiegelten den Triumph der Pariser Verlegerdynastie.

Dieser Triumph fand jedoch an dem archaischen Charakter des Produktionssystems seine Grenzen. Trotz der durch die ›permissions tacites‹ gewonnenen Flexibilität und der abenteuerlichen Unternehmungen einiger weniger Zunftmitglieder vermochten die privilegierten Verlage die durch eine gewachsene Leserschaft und einen veränderten literarischen Geschmack geschaffene Nachfrage nicht zu befriedigen. Die Lesegewohnheiten der Vergangenheit lasteten schwer auf dem traditionellen Sektor des Verlagswesens, wie die Statistiken von Mornet und Furet zeigen, und man kann gut verstehen, warum die meisten traditionellen Verleger von den überkommenen Formen nicht abgehen wollten. Warum sollten sie ihre Privilegien aufgeben, ihre Sonderstellung aufs Spiel setzen und die Lebensgrundlage ihrer Familie gefährden, indem sie eine neue Literatur von zweifelhafter Legalität produzierten? Das Neue kam aus dem Untergrund.

Dort war die Produktivität durch keinerlei Legalität eingeengt, und die Bücher waren Produkte eines naturwüchsigen Kapitalismus. Wegen der verfehlten Steuerpolitik des Staates war es nicht nur billiger, neue Werke außerhalb Frankreichs zu produzieren, sondern die ausländischen Verleger machten auch mit Raubdrucken älterer Werke ein gutes Geschäft. Sobald ihre Agenten ihnen berichteten, daß sich in Paris ein Buch gut verkaufte, gingen sie sofort daran, eine gefälschte Ausgabe zu setzen. Einige von ihnen druckten auch verbotene Bücher, ausgesprochene ›mauvais livres‹. Es waren harte Geschäftsleute, die alles machten, was sich gut verkaufte, sie gingen Risiken ein, brachen mit Traditionen und steigerten ihren Profit durch Quantität statt durch Qualität. Statt sich durch ein legales Monopol einen Marktanteil zu erkämpfen, wollten sie mit dem Staat lieber nichts zu tun haben und scheuten auch die Bestechung nicht, um in Ruhe gelassen zu werden. Es waren Unternehmer, die die Aufklärung als Geschäft betrieben.

Die aufgeklärten Themen der von ihnen hergestellten Bücher – Individualismus, Freiheit und Gleichheit vor dem Gesetz gegenüber Körperschaften, Privileg und merkantilistischen Restriktionen – paßten zu ihren Geschäftspraktiken. Mag sein, daß ihre Produkte durch die Produktionsweise bestimmt waren. Wenn man dieses Argument überspitzt, wird daraus eine Art vulgärmarxistischer Reduktionismus, es wird daran aber deutlich, daß man die Geschichte des Buchwesens zu einer Ergänzung der konventionellen Ideengeschichte ausbauen kann.[59] Bücher sind zugleich Waren und Kulturschöpfungen, und als Ideenträger müssen sie auf einem Markt gehandelt werden. Der französische Literaturmarkt des achtzehnten Jahrhunderts bedarf einer genaueren Erforschung, weil sich in seinen Büchern – ob privilegiert oder philosophisch, traditional oder innovativ – die Eigenart des Ancien Régime verdichtet.

Da das Ancien Régime ebenso ein politisches wie ein soziales und ökonomisches System war, müßte eine sozialökonomische Deutung seines Verlagswesens politische Faktoren mit berücksichtigen. Was für Bücher waren es eigentlich, die Vergennes unbedingt von Frankreich fernhalten wollte? Man findet sie aufgeführt in handgeschriebenen Verzeichnissen mit dem Titel »philosophische Bücher«, die heimlich kursierten und so köstliche verbotene Früchte annoncierten wie die folgenden:

Vénus dans le cloître, ou la religieuse en chemise, figures
Système de la nature, 8°, 2 vol. 1775 très belle édition

Système social, 8°, 3 vol. 1775
Fausseté des miracles
La fille de joie, 8°, figures
Contrat social par Jean-Jacques Rousseau, 12°
Journal historique des révolutions opérées en France par M. Maupeou,
    3 vol. 8°
Mémoires authentiques de Mme. la comtesse Du Barry, 1775
Margot la ravaudeuse, 12°, figures
Lettres de l'abée Terray à M. Turgot
Les droits des hommes et leurs usurpations[60]

Derselbe Untergrundverleger brachte auch einen richtigen gedruckten
Katalog in Umlauf, mit seinem Namen und seiner Adresse und Titeln
wie den folgenden:

Bélisaire, par Marmontel, nouvelle édition augmentée, 8°, figures,
    Lausanne, 1784: 1 Livre
Bible (la Sainte), 8°, 2 vol., Neuchâtel, 1771: 6 Livres
Bibliothèque anglaise, ou recueil des romans anglais, 14 vol., 12°,
    Genève, 1781: 15 Livres
Bonnet (M. Charles), ses œuvres complètes de physique et d'histoire
    naturelle, 4°, 8 vol., figures, Neuchâtel, 1782: 81 Livres.[61]

Die Bücher im zweiten Katalog können legal oder Raubdrucke gewesen sein, aber sie beleidigten nicht die Religion, die Moral oder den
französischen Staat. Die Bücher des ersten Kataloges dagegen beleidigten alle drei und verdienten damit den Titel »philosophische Bücher« –
ein sehr vielsagendes Markenzeichen, das in der Korrespondenz der
Untergrundverleger ständig wiederkehrt.

Wie anstößig war diese »Philosophie« nun eigentlich? *Les amours de
Charlot et Toinette*, ein Werk, das auf Vergennes' Liste der ›libelles‹
ganz obenan stand, begann mit einer Beschreibung der masturbieren-
den Königin und fuhr dann fort mit einer Schilderung ihrer angeblichen
Orgien mit dem Comte d'Artois, wobei der König folgendermaßen
abgefertigt wurde:

On sait bien que le pauvre Sire
Trois ou quatre fois condamné
Par la salubre faculté,
Pour impuissance très complète
Ne peut satisfaire Antoinette
De ce malheur bien convaincu,

Attendu que son allumette
N'est pas plus grosse qu'un fétu;
Que toujours molle et toujours croche,
Il n'a de v... que dans la poche;
Qu'au lieu de f... il es f...
Comme le feu prélat d'Antioche.

Bekannt ist, daß der arme Sire,
Drei oder vier Mal überführt
Von der ärztlichen Fakultät
Der vollständigen Impotenz,
Seine Antoinette nicht befriedigen kann.
Dieses Mißgeschickes ist er sich ganz bewußt,
Da ja sein Zündholz
Nicht größer als ein Halm
Und immer weich und immer krumm,
So daß er eine Rute nur in der Tasche trägt;
Anstatt potent ist er ein Popanz nur
Wie einstmals Antiochiens Prälat.[62]

Unausgegorenes Zeug, doch durch die derben Reime trotzdem wirkungsvoll. Ein ähnliches Elaborat, das vorgab, die Königin ebenso wie verschiedene Hofleute und Minister zu verteidigen, indem die Verleumdungen gegen sie bis ins kleinste, schlüpfrige Detail widerlegt wurden, schildert, wie die ›libelles‹ in den verschiedensten Gesellschaftsschichten kursierten: »Ein schändlicher Hofmann setzt diese Niederträchtigkeiten in gereimte Verse und läßt sie auf den Straßen zum Markt durch Lakaien verteilen. Von den Märkten aus gelangen sie in die Hände von Handwerkern, die sie dann wieder den Adligen zuspielen, die diese Verse zuerst gedrechselt haben und die nun, ohne eine Minute Verzögerung, in die königlichen Gemächer in Versailles gehen und sie im Ton geheuchelter Entrüstung von Ohr zu Ohr flüstern: ›Habt Ihr dies gelesen? Hier ist es. So etwas ist bei dem gemeinen Volk in Paris in Umlauf‹.«[63]

Zweifellos konnte man zu allen Zeiten der Pariser Geschichte in der Gosse Schmutz auflesen, doch während der Regierungszeit von Ludwig XVI. gab es ihn im Übermaß, und diese Flut beunruhigte den Polizeichef J.-C.-P. Lenoir, denn, wie er es ausdrückte, »die Pariser waren eher geneigt, den böswilligen Gerüchten und den heimlich zirkulierenden libelles Glauben zu schenken als den im Auftrag und mit der Erlaubnis der Regierung gedruckten und veröffentlichten Tatsachen«.[64] Später hat Lenoir berichtet, daß sein Versuch, die Zirkulation der ›libelles‹ zu unterbinden, »von Hofleuten zunichte gemacht wurde, die skandalöse Werke drucken ließen und die Drucker schützten. Die Pariser Polizei konnte nur der Buchhändler und Hausierer habhaft werden, die sie verkauften und in Umlauf brachten. Die fliegenden Händler wurden in der Bastille gefangengesetzt, und diese Art von Bestrafung war wenig geeignet, Leute ihres Schlages zu kränken, arme Teufel, die es um Geld taten und oft nicht einmal die Namen der wirklichen Verfasser und Drucker kannten... In den Jahren vor der Revolution waren die Bemühungen der Behörden, die ›libelles‹ gegen die Regierung in den Griff zu bekommen, besonders wirkungslos.«[65]

Die Polizei nahm die ›libelles‹ deshalb so ernst, weil sie einen spürbaren Einfluß auf die öffentliche Meinung hatten, und weil in den Jahren des Niedergangs der alten Gesellschaft die Meinung eine große Macht besaß. Obwohl die Monarchie sich immer noch als eine absolute verstand, bediente sie sich elender Skribenten wie Brissots und Mirabeaus, um sich einen guten Ruf zu verschaffen.[66] Man versuchte sogar, Gerüchte zu manipulieren, denn im achtzehnten Jahrhundert konnte der »öffentliche Lärm« (bruits publics) zu Aufruhr (émotions populaires) führen. So kam es beispielsweise 1750 zu Unruhen, weil ein Gerücht umlief, daß die Polizei Kinder von Arbeitern einfinge, um für irgendeinen Prinzen königlichen Geblüts ein echtes Blutbad zu veranstalten.[67] Durch derartig primitive »Emotionen« und durch die Macht der öffentlichen Meinung vermochte die ›libelles‹-Literatur das Regime zu treffen.

Wie sehr die ›libelles‹ das Vertrauen der Öffentlichkeit in die Legitimität des Ancien Régime erschütterten, läßt sich schwer sagen, weil es für den Zustand der öffentlichen Meinung im französischen achtzehnten Jahrhundert keine Anhaltspunkte gibt. Trotz des Zeugnisses kundiger Beobachter wie Vergennes und Lenoir[68] könnte man die Ansicht vertreten, daß das Publikum die schmutzigen Bücher bloß amüsant fand und sonst nichts. Jahrelang hatten die ›libellistes‹ Schmutz aufgehäuft, ohne daß irgend jemand darunter begraben wurde, auf der anderen Seite aber kann durchaus ein kumulativer Effekt eingetreten sein, der nach der Regierungszeit Ludwig XV. zur Katastrophe führte. Ludwigs Privatleben bot reichen Stoff für die *Vie privée de Louis XV*, die wiederum tonangebend war für eine ganze Reihe von *Vies privées* von Figuren des Hofes. Diese skurrilen Werke schlugen mit solcher Verbissenheit immer wieder in dieselbe Kerbe, daß sie wahrscheinlich einige überzeugten, zumindest mit ein paar Leitmotiven: der sexuellen Erfolgsgeschichte der Du Barry (vom Bordell zum Thron), Maupeous

Despotismus (seine Suche nach einem Mann, der eine Maschine zum gleichzeitigen Hängen von zehn unschuldigen Opfern bauen sollte) und der Dekadenz des Hofes (nicht nur Luxus und Ehebruch, sondern auch Impotenz – in den ›libelles‹ konnte der Hochadel weder kämpfen noch lieben und vermochte sich nur durch außereheliche Blutzufuhr aus den kräftigeren Unterschichten fortzupflanzen).[69] Ludwig XVI., dessen langjähriges Unvermögen, die Ehe zu vollziehen, allbekannt war, war ein vollkommenes Symbol für eine Monarchie im Niedergang. Dutzende von Flugschriften wie *La naissance du Dauphin dévoilée* (auch diese auf Vergennes' Liste) brachten Dutzende von Enthüllungen über die »wirkliche« Herkunft des Thronerben. Und dann lieferte die Halsbandgeschichte einen schier unerschöpflichen Schmutz, in dem man herumrühren konnte. Ein König, dem von einem Kardinal Hörner aufgesetzt wurden – läßt sich ein besseres Finale für ein Regime denken, das am Ende war? Besser jedenfalls als die Gerüchte von dem untergeschobenen Regenten, die die öffentliche Meinung in England am Vorabend von 1688 zum Sieden brachten.

Es ist leicht, die Rolle der persönlichen Verunglimpfung zu unterschätzen, denn die Tatsache, daß Politik an einem Hof gemacht wurde, wo Persönliches mehr zählte als Politik, läßt sich nur schwer in Rechnung stellen. Verleumdung war in den Hofkabalen eine alltägliche Waffe, und damals wie heute machten Namen Nachrichten, auch wenn Nachrichten nicht in die Zeitung kamen. Da sie von den legalen Periodika ausgeschlossen waren, kursierten sie in Flugschriften, ›nouvelles à la main‹, und wurden durch ›nouvellistes à la bouche‹ verbreitet – die eigentliche Quelle, aus welcher in Frankreich der Journalismus entstand. Die Politik, die in einem so rüden Medium mitgeteilt wurde, wurde dementsprechend geschildert – als ein Spiel für Könige, ihre Höflinge, Minister und Mätressen. Außerhalb des Hofes und unterhalb der Spitzen der Salonkultur lebte das »allgemeine Publikum« von Gerüchten, und der »gewöhnliche Leser« sah in der Politik einen Sport, an dem er nicht teilhatte, mit Schurken und Helden, aber ohne Inhalt, außer vielleicht einem rüden Kampf zwischen Gut und Böse oder Frankreich und Österreich. Wahrscheinlich las er seine ›libelles‹ wie man heute Magazine oder Comics liest, aber man lachte nicht darüber, denn man erlebte die Schurken und Helden als wirkliche Menschen, die um die Herrschaft über Frankreich kämpften. Wenn er dann also die prickelnden Berichte in *La gazette noire* über Geschlechtskrankheiten, Sodomie, Hörneraufsetzen, Illegitimität und Impotenz in den oberen Rängen der französischen Gesellschaft gelesen hatte, dann mag er die Schilderungen von Mme. Du Barry, »die aus dem Bordell direkt zum Thron gelangt«[70], geglaubt und sich über sie erregt haben.

Solche Propaganda war gefährlicher als der *Contrat social*. Durch sie wurde das Band der Rechtschaffenheit zerrissen, das die Untertanen an ihre Herrscher band, und das unredliche Moralisieren brachte die Moral der kleinen Leute in einen Gegensatz zu der der ›grands‹ an der Spitze, denn bei all ihrer Obszönität waren die ›libelles‹ in ihrem Anspruch höchst moralisch. Vielleicht bereiteten sie eine bürgerliche Moral vor, die erst in der Revolution zur vollen Entfaltung kommen sollte. ›Bürgerlich‹ ist dabei wohl nicht die treffende Bezeichnung, sondern die ›petits‹, die sich im Jahre II gegen die ›gros‹ erhoben, kamen von einer Art gallischem Protestantismus her, der sich schon vor 1789 entwickelt hatte. So leichtgläubig, wie sie die Verschwörungen und Säuberungen des Schreckensregiments hinnahmen[71], hatten sie die Märchen ihrer früheren ›libelles‹-Lektüre geglaubt, wie zum Beispiel vor der Revolution das Gerücht von einem Komplott des Adels, bürgerliche Frauen zu entführen: »Habt Ihr eine hübsche Frau? Hat sie das Auge eines Parvenupotentaten auf sich gezogen, eines Gecken, der zu Macht gekommen ist, oder zum Beispiel eines Adligen des Hofes? Dann wird sie unverzüglich konfisziert. Ihr wollt den Vorgang zur Sprache bringen? So schickt man Euch an den Galgen.«[72]

Natürlich kann man nur darüber spekulieren, was im Kopf dieser schlichten Leser vorging, aber vielleicht war es eine ›désacralisation‹, die sich weit unterhalb der Elite vollzog. Andernfalls versteht man kaum, wie *Père Duchesne* einen solchen Anklang finden konnte oder wie Leute, die im Glauben an den König aufgewachsen waren, lesen konnten, daß »der Kopf des weiblichen Vetos [der Königin] von ihrem Hals getrennt wurde«[73], ohne daß sich eine ›émotion populaire‹ ihrer bemächtigte. Seine mystische Aura hatte der König bereits vorher verloren, noch ehe Hébert seine Tiraden über die »österreichische Hure« und ihren »fetten Hahnrei« losließ. Wie groß der Verlust war, vermag man nicht zu sagen, doch Werke wie *Les rois de France régénérés* ließen die Bourbonen buchstäblich illegitim erscheinen. Die Behörden fürchteten diese Werke, denn sie wußten um ihre Macht, die Monarchie in den Schmutz zu ziehen. Wie Ludwig XVI. ins Lächerliche gezogen wurde, muß großen Schaden angerichtet haben zu einer Zeit, da der Adel immer noch mit »Samenflüssigkeit«[74] gleichgesetzt wurde und das Salische Recht immer noch forderte, daß die königliche »Rasse« durch eine ununterbrochene magische Kette von männlichen

Ahnen weitergetragen wurde. Mit der Regierung Ludwigs XVI. hatten die Bourbonen diesen Zauber verspielt. Lenoir berichtet, daß am Vorabend der Revolution die Massen nicht einmal mehr durch Bezahlung dazu zu bewegen waren, der Königin Beifall zu spenden, während sie es früher aus freien Stücken getan hatten.[75] Desmoulins berichtet 1789 von einem Vierjährigen, der, auf den Schultern eines Straßenträgers im Palais Royal sitzend, ausrief: »›Polignac hat hundert von der Liga aus Paris verbannt! Condé desgleichen! Conti desgleichen! Die Königin...!‹ Ich wage es nicht zu wiederholen.«[76] Die ›libelles‹ hatten ihre Wirkung getan.

Außerhalb der geschlossenen Zirkel der Zunft war der Schritt vom Drucken zur Verleumdung eine Kleinigkeit, denn außerhalb der Zunft konnte man nur existieren, wenn man das Recht mißachtete, und im Ancien Régime war Recht gleichbedeutend mit Privileg (leges privatae, Privatrecht).[77] Die Abstufungen zwischen Legalität und Illegalität waren jedoch zahlreich genug, um einer Vielzahl von unterprivilegierten Buchhändlern die Möglichkeit zu ganz legitimen Geschäften zu geben. Im Untergrund gab es verschiedene Ebenen. Die Agenten in den oberen Zonen hatten vielleicht niemals mit ›libelles‹ zu tun, während die unten mit nichts als Schmutz handelten. Die Société typographique de Neuchâtel machte im allgemeinen Raubdrucke nur von guten, sauberen Büchern wie den Werken von Mme. Riccoboni, während das benachbarte Verlagshaus von Samuel Fauche und seinen verschwenderischen Söhnen genau die Werke herausbrachte, die Vergennes in London zu unterdrücken versuchte. Fauche druckte auch die pornographischen Schriften Mirabeaus: *L'Espion dévalisé*, *Ma conversion ou le libertin de qualité*, *Erotika biblion* und *Lettres de cachet*.[78] Und als 1765 die letzten zehn Bände der *Encyclopédie* herauskamen, trugen sie den falschen Erscheinungsvermerk »A Neufchastel chez Samuel Faulche«.

Die verschiedenen Untergrundgenres gerieten leicht durcheinander, und die Untergrundhändler wechselten oft von einer Ebene zur anderen über. Harte Zeiten drängten sie tiefer in die Illegalität, denn je mehr sie sich verschuldeten, um so mehr setzten sie ihre Hoffnung auf größeren Profit. Es ist denkbar, daß die Krise der achtziger Jahre genau diese Folge hatte. Ironischerweise hat Vergennes vielleicht ein paar ungefährliche Buchpiraten zu Lieferanten von ›libelles‹ gemacht und die Zirkulation »philosophischer Bücher« in Wirklichkeit vermehrt, indem er den relativ ehrlichen Handel mit Raubdrucken zurückdrängte. Die Société typographique de Neuchâtel scheint nach 1783 mehr Geschäfte mit ›libelles‹-Literatur gemacht zu haben als vor Vergennes' Maßnahmen.[79] Als die Revolution näherrückte, dürften Provinzbuchhändler, die in früheren Jahren lediglich ein paar falsche ›acquits à caution‹ gegengezeichnet hatten, in zunehmendem Maße mit Lieferungen von Werken wie *Les amours de Charlot et Toinette* spekuliert und mehr Kataloge von ›livres philosophiques‹ in Umlauf gesetzt haben. Vielleicht änderte sich aber auch im Gefolge der Halsbandgeschichte der Geschmack ihrer Kunden. Es ist hier aber schwer entscheidbar, ob das Angebot sich nach der Nachfrage richtete oder ob die Nachfrage davon abhing, was lieferbar war. Lesegewohnheiten konnten sich als Ergebnis der besonderen Bedingungen der Buchproduktion herausgebildet haben oder sie selbst waren der bestimmende Faktor; vielleicht haben beide Elemente sich auch gegenseitig verstärkt. Welche Verknüpfung von Ursachen auch immer eine Rolle gespielt haben mag, das Ancien Régime steckte *Charlot et Toinette, Vénus dans le cloître*, d'Holbach und Rousseau in dieselbe Kiste und brachte sie unter demselben Etikett in Umlauf. ›Livres philosophiques‹ hießen sie bei den Händlern, ›mauvais livres‹ bei der Polizei, das machte kaum einen Unterschied. Entscheidend war der ihnen gemeinsame geheime Charakter. In der Illegalität herrschte Gleichheit, und Charlot und Rousseau waren außerhalb der Grenzen des Erlaubten Brüder.

Gerade durch die Art, wie diese Werke produziert wurden, waren sie leicht auf den gemeinsamen Nenner der Irreligiosiät, Unmoral und Gesellschaftsfeindlichkeit zu bringen. Die Ausländer, die diese Bücher druckten, empfanden gegenüber Frankreich, den Bourbonen und oft der Kirche keinerlei Loyalität. Die Händler, die sie vertrieben, operierten in einer Unterwelt von »Banditen ohne Moral und Schamgefühl«, und die Autoren, die sie verfaßten, lebten häufig in den Niederungen eines fast kriminellen literarischen Lebens. Der Erz-»Blättler« Charles Théveneau de Morande war in Bordellen aufgewachsen und verdankte seine Erziehung dem Gefängnis, und dieses Milieu gab ihm Stoff für seine Schriften.[80] Vielleicht färbte der Schmutz des Untergrundes auf die Bücher ab, die ihren Weg durch ihn nahmen: fraglos paßte ihre Botschaft zum Medium. Doch was für Verhältnisse! Ein Regime, das seine fortschrittlichste Philosophie mit der heruntergekommenen Pornographie in einen Topf warf, mußte sich selbst unterminieren, schuf sich seinen eigenen Untergrund, und ermutigte dadurch die Philosophie, zur ›libelles‹-Literatur herabzusteigen. Als die Philosophie in den Untergrund ging, verlor sie jede Zurückhaltung und kündigte ihre Zugehörigkeit zur Kultur der Oberschicht auf. Als sie sich gegen

Höflinge, Kirchenleute und Könige wandte, trat sie für den Umsturz der Verhältnisse ein. Die ›livres philosophiques‹ riefen zum Unterminieren und zum Umsturz auf. Die Gegenkultur forderte eine Kulturrevolution – und war bereit, dem Ruf von 1789 zu folgen.

Anmerkungen

1. Die Hochaufklärung und die
Niederungen des literarischen Lebens

1 Chévrier an die Société typographique de Neuchâtel, 10. Dezember 1772, Akten der Société typographique, Bibliothèque de la ville de Neuchâtel, Schweiz.

2 Die folgenden historischen Darstellungen haben sich als die brauchbarsten erwiesen: Maurice Pellison, *Les Hommes de lettres au XVIIIe siècle* (Paris, 1911); Jules Bertaut, *La Vie littéraire au XVIIIe siècle* (Paris, 1954); John Lough, *An Introduction to Eighteenth-Century France* (London, 1960), Kap. 7 und 8.

3 Zitiert bei Marcel Reinhard, »Elite et noblesse dans la seconde moitié du XVIIIe siècle«, *Revue d'histoire moderne et contemporaine*, 3 (Jan.–März 1956), 21. Zu Voltaires Auffassung siehe den berühmten 23. Brief seiner *Lettres philosophiques* (London, 1734).

4 Das Folgende stützt sich auf Mme. Suards *Essais de mémoires sur M. Suard* (Paris, 1820), ergänzt durch die fast ebenso interessanten Erinnerungen von D.-J. Garat, *Mémoires historiques su la vie de M. Suard, sur ses écrits, et sur le XVIIIe siècle*, 2 Bde. (Paris, 1820). Suard, der heute vergessen ist, war einer der bekanntesten Autoren der Hochaufkärung. Er hat zwar nie ein großes Werk geschrieben, sein Ansehen beruhte vielmehr auf Zeitungsartikeln, akademischen Vorträgen und Übersetzungen, von deren Kenntnisreichtum und Eleganz man sich anhand seiner *Mélanges de littérature*, 5 Bde. (Paris, 1803–1805), überzeugen kann.

5 Garat hat Raynal folgendermaßen beschrieben (*Mémoires historiques*, I, 107): »In der Hauptstadt Frankreichs und der Philosophie spielte er die Rolle eines großen Zeremonienmeisters, der talentierte Anfänger mit talentierten Berühmtheiten und Literaten mit Fabrikanten, Kaufleuten, Generalsteuerpächtern und Ministern bekannt machte.«

6 Garat beschrieb Suard als den Inbegriff von ›savoir faire‹ und Respekt vor gesellschaftlichem Rang, die den Mann des ›monde‹ auszeichneten (siehe vor allem a.a.O., I, 133–136), und »le monde« definierte er als eine Schicht von

Menschen, »die durch ihre Stellung, ihren Reichtum, literarische Talente und Geburt Macht besaßen…, und diese drei oder vier Voraussetzungen sind die eigentliche Quelle der Macht in der Gesellschaft« (I, 263).

7 Das galt natürlich nicht für die philosophes, die vornehmer Herkunft und reich waren, wie Montesquieu, d'Holbach und Helvétius. Von den Schriftstellern niederer Herkunft erwartete man, daß sie sich eine Geliebte nahmen oder heirateten, wenn sie ihr Glück gemacht hatten. Als Maupertuis, Marmontel, Piron und Sedain heirateten, waren sie berühmt und über fünfzig.

8 Mme. Suard, *Essais de mémoires*, S. 59.

9 Ebda., S. 94.

10 Ebda., S. 137.

11 Archives Nationales, F17a 1212. Aus einigen unsignierten und nicht datierten *Observations préliminaires* im ersten Dossier geht hervor, daß das Verzeichnis angelegt wurde, um einen Erlaß vom 3. September 1785 zur Anwendung zu bringen, in dem die Regierung ihre Absicht erklärte, die Literaten stärker und systematischer zu unterstützen, als es bis dahin üblich war. Offensichtlich hielt der Verfasser der *Observations* die vorgeschlagenen Unterstützungen für übertrieben: »Außer den Summen, die die Königliche Finanzkammer an Literaten zahlt und die sich auf 256300 Livres belaufen, gibt es auch noch Pensionen, die in Verbindung mit Zeitschriften und dem *Almanach royal* vergeben werden, und es ist durchaus möglich, daß einige der Autoren, die sich heute bewerben, diese erhalten, ohne daß sie davon Mitteilung gemacht haben, wie sie es gemäß dem ersten Paragraphen des Erlasses hätten tun müssen.« Eine unvollständige Fassung des Verzeichnisses der Archives Nationales (auf der einundzwanzig Namen fehlen) wurde auf einer Auktion verkauft und später von Maurice Tourneux in *Revue d'histoire littéraire de la France*, 8 (1901), 281–311, veröffentlicht. Da Tourneux die näheren Erläuterungen, die er in der Serie o der Archives vergeblich suchte, nicht besaß, konnte er die Einzelheiten des Pensionsprojektes nicht erläutern und brachte es fälschlich mit dem Baron de Breteuil in Zusammenhang. Ein großer Teil des Materials in F17a 1212 bezieht sich auch auf den Zeitraum von 1786 bis 1788.

12 Blin de Sainmore an den Contrôleur général, 22. Juni 1788, Archives Nationales F17a 1212, Dossier 10.

13 Ebda., Dossier 6.

14 Ebda., Dossier 3.

15 Ducis an Loménie de Brienne, 27. November 1787, ebda., Dossier 6. Siehe auch einen ähnlichen Brief von A. M. Lemierre vom 8. März 1788, Dossier 10.

16 Caraccioli an den Directeur général des finances, 13. August 1788, a.a.O., Dossier 6. Siehe auch Caracciolis Brief vom 8. April 1785, Dossier 10: »Ich bin der einzige Schriftsteller meines fortgeschrittenen Alters, der niemals eine Pension oder eine Beihilfe erhalten hat.«

17 Ebda., Anmerkung in Dossier 3.

18 Ebda., Dossier 1.

19 Ebda., Dossier 1.

20 Mit den Dokumenten der Archives Nationales ließe sich insofern die These unterstützen, die Marcel Reinhard in »Elite et noblesse« vertreten hat.

21 Akten Lenoir, Bibliothèque municipale d'Orléans, MS. 1422.

22 Pellisson, *Les Hommes de lettres*, S. 59.

23 Siehe die in den Jahresbänden des *Almanach royal* hinter den Namen der Akademiemitglieder aufgeführten Posten.

24 Am meisten erfährt man darüber bei Lucien Brunel, *Les Philosophes et l'Académie française au dix-huitième siècle* (Paris, 1884).

25 Abgedruckt bei Garat, *Mémoires historiques*, S. 342.

26 Charles Pinot-Duclos, *Considérations sur les mœurs de de ce siècle*, ed. F. C. Green (Cambridge, 1939; 1. Aufl. 1750), S. 140 und allgemein Kap. 11 und 12.

27 Zur gemeinsamen Strategie und den taktischen Differenzen Voltaires und d'Alemberts und zu ihren Meinungsverschiedenheiten mit der Gruppe um d'Holbach (wobei Diderot offenbar irgendwo dazwischensteht) siehe John N. Pappas, *Voltaire and d'Alembert*, Indiana University Humanities Series, Nr. 50 (Bloomington, 1962).

28 D'Alembert, *Essai sur la société des gens de lettres et des grands, sur la réputation, sur les Mécènes, et sur les récompenses littéraires*, in *Mélanges de littérature, d'histoire et de philosophie* (Amsterdam, 1773: 1. Aufl. 1752), vor allem S. 403, 367.

29 D'Alembert, *Histoire des membres de l'Académie française morts depuis 1700 jusqu'en 1771* (Paris, 1787), I, XXIV, XXXII.

30 Siehe Henry Hairlie, »Evolution of a Term«, *The New Yorker*, 19. Oktober 1968, S. 173–206.

31 Obwohl Geburts- und Todesdaten einander zu stark überlappen, um klare Abgrenzungen zu erlauben, könnte man »Generationen« vielleicht durch die Erfahrung bestimmter Ereignisse unterscheiden. Unabhängig davon, ob man dreißig oder fünfzehn ist, liegt eine Kluft erlebter Zeit zwischen denen, die den Zweiten Weltkrieg nicht miterlebt haben, und denen, die an ihm teilgenommen oder während der Geschehnisse in den Zeitungen darüber gelesen haben. Eine ähnliche Erfahrungsgrenze verlief vielleicht zwischen denen, die die großen Werke der Aufklärung lasen, als sie in der Mitte des Jahrhunderts erschienen, und denen, die sie erst lasen, als sie schon zu »Klassikern« zu werden begannen. Suard (1734–1817) erinnert sich: »Ich betrat die große Welt, als sich jene Explosion des philosophischen Geistes ereignete, die die zweite Hälfte des achtzehnten Jahrhunderts geprägt hat. Ich las *L'Esprit des lois* mit neunzehn Jahren [also 1753, fünf Jahre nach Erscheinen]. Ich lebte damals in der Provinz, und diese Lektüre beglückte mich. Die *Histoire naturelle* [von Buffon] und die Werke Condillacs erschienen wenig später, die *Encyclopédie* im Jahre 1752, ebenso wie *Découverte de l'irritabilité* von Haller« (zitiert bei Garat, *Mémoires historiques*, II, 445). Eine Übersicht über das Problem der Generationen und der Periodisierung gibt Clifton Cherpack, »The Literary

Periodization of Eighteenth-Century France«, *Publications of the Modern Language Association of America*, 84 (März 1969), 321–328.

32 Mme. Suard, *Essais de mémoires*, S. 155.

33 Zitiert bei Louis de Loménie, *Beaumarchais et son temps* (Paris, 1856), II, 424. Suard zensierte *Le Mariage de Figaro* nicht, weil er es zu radikal fand, sondern weil seine Behandlung der Erotik ihm für die Bühne unpassend erschien (Mme. Suard, *Essais de mémoire*, S. 133). Man könnte ein Dutzend zeitgenössischer Belege anführen, die dieselbe Haltung erkennen lassen. Sogar Lenoir, der mehr als jeder sonst in Frankreich die Aufgabe hatte, Aufrührerisches zu wittern, berichtet über Beaumarchais: »Fast alle Stücke dieses Autors wurden zur Aufführung nicht zugelassen, weil sie die Moral verletzten, es gelang ihm aber, sich mit seinen Intrigen einen Weg durch die Zensur zu bahnen. Mehr als einmal erhielt ich Anweisung, Stücke von ihm passieren zu lassen, die lange liegengeblieben waren, ohne die notwendige Billigung und Erlaubnis zu erhalten« (Bibliothèque municipale d'Orléans, MS. 1423). Im vorrevolutionären Frankreich blieb die »revolutionäre« Botschaft von *Le Mariage de Figaro*, wenn es sie denn gibt, unbemerkt. Der Tenor des Stückes ist ja auch eine Formel des politischen Quietismus: alles endet mit einem Lied. Beaumarchais war ein reicher, geadelter Emporkömmling wie Voltaire, und einen großen Teil seines Vermögens wandte er an eine Neuausgabe der Werke Voltaires.

34 Auskunft über Lese- und Schreibkenntnisse, Bildung und Buchproduktion im Frankreich des achtzehnten Jahrhunderts erhält man bei Michel Fleury und Pierre Valmary, »Les progrès de l'instruction élémentaire de Louis XIV à Napoléon III«, *Population*, 12 (Jan.–März 1857), 71–92; Pierre Gontard, *L'Enseignement primaire en France de la Révolution à la loi Guizot (1789–1833)* (Lyon, 1959); Robert Estivals, *La Statistique bibliographique de la France sous la monarchie au XVIIIe siècle* (Paris und Den Haag, 1965); François Furet, »La ›librairie‹ du royaume de France au dix-huitième siècle«, in *Livre et société dans la France du XVIIIe siécle*, 1 (Paris und Den Haag, 1965), S. 3–32. Der *Almanach de la librairie* für 1781 verzeichnet 1057 Buchhändler und Drucker, von denen etwa ein Fünftel in Paris tätig war. Da keine Ausgabe des *Almanach* hinter das Jahr 1778 zurückgeht, lassen sich Vergleiche mit dem frühen achtzehnten Jahrhundert nicht anstellen. Der *Almanach royal* für 1750 nennt jedoch 79 königliche Zensoren, der *Almanach royal* für 1789 dagegen 181, ein Zuwachs, der auf eine größere Buchproduktion, nicht auf strengere Zensurmaßnahmen zurückzuführen ist. Schätzungen der Zahl von Autoren im achtzehnten Jahrhundert sind nicht nur wegen des Fehlens von Statistiken nicht möglich, sondern auch wegen der Schwierigkeit, zu definieren, wer ein Autor ist. Einen verdienstlichen, aber mißlungenen Versuch hat Robert Escarpit in *La Sociologie de la littérature* (Paris, 1958) unternommen.

35 *Mémoires et correspondance de Mallet du Pan pour servir à l'histoire de la Révolution française, recueillis et mis en ordre par A. Sayous* (Paris, 1851), I, 130. Lenoir hat die Zahl der Bewerber um Pensionen auf 4000 (vielleicht irrtümlich für 400) geschätzt. Bibliothèque municipale d'Orléans, MS. 1422.

36 L.-S. Mercier, *Tableau de Paris*, 12 Bde. (1789), X, 26–27.

37 Ebda., S. 29.

38 Siehe »Le Pauvre Diable« und im *Dictionnaire philosophique:* »Auteurs«, »Charlatan«, »Gueux«, »Philosophe« und »Quisquis«.

39 *Le Petit Almanach de nos grands hommes* (1788), Zitat S. 5. In seinem Vorwort erklärt Rivarol, er wolle alle etablierten Autoren aus seinem Überblick ausschließen: »Freudig steige ich von diesen beeindruckenden Kolossen hinab zu den kleinsten Insekten... zu jener unzählbaren Menge von Familien, Stämmen, Nationen, Republiken und Reichen, die sich unter einem Grashalm verbergen« (S. VI).

40 Ein besonders eindrucksvolles Beispiel dafür findet sich in J.-P. Brissots *Mémoires*, ed. Claude Perroud (Paris, 1910). Mercier erwähnt mehrfach den Zustrom von Provinzliteraten und hat darüber sogar eine Art Parabel geschrieben: *Tableau de Paris*, X, 129–130. Er behauptet, einige von ihnen zögen in Banden durch die Hauptstadt, so daß der in Paris geborene Schriftsteller »mit normannischen Autoren zu kämpfen hat, die sich zusammengeschlossen haben, vor allem aber mit Gascognern, die Montesquieu zitierend herumziehen, als dessen Nachfolger sie sich betrachten« (XI, 103).

41 *Considérations sur les mœurs*, S. 141.

42 Voltaire, »Le Pauvre Diable«, in *Œuvres complètes de Voltaire* (o. O., 1785), XIV, Zitat auf S. 162. Natürlich wollte Voltaire damit seine Feinde lächerlich machen, man kann darin jedoch auch eine Beschreibung der sozialen Verhältnisse sehen.

43 Ebda., S. 164.

44 *Tableau de Paris*, XI, 187. Siehe besonders die Kapitel »Auteurs«, »Des demi-auteurs, quarts d'auteurs, enfin métis, quarteron«, »Misère des auteurs«, »La Littérature du Faubourg Saint-Germain et celle du Faubourg Saint-Honoré«, »Les Grands Comédiens contre les petits« und »Le Musée de Paris«.

45 S.-N.-H. Linguet, *L'Aveu sincère, ou lettre à une mère sur les dangers que court la jeunesse en se livrant à un goût trop vif pour la littérature* (London, 1763), S. V, VII. Linguet erklärt S. IV: »Ich wende mich an jene hochfliegenden und unerfahrenen Seelen, die durch den Glanz, in dem sie die großen Schriftsteller erstrahlen sehen, irregeleitet werden könnten.«

46 *Correspondance littéraire, philosophique et critique par Grimm, Diderot, Raynal, Meister etc.*, ed. Maurice Tourneux (Paris, 1880), XII, 402: »Seither ist die Literatur ein métier geworden, und mehr noch ein solches, dessen Ausübung durch die zahllosen Vorbilder, denen man nacheifern kann, und durch die Schlichtheit seiner Techniken leicht und alltäglich geworden ist.«

47 J.-J. Garnier, *L'Homme de lettres* (Paris, 1764), S. 134–135.

48 Mercier, *Tableau de Paris*, XI, 104–105: »In Paris trifft der Literat aus der Provinz eine Gleichheit an, die unter den Menschen seiner kleinen Stadt nicht zu finden ist: hier hat man seine Herkunft vergessen; ist er ein Gastwirtssohn, so kann er sich einen Grafen nennen; niemand wird ihm diese Behauptung streitig machen.« Wahrscheinlich dachte Mercier bei diesen Zeilen an Rivarol.

49 Über die finanziellen Verhältnisse zwischen Autoren und Verlegern siehe Pellisson, *Les Hommes de lettres*, Kap. 3; Lough, *An Introduction to Eighteenth-Century France*, Kap. 7; und G. d'Avenel, *Les Revenues d'un intellectuel de 1200 à 1913* (Paris, 1922), obwohl d'Avenels Untersuchung darunter leidet, daß er den Versuch macht, alle finanziellen Transaktionen in Francs des Jahres 1913 umzurechnen. Lebendige zeitgenössische Schilderungen von Verhandlungen zwischen Autoren und Verlegern findet man bei P. J. Blondel, *Mémoires sur les vexations qu'exercent les libraires et imprimeurs de Paris*, ed. Lucien Faucou (Paris, 1879), wo die Verleger sehr schlecht wegkommen, und in Diderots *Lettre sur le commerce de la librairie*, in seinen *Œuvres complètes*, ed. J. Asézsat und M. Tourneux (Paris, 1876), S. XVIII, wo die Verleger auch eine Menge abbekommen, obwohl Diderot offenbar als ihr bezahlter Propagandist schreibt.

50 L.-S. Mercier, *De la littérature et des littérateurs* (Yverdon, 1778), S. 38–39.

51 *Tableau de Paris*, VIII, 59.

52 Für Belege für diese Tendenz in der vorrevolutionären Pariser Subkultur von Wissenschaftlern und Pseudo-Wissenschaftlern siehe Robert Darnton, *Der Mesmerismus und das Ende der Aufklärung in Frankreich* (München, 1983), Kap. III.

53 Das Verlagsgewerbe war durch einen Handelskrieg im späten 17. Jahrhundert in die Gewalt der Communauté des libraires et des imprimeurs de Paris gekommen, und das ganze achtzehnte Jahrhundert hindurch wurde diese Abhängigkeit trotz der von der Regierung 1777 unternommenen Reformversuche noch verstärkt. Die archaischen, ›colbertistischen‹ Verhältnisse im Buchhandel lassen sich an den Texten der ihn regelnden Verordnungen ablesen: siehe *Recueil général des anciennes lois françaises*, ed. F. A. Isambert, Decrusy und A. H. Taillandier (Paris, 1822–1833), XVI, 217–251, XXV, 108–128. Der Übergang von den Verhältnissen des siebzehnten Jahrhunderts zu denen des achtzehnten wird von Henri-Jean Martin, *Livre, pouvoirs et société à Paris au XVIIe siècle (1598–1701)*, 2 Bde. (Genf, 1969), untersucht. Zu den sogar noch stärker monopolistischen Verhältnissen am Theater siehe Jules Bonassies, *Les Auteurs dramatiques et la Comédie française aux XVIIe et XVIIIe siècles* (Paris, 1874).

54 Siehe Kapitel 2.

55 Da der literarische Untergrund noch unerforschtes Terrain ist (ich hoffe in einer späteren Arbeit zumindest eine erste Anschauung von ihm zu geben), gibt es keine Sekundärliteratur darüber. Ein Beispiel dafür, wie ein zukünftiger Revolutionär sich in ihm verfing, findet der Leser im 2. Kapitel. Siehe auch die faszinierende Biographie von Paul Robiquet, *Théveneau de Morande: étude sur le XVIIIe siècle* (Paris, 1882). Morande war das Oberhaupt der ›libellistes‹ und lebte mit einigen Untergrundgestalten zusammen, die einige der Zügellosigkeiten im *Neveu de Rameau* geradezu harmlos erscheinen lassen.

56 Charles Théveneau de Morande, *La Gazette noire par un homme qui*

n'est pas blanc (1784, »imprimé à cent lieues de la Bastille«), S. 212. Die Literatur über Salons und Cafés ist in den oben genannten Werken von Pellisson und Bertaut aufgeführt. Siehe auch die erhellenden Bemerkungen von Karl Mannheim in *Essays on the Sociology of Culture,* ed. Ernest Manheim (London, 1956), S. 91–170.

57 Das einzige Exemplar von *Les Nouvelles de la République des lettres et des arts,* 7 Bde. (Paris, 1777–1787), das ich auffinden konnte, ist unvollständig: Bibliothèque Nationale, Réserve Z 1149–1154. Siehe auch La Blancheries *Correspondance générale sur les sciences et les arts* (Paris, 1779), Rz. 3037 und 3392. Eine Fülle von Nachrichten über die ›musées‹ und ›lycées‹ der achtziger Jahre findet man an verschiedenen Stellen der ›nouvelles à la main‹, die unter dem Titel *Mémoires secrets pour servir à l'histoire de la République des lettres en France* veröffentlicht wurden und gewöhnlich als die *Mémoires secrets* von Bachaumont bekannt sind.

58 Siehe vor allem Linguets vielgelesene *Annales politiques, civiles et littéraires du dix-huitième siècle,* in denen die kulturelle Elite mit Tiraden wie der folgenden angegriffen wird (VI, 386): »Es gab in Frankreich nichts, was ihr nicht unterworfen war. Ministerien, Justiz, Wissenschaft, literarische Körperschaften, überall war sie eingedrungen: sie [die »Partei« der etablierten philosophes] überwachte alles, selbst den Ruf, den man hatte. Sie allein öffnete das Tor zu Ruhm und Reichtum. Jeden Posten besetzte sie mit philosophierenden Emporkömmlingen. Akademien wie Höfe waren in ihrer Hand, und Presse, Zensur und Zeitschriften unterstanden ihrem Befehl.«

59 Siehe Jean Bouchary, *Les Manieurs d'argent à Paris à la fin du XVIIIe siècle* (Paris, 1939–1943), I, und Jean Bénétruy, *L'Atelier de Mirabeau: quatre proscrits genevois dans la tourmente révolutionnaire* (Genf, 1962).

60 *Dictionnaire philosophique,* Artikel »Quisquis«.

61 »Extraits de divers rapports secrets faits à la police de Paris dans les années 1781 et suivantes, jusques et compris 1785, concernant des personnes de tout état de condition [ayant] donné dans la Révolution«, Nachlaß Lenoir, Bibliothèque municipale d'Orléans, MS. 1423. Diese Berichte darf man nicht wörtlich nehmen, sondern sie enthalten Klatsch und Gerüchte, wie man an ihrem Tonfall erkennen kann, aber trotzdem geben sie einen allgemeinen Eindruck von dem Leben in den Niederungen der literarischen Welt. In einer Anmerkung am Schluß dieser Berichte erklärt Lenoir, daß er einige Abschnitte, in denen geachtete Personen beschuldigt werden, unterdrückt habe, daß die Auszüge im übrigen aber unverändert wiedergegeben seien und sich durch einen Vergleich mit anderen Polizeiberichten (die jedoch seit der Zeit Lenoirs vernichtet worden sind) bestätigen ließen. Lenoirs Aufzeichnungen scheinen im allgemeinen zuverlässig zu sein. Im Falle Manuels beispielsweise enthalten sie eine Reihe von Bemerkungen über Manuels Leben in der literarischen Unterwelt, die von seinem Dossier in den Archives Nationales, W 295, und durch eine anonyme *Vie secrète de Pierre Manuel* (o. O., 1793) bestätigt werden.

62 Bibliothèque municipale d'Orléans, MS. 1423.

63 J. F. de La Harpe, *Lycée ou cours de littérature ancienne et moderne* (Paris, Jahr VII bis Jahr XIII), XI, Teil 2, S. 488. Fabres Stück *Les Gens de lettres* wurde postum in *Mélanges littéraires par une société de gens de lettres* (Paris, 1827) veröffentlicht.

64 Siehe Marats Briefe an Roume de Saint Laurent in *Correspondance de Marat, recueillie et annotée par Charles Vellay* (Paris, 1908).

65 Diese Interpretation, wonach die ›libelles‹ an Zahl und Bedeutung während der letzten Jahre des Regimes zunahmen, beruht nur auf Eindrücken einer umfänglichen Lektüre in den Flugschriftensammlungen der Bibliothèque Nationale und des British Museum, wird aber von ähnlichen Eindrücken des Polizeipräfekten Ludwigs XVI. bestätigt: siehe Lenoirs Abhandlung »De l'administration de l'ancienne police concernant les libelles, les mauvaises satires et chansons, leurs auteurs coupables, délinquents, complices ou adhérents«, Bibliothèque municipale d'Orléans, MS. 1422.

66 Eine eingehendere Erörterung der ›libelle‹-Literatur findet der Leser im 6. Kapitel.

67 Charles Théveneau de Morande (anonym), *Le Gazetier cuirassé: ou Anecdotes scandaleuses de la cour de France* (1771, »imprimé à cent lieues de la Bastille, à l'enseigne de la liberté«), S. 128.

68 Ebda., S. 167–168.

69 Ebda., S. 169–170.

70 Beispiele für Morandes typische Betonung vom Impotenz und Sodomie, ebda., S. 51–52, 61.

71 Ebda., S. 79–80.

72 Ebda., S. 182–183.

73 Ebda., S., 131–132.

74 Ebda., S. 80–81.

75 Ebda., S. 53.

76 Ebda., S. 36–37.

77 Ebda., S. 80. Hieran schließt sich eine Bemerkung über Maupeous Ministerkollegen, den Herzog von Aiguillon, an: »In Frankreich pflegte der Hochadel ein Stand zu sein, der den geringsten Makel ausschloß, heute aber kann einer seiner Angehörigen [das heißt d'Aiguillon] einen Giftmord begehen, eine Provinz ruinieren und Zeugen einschüchtern, vorausgesetzt er beherrscht die Kunst des Hofmannes und versteht gut zu lügen.«

78 Ebda., S. 31.

79 Ebda., S. 109: »Eben ist ein neues Buch herausgekommen, das die Könige von Frankreich auffordert, ihre göttliche Einsetzung durch Vorweisen des Vertrages zu beweisen, den der ewige Vater mit ihnen unterzeichnet hat; der Verfasser dieses Buches fordert sie heraus, dies zu tun.«

80 Ebda., S. 157–158.

81 Siehe Carras Anmerkungen zu seiner Übersetzung von John Gillie, *Histoire de l'ancienne Grèce* (Paris, 1787), I, 4, 11, II, 387–389, V, 387, VI, 98. Von Carra stammt ein einflußreiches *Mémoire*, worin er Calonne unmittelbar

vor der Eröffnung der Notablenversammlung 1787 angriff (abgedruckt in Carras *Un Petit mot de réponse à M. de Calonne sur sa Requête au Roi*, Amsterdam, 1787), und er fuhr fort, ihm mit ›libelles‹ wie *M. de Calonne tout entier* (Brüssel, 1788) zuzusetzen. Er nahm auch Lenoir aufs Korn (*L'an 1787: Précis de l'administration de la Bibliothèque du Roi sous M. Lenoir*, 2. Aufl., Lüttich, 1788), weil Lenoir nicht nur Calonne davon abgeraten hatte, Carra eine Pension zu geben, sondern auch weil er mit Hilfe einiger Akademiemitglieder versucht hatte, seine Entlassung von einem untergeordneten Posten in der Bibliothèque du Roi, der Carras einzige bescheidene Einkommensquelle war, zu erwirken: siehe die Akten Lenoir, Bibliothèque municipale d'Orléans, MSS. 1421 und 1423. So ist es nicht überraschend, daß Carras vorrevolutionäre Pamphlete den Haß auf die literarischen Patrizier, die ihre Pensionen, Sinekuren und Sitze in der Akademie besaßen, und auf die Großen, die sie ihnen zukommen ließen, förmlich ausströmen.

82 Zum impliziten Gegensatz von bürgerlicher und aristokratischer Moral und von England und Frankreich in *Le Gazetier cuirassé*, siehe dort S. 83–86, 171, 173.

83 Ebda., S. 131.

84 Zu seinen Opfern gehörten unter anderem Voltaire, d'Alembert und ihre Gefährten im Salon von Mme. Geoffrin: siehe ebda., S. 178, 181.

85 Charles Théveneau de Morande (anonym), *La Gazette noire par un homme qui n'est pas blanc; ou œuvres posthumes du Gazetier cuirassé* (1784, »imprimé à cent lieues de la Bastille«), S. 194–195. Siehe auch die auffallend ähnliche Stelle in *Vie privée de Louis XV, ou principaux événements, particularités et anecdotes de son règne* (London, 1781), IV, 139–140.

86 Die Bezeichnung »Rousseau der Gosse« wurde im achtzehnten Jahrhundert Restif de la Bretonne beigelegt und paßt auf viele Genossen Restifs aus dem literarischen Untergrund.

87 Als ein Beispiel dieser verbreiteten Identifikation mit Rousseau im Gegensatz zu Voltaire siehe *Le Tableau de Paris*, XI, 186.

88 Eine eindrucksvolle Schilderung, wie ein Vermögen mühsam durch Pensionen und Sinekuren zusammengetragen und dann von der Revolution vernichtet wird, geben die *Mémoires de l'abbé Morellet sur le dix-huitième siècle et sur la Révolution*, 2 Bde. (Paris, 1921). Die Kapitel 5–7 des zweiten Bandes vermitteln das faszinierende Bild eines alten Veteranen der Aufklärung bei seinem Versuch, mit jungen ›sans-culottes‹ ins Gespräch zu kommen, die sich überhaupt nicht für die Traktate der Jahrhundertmitte interessierten, die er vorwies, um die Richtigkeit seiner Grundsätze zu beweisen, sondern von ihm Antworten auf Fragen wie die folgende bekommen wollten: »Warum waren Sie vor dem 10. August glücklich und sind seitdem traurig?« (II, 124). Morellet konnte sich auf die Sansculotten ebensowenig einen Reim machen, wie sie ihn verstanden: eine Kulturrevolution trennte sie.

89 Nach der Abschaffung des Monopols der Comédie française entstanden in Paris 45 neue Theater, und zwischen 1789 und 1799 wurden 1500 neue

Stücke, davon 750 in den Jahren 1792–1794, herausgebracht, während es vor der Revolution jährlich nur ein paar waren. Diese neuen Stücke dürften eher aus den volkstümlichen ›foire‹-Theatern und aus den ›drames poissards‹ hervorgegangen sein als aus der Comédie française, die sich an ein aristokratisches Publikum wandte und sogar direkten Zugang zum König besaß, da sie von königlichen Kammerherren geleitet wurde. Die Literaturgattungen des Untergrundes (die Pamphlete vom ›libelle‹-Typus und die Zeitungen im Stil des *Père Duchesne*) gewannen an Boden in dem Maße, wie der Pariser Pöbel Macht bekam: die Lumpen-Intellektuellen verstanden es zweifellos, die Sprache des gemeinen Mannes zu sprechen. Am erstaunlichsten war die Umwälzung, die die Revolution im Journalismus zustande brachte. Während der achtziger Jahre gab es in Paris nur ein paar Dutzend Zeitschriften, von denen keine viel Nachrichten enthielt. In den letzten Monaten des Jahres 1789 wurden wenigstens 250 richtige Zeitungen ins Leben gerufen, und 1790 zirkulierten mindestens 350. Zum Theater siehe John Lough, *Paris Theatre Audiences in the Seventeenth and Eighteenth Centuries* (London, 1957); Jules Bonnassies, *Les Auteurs dramatiques*; Beatrice Hyslop, »The Theatre During a Crisis: The Parisian Theatre During the Reign of Terror«, *Journal of Modern History*, 17 (1945), 332–355. Zur Presse siehe Eugène Hatin, *Bibliographie historique et critique de la presse périodique française* (Paris, 1866); Eugène Hatin, *Histoire politique et littéraire de la presse en France* (Paris, 1859), vor allem Kap. 2–8; Gérard Walter, *Hébert et le Père Duchesne* (Paris, 1946).

90 A. Rivarol und L. de Champcenetz, *Petit Dictionnaire des grands hommes de la Révolution* (1790). Eine typische Bemerkung auf S. VII: »Durch einen vollkommenen Einklang zwischen den vom Hof und vom Schicksal Zurückgestoßenen ist es bei uns zu dieser allgemeinen Verarmung gekommen, die das einzige Zeugnis unserer Gleichheit ist.«

91 *Réimpression de l'ancien Moniteur* (Paris, 1861), V, 439.

92 Henri Grégoire, *Rapport et projet de décret, présenté au nom du Comité de l'instruction publique, à la séance du 8 août* (Paris, 1793). Siehe auch den *Discours du citoyen David, député de Paris, sur la nécessité de supprimer les académies* (Paris, 1793), der bei derselben Konventssitzung gehalten wurde; die Polemik zwischen Morellet und Chamfort (S. R. N. Chamfort, *Des académies*, Paris, 1791, und Abbé André Morellet, *De l'Académie français*, Paris, 1791); schließlich die Debatten über die kulturellen Folgen der Revolution im *Moniteur,* zum Beispiel VII, 115–120, 218–219; XVII, 176, XXII, 181–184, 191–193, XXIII, 127–128, 130–131. Die klassische Formulierung für den Haß der Revolutionäre auf die elitäre Kultur des Ancien Régime bleibt Marats *Les Charlatans modernes, ou lettres sur le charlatanisme académique* (Paris, 1791).

93 Dieses Thema wird von Albert Soboul berührt in *Les Sans-culottes parisiens en l'an II* (Paris, 1958), S. 670–673, und in »Classes populaires et rousseauisme«, *Paysans, sans-culottes et Jacobins* (Paris, 1966), S. 203–223.

94 Walter, *Hébert*, Kap. 1–2. Siehe auch R.-N. D. Desgenettes (der Hébert vor 1789 als einen hungernden Lohnschreiber kannte), *Souvenirs de la fin du*

XVIIIe siècle et du commencement du XIXe siècle (Paris, 1836), II, 237–254, und die Schilderung des vorrevolutionären Hébert in einer robespierristischen ›libelle‹ gegen ihn, *Vie privée et politique de J.-R. Hébert* (Paris, Jahr II), S. 13: »Ohne Hemd und ohne Schuhe verließ er die winzige Kammer, die er im siebten Stock gemietet hatte, nur um sich von seinen Freunden ein paar Pfennige zu borgen oder sie zu beklauen.«

95 Gustave Lanson, *Voltaire* (Paris, 1906).

2. Ein Spion im literarischen Untergrund

1 Daniel Mornet, *Les origines intellectuelles de la Révolution française (1715–1787)*, 5. Aufl. (Paris, 1954), S. 410.

2 Eine ausführliche Darstellung der frühen Jahre Brissots bei Eloise Ellery, *Brissot de Warville: A Study in the History of the French Revolution* (Boston und New York, 1915).

3 P.-J. Brissot, *Réplique de J. P. Brissot à Charles Théveneau Morande* (Paris, 1791), S. 20. Brissot gab seine gesamten Verluste aus dem Lycée mit 18000 Livres an (S. 21).

4 Auf diese Summe schätzte die Société Brissots Schulden, wie aus ihrer Abschrift des Briefes an ihn vom 12. Oktober 1784 hervorgeht. Akten der Société typographique, Bibliothèque de la ville de Neuchâtel (im folgenden STN).

5 Ein beigelegtes Verzeichnis von Büchern und Preisen ist hier weggelassen worden.

6 Ein Pariser Buchhändler, der auf den Untergrundhandel spezialisiert war und die meisten Werke Brissots vertrieb.

7 Brissot an die STN, 22. Okt. 1784.

8 Für eine genaue Aufstellung der Zuwendungen Clavières und der dafür erhaltenen Dienste, siehe Robert Darnton, »Trends in Radical Propaganda on the Eve of the French Revolution (1782–1788)«, Ph. D. diss., Oxford, University, 1964, S. 179–195.

9 Bibliothèque de la ville de Neuchâtel, MS. 1137.

10 J. P. Marat, »Traits destinés au portrait du jésuite Brissot«, ein Artikel in *L'Ami du peuple*, 4. Juni 1792, wieder abgedruckt in *Annales révolutionnaires*, 5 (1912), 689.

11 Ebda., S. 685.

12 Marat an Brissot, in J.-P. Brissot, *Correspondance et papiers*, ed. Claude Perroud (Paris, 1912), S. 78. Siehe auch Brissot an Marat, 6. Juni 1782, S. 33–35.

13 Jean François-Primo, *La jeunesse de Brissot* (Paris, 1939).

14 Ellery, *Brissot de Warville*, S. 268.

15 Claude Perrouds Darstellung von Brissots Leben, wahrscheinlich die einflußreichste in französischer Sprache, in seiner Ausgabe von Brissots *Correspondance et papiers*, S. XXXV.

16 Hippolyte Taine, *Les origines de la France contemporaine: La Révolution*, 15. Aufl. (Paris, 1894), II, 133.

17 Albert Mathiez, *La Révolution française* (Paris, 1922), I, 186. Das feindselige Porträt Brissots, das Mathiez zeichnet, ähnelt dem, das sein Lehrer Jean Jaurès entworfen hat, der freilich den Spionagevorwurf nicht erwähnt. Jean Jaurès, *Histoire socialiste de la Révolution française,* ed. Albert Mathiez (Paris, 1928), III, 69.

18 Pierre Gaxotte, *La Révolution française* (Paris, 1928), S. 233.

19 Jules Michelet, *Histoire de la Révolution française,* Bibliothèque de la Pleiade, ed. Gérard Walter (Paris, 1952), I, 850–851, 862, II, 47; M. F. A. de Lescure, ed., *Mémoires de Brissot* (Paris, 1877), S. XL, LVI; Louis Blanc, *Histoire de la Révolution française* (Paris, 1847–1862), VI, 289–292, VIII, 500. Obgleich die übrigen Revolutionshistoriker zu Brissots angeblicher Spionage nicht Stellung genommen haben, haben sie ihn zwangsläufig in seiner Rolle als Girondistenführer beurteilt. Die jüngsten Beurteilungen von Georges Lefebvre, J. M. Thompson und Crane Brinton bescheinigen ihm Ehrlichkeit und Idealismus, wenn nicht politisches Genie. Merkwürdigerweise sind sie ihm gegenüber nachsichtiger als Lamartine, der zumindest zu Beginn seiner Apologie der Girondisten Zweifel an der Redlichkeit dieses »halb aus Tugend, halb aus Intrige zusammengesetzten Menschen« erkennen läßt, während er am Ende zusammen mit seinen Kameraden als Apotheose eines maßvollen revolutionären Idealismus auf die Guillotine steigt. Siehe Georges Lefebvre, *La Révolution française,* Peuples et civilisations, XIII (Paris, 1951), 226; J. M. Thompson, *Leaders of the French Revolution* (New York, 1962), S. 67–91; Crane Brinton, *A Decade of Revolution, 1789–1799,* The Rise of Modern Europe, XI (New York und London, 1934), 106; Alphonse de Lamartine, *Histoire des Girondins* (Paris, 1847), I, 235–241 (Zitat auf S. 241), VII, 36.

20 F. A. Aulard, *Danton* (Paris, 1903), S. 8.

21 Taine, *Les origines,* II, 133, in der Widener Library, Havard University, Cambridge, Mass., Fr. 1327.144.5.

22 F. A. Aulard, *Les orateurs de la Révolution: La Législative et la Convention* (Paris, 1906), I, 218–263, Zitat auf S. 221.

23 André Amar, »Acte d'accusation contre plusieurs membres de la Convention Nationale, présenté au nom du Comité du Sûreté Générale, par André Amar, membre de ce Comité«, *Réimpression de l'ancien Moniteur* (Paris, 1841), 25. Oktober 1793, XVIII, 220. Mit anderen Hinweisen auf Brissots vorrevolutionäre Laufbahn ging dieser Vorwurf in der wortreichen, verworrenen und nicht schlüssigen Aussage über die Intrigen und die politischen Schachzüge der Girondisten unter, über die im *Moniteur* und im *Bulletin du Tribunal criminel révolutionnaire* (Paris, 1793), Nr. 34–64, S. 133–256, berichtet wird. Möglicherweise haben die voreingenommenen Herausgeber dieser Publikationen eine Antwort Brissots auf den Vorwurf der Spionage unterschlagen, denn an einer Stelle unterbrechen sie seine Aussage mit der Bemerkung: »L'accusé fait ici une longue et verbeuse apologie de sa conduite« (ebda., S.

181). Saint-Just hatte über Brissots vorrevolutionäre Laufbahn nur wenig auszusagen: sein Bericht findet sich im *Moniteur* vom 18. und 19. Juli, 1793, XVIII, 146–150, 153–158.

24 Brissot, *Mémoires*, II, 277.

25 *François Chabot à Jean-Pierre* [sic] *Brissot* (1792).

26 Cloots Angriff zielte zweifellos auf Brissot, ohne aber seinen Namen zu nennen. Die Rede ist abgedruckt bei F. A. Aulard, *La Société des Jacobins: Recueil de documents pour l'histoire du club des Jacobins de Paris* (Paris, 1889–1897), IV, 520.

27 *Vie privée et politique de Brissot* (Paris, Jahr II), S. 12.

28 *Œuvres de Maximilien Robespierre*, ed. Marc Bouloiseau, Georges Lefebvre, Jean Dautry und Albert Soboul (Paris, 1958), IX, 592.

29 Joachim Vilate, *Les mystères de la mère de dieu dévoilés* (Paris, Jahr III), S. 51.

30 *Jean-Pierre* [sic] *Brissot démasqué* (zuerst erschienen Februar 1792), in *Œuvres de Camille Desmoulins*, ed. Jules Claréty (Paris, 1874), I, 267. In seiner *Histoire des Brissotins*, die im Mai 1793 erschien, hat Desmoulins den Vorwurf nicht wiederholt.

31 Rivarols Brief, wieder abgedruckt in *Ecrits et pamphlets de Rivarol, recueillis pour la première fois et annotés par A.-P. Malassis* (Paris, 1877), enthält die Bemerkung wörtlich so, wie Desmoulins sie übernahm, auf S. 115. Im Anschluß an einen Aufsatz von Maurice Tourneux in *L'intermédiaire des chercheurs et des curieux*, 24 (24. Jan. 1891), 62 verfolgt Ellery (*Brissot de Warville*, S. 243–244) den Brief Rivarols bis zu den *Actes des Apôtres*, Nr. 261. Unter dieser Ziffer findet man aber nur einige unerhebliche »Fragments de la correspondance secrète du Baron de Grimm avec la première fonctionnaire publique de toutes les Russies«. In seiner Ausgabe der *Correspondance littéraire, philosophique et critique par Grimm, Diderot, Raynal, Meister etc.* (Paris, 1880), XVI, 265, hat Tourneux den Rivarolbrief mit einer anderen Nummer von *Les Actes des Apôtres* in Zusammenhang gebracht, es war mir aber nicht möglich, das Original aufzufinden. Rivarol und Champcenetz haben ihre Ansicht über die Revolutionsführer im *Petit dictionnaire des grands hommes de la Révolution* (1790) mitgeteilt, der einen satirischen Angriff auf Brissot enthält.

32 Brissot, *Mémoires*, II, 227.

33 J.-P. Brissot, *Réplique de J. P. Brissot à la Première et dernière lettre de Louis-Marthe Gouy, défenseur de la traité des noirs et de l'esclavage* (Paris, 1791), S. 42.

34 *Journal de Paris*, 13. März 1792. Siehe auch die Aufsätze von Pange im *Journal de Paris* vom 18. und 25. März 1792 und die anonymen Angriffe gegen Brissot in den Nummern vom 6. und 16. März 1792. In Brissots Flugschrift *Les moyens d'adoucir la rigueur des lois pénales en France* (Châlons-sur-Marne, 1781) wird Lenoir auf S. 43 gepriesen.

35 *Journal de Paris*, 13. März 1792. In Chéniers Brief wurde die ›lâcheté‹ solchen Lobes kritisiert, doch vor einer direkten Herausforderung Brissots

durch den Spionagevorwurf schreckte er zurück, entgegen der unrichtigen Darstellung bei Vernon Loggis, *André Chénier: His Life, Death and Glory* (Athens, Ohio, 1965), S. 161.

36 *Le Patriote français*, 7. März 1791 (Hervorhebung im Original). Über die Hintergründe dieses Streits siehe ebda., 13. März 1791.

37 Ebda., 7. Okt. 1790.

38 *Bulletin du Tribunal Criminel Révolutionnaire*, Nr. 45, S. 177. In einer noch phantasievolleren Version von Brissots Karriere, die Joel Barlow zugeschrieben wird, wird er »Agent der Polizei« unmittelbar im Anschluß an den Sturm auf die Bastille: »A Sketch of the Life of J. P. Brissot by the Editor«, in einer englischen Übersetzung von Brissots *Nouveau voyage dans les Etats-Unis*, unter dem Titel *New Travels in the United States of America Performed in M.DCC.LXXXVIII by J. P. Brissot de Warville* (London, 1794), II, XXX.

39 Am wirksamsten von den Pamphleten, mit denen Morande Brissot überschüttete, war *Réplique de Charles Théveneau Morande à Jacques-Pierre Brissot sur les erreurs, les oublis, les infidelités et les calomnies de sa Réponse* (Paris, 1791). Der Spionagevorwurf unterblieb auch in dem etwas weniger heftigen Schlagabtausch der Pamphlete, die im Herbst 1790 zwischen Brissot und Stanislas de Clermont-Tonnerre hin und her gingen.

40 Etienne Dumont, der trotz seiner Freundschaft mit Brissot seinen Sinn für Objektivität bewahrte, sah in ihm einen tugendhaften, aber gefährlich parteiischen Fanatiker: *Souvenirs sur Mirabeau et sur les deux premières assemblées législatives*, ed. Joseph Bénétruy (Paris, 1951), S. 178, 192, 203. Andere Freunde Brissots, vor allem Pétion und Mme. Roland, gaben entschiedenere, aber auch voreingenommenere Ehrenerklärungen für Brissot ab.

41 Bibl. municipale d'Orléans, MS. 1422. Georges Lefebvre sah keinen Grund, an der Echtheit zu zweifeln: »Les papiers de Lenoir«, *Annales historiques de la Révolution française*, 4 (1927), 300. Über Lenoir und die Pariser Polizei siehe Maxime de Sars, *Le Noir, lieutenant de police 1732–1807* (Paris, 1948).

42 *Le Patriote français*, 10. Aug. 1790. Es ist vielleicht nicht ganz unwichtig darauf hinzuweisen, daß Brissot 1781 seinem Abscheu gegen die Spionage für die Polizei in *Théories des lois criminelles* (»Berlin«, 1781), II, 177, Ausdruck gegeben hat. Charakteristisch für die Pamphletliteratur gegen Lenoir ist der Eröffnungsangriff durch Jean-Louis Carra, *L'An 1787. Précis de l'administration de la bibliothèque du roi sous M. Le Noir* (Liége, 1788).

43 Brissot, *Mémoires*, II, 23.

44 J.-P. Brissot, *J. P. Brissot, membre du comité de recherches de la municipalité à Stanislas Clermont* (Paris, 1790), S. 34–35. Die wichtigste Lücke in den Unterlagen der Bibliothèque de L'Arsénal findet sich in MS. 12454, wo über Brissot nichts enthalten ist, dafür aber eine Menge über seine Mitgefangenen von 1784, vor allem seinen alten Freund, den Marquis de Pelleport, der im Zusammenhang mit Brissot verhaftet wurde, weil er ›libelles‹ gegen Angehörige des französischen Hofes verfaßt habe. Andere Polizeiberichte über Brissot dürften 1871 bei der Zerstörung des Hôtel de ville vernichtet worden sein.

45 Bibliothèque de l'Arsénal, MS. 12517, fol. 77 *bis*.

46 P. L. Manuel und andere, *La Bastille dévoilée, ou recueil de pièces authentiques pour servir à son histoire* (Paris, 1789), *troisième livraison*, S. 78. Welcher Anteil an diesem Werk Manuel zugewiesen werden kann, ist schwer zu sagen. Er scheint einer von mehreren Autoren gewesen zu sein, die die Akten der Bastille als Quelle für sensationelle, lukrative und vorsorglich gereinigte Pamphlete benutzten.

47 Archives Nationales, W295; Manuel, *La Bastille dévoilée*, S. 105–106.

48 Bibliothèque municipale d'Orléans, MS. 1422.

49 Bibliothèque municipale d'Orléans, MS. 1423, mit dem Titel »Rapports des inspecteurs ayant les départements de la librairie et des étrangers«. Robert Pigott war ein radikaler englischer Quäker, der noch während der frühen Revolutionsjahre, als er für den *Patriote français* Artikel lieferte, mit Brissot in Verbindung stand.

50 Jacques Peuchet, *Mémoires tirés des archives de la police de Paris* (Paris, 1838), III, 17. Peuchet hat darauf hingewiesen, daß er selbst diesem Bericht nicht glaube (S. 18), er widerspreche aber nicht dem Bild von den wechselvollen Geschicken Mirabeaus, wie es sich aus Charles de Loménies *Les Mirabeau, nouvelles études sur la société française au 18e siècle* (Paris, 1889), III und IV, und Jean Boucharys *Les manieurs d'argent à Paris à la fin du XVIIIe siècle* (Paris, 1939), I, ergebe. Die zuletzt genannte Arbeit ist in Joseph Bénétruy, *L'Atelier de Mirabeau: Quatre proscrits genevois dans la tourmente révolutionnaire* (Genf und Paris, 1962) eingegangen. In einer fast unleserlichen Notiz unter seinen Papieren hat Lenoir folgendes festgehalten: »Der berühmte Comte de Mirabeau hatte in Diensten des Polizeipräfekten gestanden, ebenso der berühmte Brissot de Warville. Die Polizei ließ sie Flugschriften verfassen und [vertreiben?].« Bibliothèque municipale d'Orléans, MS. 1422.

51 Brissot, *Mémoires*, II, 7–8. Siehe auch Paul Robiquet, *Théveneau de Morande, étude sur le XVIIIe siècle* (Paris, 1882).

52 Brissot, *Réplique...à Morande*, S. 25. Brissot fügt hinzu »Besonderen Abscheu habe ich immer gegen die persönliche Schmähschrift gehabt.« Die Echtheit des Briefes seines Agenten Vingtaine, vom 3. April 1784, den Morande in seiner *Réplique...à Brissot*, S. 16, abdruckte, hat Brissot nicht in Zweifel gezogen. In der umfangreichen Korrespondenz über die ›libellistes‹ im Archiv des Ministère des affaires étrangères, Correspondance politique, Angleterre, MSS. 541–549, erscheint Brissot als jemand, der mit ihnen Umgang hatte, aber nicht mit ihnen zusammenarbeitete.

53 Marat, »Traits destinés«, S. 686. Am 16. September 1781 schrieb die Société an Brissot, sie lehne es ab, ein obszönes Werk, das er im Namen von Desauges eingesandt hatte, zu drucken; gleichwohl brachte man einen Raubdruck der *Liaisons dangereuses*, die Brissot in seinem *Journal du Licée* [sic] *de Londres* (London, 1784), I, 389–391, und in seiner *Correspondance universelle sur ce qui intéresse le bonheur de l'homme et de la société* (London, 1783) mit Abscheu besprochen hatte. In dem zuletzt genannten Werk hatte er behauptet:

»Ein Roman mit einer zweideutigen Botschaft ist ein sehr gefährliches Gift« (S. 124). Die STN druckte zwar keine, verkaufte aber eine Menge Pornographie, unter anderem von Mirabeau, die in Neuchâtel bei Samuel Fauche, einem früheren Partner der STN verlegt wurde.

54 Brissot, *Mémoires*, I, 104–106.

55 Brissot an STN, 26. Juli 1781.

56 Brissot an STN, 12. Jan. 1782.

57 Brissot an STN, 23. April 1781. Eine offizielle Quelle nannte Brissot auch für seinen Bericht, daß die Regierung die Fortsetzung von Linguets *Annales politiques, civiles et littéraires du dix-huitième siècle* durch Mallet du Pan unterbinden wolle: »Ihr könnt sicher sein, daß keines von Mallets Journalen hierher gelangt ist. Alle wurden beschlagnahmt. Ich weiß es von demjenigen, der die Beschlagnahme durchgeführt hat.« Brissot an STN, 18. Aug. 1782.

58 Quandet an STN, 20. Juni 1781. Quandet bezog sich auf die Beschlagnahme einer Lieferung der neunzehnbändigen *Description des arts et métiers*, die die Société veröffentlicht hatte und die in Frankreich wegen der Machenschaften eines der französischen Konkurrenten der Société verboten worden war.

59 Brissot an STN, 30. März 1782.

60 *Le patriote français*, 31. Juli 1790.

61 Brissot an Martin, 21. Okt. 1784, in Brissot, *Correspondance et papiers*, S. 83–85. Der Kontext des Briefes deutet auf Martin als den ungenannten Adressaten.

62 Brissot an STN, 22. Sept. 1782.

63 J. F. Bornand an STN, 19. Febr. 1785.

64 *Journal du Licée de Londres*, I, 223. Auf S. 225 beschrieb Brissot den Zustand seiner »âme électrisée«, nachdem er die *Confessions* zum dritten Mal gelesen hatte.

65 Brissot, *Mémoires*, I, 14, 18. Brissot war sich bewußt, welchem Vorbild sein »Porträt Phédors« – »Die Lektüre der Bekenntnisse Rousseaus, die ich gerade zum sechsten Mal aufnehme, erinnert mich an einige Züge, die ihm [Phédor] angehören« (I, 18) – und seine Memoiren – »Ich werde Rousseau nachahmen« (I, 24) – verpflichtet waren.

3. Ein Pamphletschreiber unterwegs

1 Diese und die folgenden Auszüge stammen aus Voltaires Gedicht »Le Pauvre Diable«, in *Œuvres complètes de Voltaire* (Paris, 1877), S. 99–113.

2 Le Senne kommt weder in einschlägigen biographischen Nachschlagewerken noch in irgendeiner Bibliographie oder einem Verzeichnis gedruckter Bücher und nicht einmal in den an Klatsch reichen *Mémoires secrets pour servir à l'histoire de la république des lettres en France* oder in Voltaires Briefwechsel vor, wo die Namen sehr vieler unbekannter Schriftsteller auftauchen. Das

folgende fußt also fast ausschließlich auf einer einzigen Quelle: den Akten der Société typographique de Neuchâtel (im weiteren als STN zitiert) in der Bibliothèque de la ville de Neuchâtel, Schweiz.

3 Lans de Boissy an STN, 9. März 1780: »Es ist sehr schön, wenn man an Gott glaubt, besonders in der Schweiz, aber sehr unterhaltsam ist es nicht, und Eure Zeitschrift kann nur Erfolg haben, wenn sie eine philosophische Färbung hat.« Zu weiteren Einzelheiten siehe Lans' Briefe vom 21. Jan. und 19. Febr. 1780 und den nicht datierten »Prospectus« in seinem Dossier, der die potentielle Rolle der Zeitschrift im Kampf gegen den Fanatismus betont.

4 Bosset an STN, 17. Mai 1780. Seinem Bericht über die Verhandlungen mit d'Alembert fügte Bosset die Bemerkung hinzu: »Il m'a paru tenir beaucoup à la partie lucrative des ses œuvres.«

5 Den Prospekt legte Le Senne seinem Brief an die STN vom 3. Februar 1780 bei.

6 Le Senne an STN, 3. Februar 1780.

7 Ebda.

8 Le Senne an STN, 18. März 1780.

9 Diese Bemerkungen kommen in einem Memorandum in Le Sennes Dossier mit dem Titel »Réponse aux conditions proposées« vor, das kein Datum trägt, aber offensichtlich vom Mai 1780 stammt.

10 Le Senne an STN, 26. März 1780.

11 Bosset an STN, 15. und 17. Mai 1780.

12 Daß Panckouckes Bestreben, die Verbreitung des *Journal helvétique* in Frankreich zu verhindern, von Erfolg gekrönt war, wurde ein Jahr später von einem Agenten der STN bestätigt, der berichtete: »Panckoucke setzt Himmel und Erde in Bewegung, und in den Büros des Siegelbewahrers tut sich nichts.« Thiriot an STN, 5. Mai 1781. Über die Errichtung des Verlagsimperiums von Panckoucke siehe Suzanne Tucoo-Chala, *Charles-Joseph Panckoucke et la librairie française 1736–1798* (Pau und Paris, 1977).

13 Le Senne an STN, 20. Mai 1780.

14 Le Senne an STN, 14. Mai 1780.

15 Quandet de Lachenal an STN, 26. Okt. 1781.

16 Le Senne an STN, 3. Febr. 1780.

17 Le Senne an STN, 18. März 1780.

18 Undatiertes Memorandum aus Le Sennes Dossier, wahrscheinlich verfaßt im Frühjahr 1780.

19 Le Senne an STN, 2. April 1780.

20 Le Senne an STN, 8. April 1780.

21 Le Senne an STN, 19. April 1780.

22 Le Senne an STN, 24. Mai 1780.

23 Le Senne an STN, 27. Mai 1780.

24 Le Senne an STN, 19. April 1780.

25 Le Senne an STN, 11. Juni 1780.

26 Bosset an STN, 12. Juni 1780.

27 Bosset teilte Cugnets Vorschlag in seinem Brief vom 12. Juni 1780 mit.

28 Le Senne an STN, 27. Mai 1780. Ausführlicher beschrieb Le Senne das Projekt Cugnets in einem Brief vom 29. Mai 1780.

29 Le Senne an STN, 11. Juni 1780.

30 Bosset an STN, 19. Juni 1780.

31 Le Senne an STN, 25. Juli 1780.

32 Le Senne an STN, 5. Oktober 1780.

33 Cugnet an STN, 12. Oktober 1780.

34 Cugnet an STN, 2. April 1781.

35 Le Senne an STN, 20. Sept. 1780.

36 Le Senne an STN, 5. Okt. 1780.

37 Le Senne an STN, 12. Okt. 1780.

38 Ebda.

39 STN an Le Senne, 19. Nov. 1780. Der letzte Brief Cugnets war auf den 12. Oktober datiert, genau den Tag oder etwa die Zeit, als Le Senne aus Paris floh. Siehe auch den Brief der STN an Cugnet vom 21. November, in dem sie sich beklagt, daß sie drei Personen geschickt habe, um mit ihm zu verhandeln, und daß keiner davon in der Lage sei, seinen Laden ausfindig zu machen.

40 Le Senne an STN, 2. Dez. 1780.

41 STN an Le Senne, 10. Dez. 1780.

42 D'Alembert an STN, 30. Dez. 1780. Es handelt sich um eine Abschrift des Briefes, die sich in den Akten der STN befindet. Es gibt keinen Grund, ihre Echtheit zu bezweifeln, obwohl ich das Original nicht auffinden konnte. Ostervald und Bosset kannten d'Alembert ziemlich gut und hatten mit ihm lange wegen der Veröffentlichung seiner Werke verhandelt. Am 14. Juni 1780 berichtete Bosset über die folgende Zusammenkunft mit ihm: »Er zeigte mir einige Manuskripte, die zusammen einen Oktavband kleiner Schriften ergaben, die er uns gerne zum Druck überlassen wollte. Ich machte verschiedene Vorschläge, wie man dabei verfahren könnte. Es schien mir, daß er am liebsten so verfahren würde, wie er selber vorschlug, nämlich daß wir die Kosten für Druck und Papier vorstrecken und er dann den Gewinn mit uns teilt... Später will er etwa drei Bände mit Preisreden haben, aber damit ist es noch nicht so weit... Er spricht davon, daß er in die Schweiz kommen möchte.« Le Senne hatte diesen Verhandlungen beigewohnt. Es scheint, daß er einen Platz nicht weit vom Zentrum der Gefolgschaft d'Alemberts hatte, und er ist eine Quelle für die Bemerkung, die man Friedrich dem Großen zuschreibt und die er gemacht haben soll, als er einwilligte, daß man für Voltaire eine Seelenmesse las: Er glaube zwar nicht sehr an die Ewigkeit, aber er füge sich darein. Bosset an STN, 23. Juni 1780. Siehe auch Bossets Brief vom 16. Juni 1780.

43 D'Alembert an Friedrich II., 24. Juli 1780, in *Œuvres de d'Alembert* (Paris, 1822), V, 431: »M. de Catt wird Eurer Majestät eine neue Denkschrift und einige echte Urkunden zugunsten des armen curé aus Neuchâtel übergeben, der von seinem fanatischen Bischof verfolgt wird. Euere Majestät wird ersucht, dieses Detail zu erwägen und für diesen armen Teufel von einem

Priester die Gerechtigkeit zu erwirken, die er erwartet und lange Zeit erfleht hat.« Bei dem »aus Neuchâtel« muß es sich um ein Versehen handeln.

44 Le Senne an STN, 18. Dez. 1780. Bei Le Sennes »Observations patriotiques« könnte es sich durchaus um die neckeristische Abhandlung »L'Administration physique et morale de la France« handeln, die er der STN zu einem früheren Zeitpunkt vorgeschlagen hatte. Er machte jedoch so viele Vorschläge, gab so viele Manuskripte weiter und änderte die Titel so häufig, daß es unmöglich ist, die in seinen Briefen erwähnten Werke zu identifizieren.

45 STN an Le Senne, 24. Dez. 1780.

46 Le Senne an STN, 28. Dez. 1780.

47 STN an Le Senne, 4. Jan. 1781.

48 Le Senne an STN, 9. Jan. 1781.

49 *Mémoires secrets pour servir à l'histoire de la république des lettres en France* (London, 1777–1789), 36 Bde., 4. Juni, 30. Juni und 11. Juli 1780.

50 Le Senne an STN, 9. Jan. 1781.

51 Le Senne an STN, 9. Febr. 1781.

52 STN an Le Senne, 25. Febr. 1781.

53 Quandet de Lachenal an STN, 7. März 1781.

54 STN an Quandet, 11. März 1781.

55 Die Rekonstruktion der Unterschlagung Le Sennes beruht in erster Linie auf der Korrespondenz der STN mit Quandet, vor allem dem Brief der STN vom 11. März 1781 und Quandets Briefen vom 23. März und 2. April 1781.

56 Le Senne an STN, 23. April 1781.

57 Cugnet an STN, 2. April 1781. Cugnet fügte hinzu, daß Le Senne in Paris »in sehr üblem Geruch« stehe und erklärte, er habe die Bücher vor allem deswegen von Le Senne gekauft, weil der Abbé ihren Transport nicht bezahlen konnte und weil der Abbé Bretin, der bei ihrer Ankunft in Brunoy zunächst die Transportrechnung bezahlt hatte, sie nicht eher ziehen lassen wollte, als bis sie ihm das Geld zurückerstattet hätten. Entgegen dem, was er der STN schrieb, hatte Le Senne die Bücher nie in seinem Besitz gehabt und war zum Zeitpunkt seiner Flucht aus Paris wahrscheinlich völlig mittellos.

58 STN an Cugnet, 8. April 1781.

59 Zum Brevier-Projekt siehe Le Senne an die STN, 8. Mai, 25. Mai und 11. Juli 1781; STN an Le Senne, 17. Mai, 2. Juni und 17. Juli 1781; STN an den Abt von Cîteaux, 2. Juni 1781. Der Abt hat den Brief der STN nie beantwortet.

60 Le Senne an STN, 25. Mai 1781.

61 Le Senne an STN, 11. Juli 1781.

62 Le Senne an STN, 27. Aug. 1781.

63 Le Senne an STN, 26. Nov. 1781.

64 STN an Le Senne, 9. Dez. 1781.

65 Le Senne an STN, 22. Dez. 1781.

66 Le Senne an STN, 17. März 1782.

67 Le Senne an STN, 4. Juni 1782. Siehe auch Le Sennes Briefe vom 3. April, 25. April, 23. Juni und 2. Aug. 1782.

68 Le Senne an STN, 23. Juni und 8. Aug. 1782.

69 Quandet an STN, 2. Okt. 1782.

70 Le Senne an STN, 15. Aug. 1782.

71 Le Senne an STN, 26. April 1784.

72 Le Senne an STN, 18. Sept. 1784.

73 »Le Pauvre Diable«, a.a.O., S. 99.

74 Denis Diderot, *Le Neveu de Rameau/Rameaus Neffe,* übersetzt von Goethe. Zweisprachige Ausgabe, herausgegeben von Horst Günther, Frankfurt 1984, S. 113.

75 Pat Rogers, *Grub Street: Studies in a Subculture* (London, 1972).

76 Le Senne an STN, 27. Mai 1780.

77 Zu diesem Thema siehe John McManners, *French Ecclesiastical Society Under the Old Regime: A Study of Angers in the Eighteenth Century* (Manchester, 1960), Kap. 9–11.

78 Abgesehen von dem Briefwechsel selbst, in dem dieses Thema deutlich hervortritt, siehe John N. Pappas, *Voltaire and d'Alembert* (Bloomington, Ind., 1962).

79 *Le Neveu de Rameau,* a.a.O., S. 205.

80 Ebda., S. 207.

81 Ebda., S. 93.

82 Ebda., S. 137, 141.

4. Ein Untergrundbuchhändler in der Provinz

1 Mauvelain an STN, 14. April 1781, Dokumente der Société typographique de Neuchâtel, Bibliothèque de la ville, Neuchâtel, Schweiz. Alle Zitate beziehen sich, soweit nicht anders angegeben, auf diese Dokumente.

2 Mauvelain an STN, 8. Mai 1781.

3 Mauvelain an STN, 5. Juni 1781.

4 Mauvelain an STN, 19. Mai 1782.

5 Mauvelain an STN, 10. Januar 1783.

6 Mauvelain an STN, 29. Januar 1783.

7 Mauvelain an STN, 9. April 1783.

8 Mauvelain an STN, 3. Mai und 7. Juni 1783.

9 Mauvelain an STN, 17. Mai 1784.

10 Mauvelain an STN, 2. November 1783.

11 Mauvelain an STN, 31. Mai 1784.

12 Mauvelain an STN, 16. Juni 1784.

13 Mauvelain an STN, 10. Mai und 16. Juni 1784.

14 Mauvelain an STN, 26. September 1784.

15 STN an Mauvelain, 26. September 1784.

16 Faivre an STN, 14. August 1784.

17 Faivre an STN, 23. September 1784.

18 Mauvelain an STN, 31. Dezember 1784.

19 Mauvelain an STN, 12. März 1785.

20 Mauvelain an STN, 27. Mai 1785.

21 STN an J.-P. Brissot, 13. Februar 1787.

22 Charles Théveneau de Morande, *Le Portefeuille de Madame Gourdan, dite la comtesse* (Spa, 1783), wieder abgedruckt als *Correspondance de Madame Gourdan, dite la comtesse* (Paris, 1954), S. 41.

23 *La Chronique scandaleuse* (Paris, 1783), S. 38.

24 *Les Fastes de Louis XV* (Villefranche, 1782), II, 27.

25 Ebda., S. 296.

5. Eine Druckerei jenseits der Grenze

1 Thomas an STN, 19. Juli 1778. Zu dieser Episode in der Rekrutierungskampagne siehe Pyre an STN, 16. Juni 1777, und STN an Pyre, 1. Juli 1777.

2 Christ an STN, 8. Jan. 1773.

3 STN an Pyre, 14. Okt. 1777.

4 STN an Vernange, 24. Mai 1777.

5 Claudet an STN, 18. Juni 1777.

6 STN an Claudet, 8. Mai 1777.

7 STN an Duplain, 2. Juli 1777.

8 STN an Vernange, 26. Juni 1777.

9 »Banque des ouvriers« der STN, Eintragung unter 16. Jan. 1779.

10 Pfaehler an STN, 3. März 1772.

11 Mme. Bertrand an Ostervald von der STN, 12. Febr. 1780.

12 Offray an Ducret von der STN, Dez. 1777, zitiert bei Jacques Rychner, »A l'ombre des Lumières: coup d'œil sur la main-d'œuvre de quelques imprimeries du XVIIIe siècle«, *Studies on Voltaire and the Eighteenth Century*, 155 (1976), 1948–1949. Wenn Jacques Rychner seine Dissertation über die STN abgeschlossen hat, wird es möglich sein, die Wanderungen der Druckergesellen in allen Details zu verfolgen.

13 Ebda.

14 Siehe zum Beispiel Nicolas Contat *dit* Le Brun, *Anecdotes typographiques où l'on voit la description des coutumes, mœurs et usages singuliers des compagnons imprimeurs*, ed. Giles Barber (Oxford, 1980), Teil II, Kap. 2.

15 Einige dieser Daten erscheinen im 5. Kapitel meines Buches *The Business of Enlightenment: A Publishing History of the »Encyclopédie«, 1775–1800* (Cambridge, Mass., 1979), die meisten jedoch bleiben unveröffentlicht.

16 Leon Voet, *The Golden Compasses* (Amsterdam, 1972), II, 351.

17 Contat, *Anecdotes typographiques*, Teil I, Kap. 3.

18 Ebda., Teil II, Kap. 1.

19 Ebda., Kap. 2.

20 Ebda., Teil I, Kap. 6.

6. Lesen, Schreiben und Publizieren

1 Walter Benjamin, »Ich packe meine Bibliothek aus. Eine Rede über das Sammeln«, in *Gesammelte Schriften,* Bd. IV/1, Frankfurt 1972.

2 Daniel Mornet, »Les enseignements des bibliothèques privées (1750–1780)«, *Revue d'histoire littéraire de la France,* 17 (1910), 449–492.

3 Obwohl Mornet in seinem Aufsatz die Schlußfolgerungen sehr sorgfältig abwog, hat er in seinen späteren Arbeiten sehr viel weitreichendere Aussagen gemacht. Zu Unrecht setzte er voraus, daß seine Forschungen über den *Contrat social* auch für die Zeit nach 1780 gültig seien: »Vor 1789 wurde über dieses ehrfurchtgebietende Werk nicht einmal gesprochen.« Daniel Mornet, »L'influence de J. J. Rousseau au XVIIIe siècle«, *Annales de la Société Jean-Jacques Rousseau 8* (1912), 44. Siehe auch Daniel Mornet, *Les Origines intellectuelles de la Révolution Française,* 5. Aufl. (Paris, 1954), S. 229. Die Interpretation Mornets wurde von Robert Dérathé übernommen: »Les réfutations du *Contrat Social* au XVIIIe siècle«, *Annales de la Société Jean-Jacques Rousseau,* 32 (1950–1952), 7–12. Alfred Cobban hat die These Mornets noch erweitert: »Rousseaus *Contrat Social* hat vor der Revolution keinen nachweisbaren Einfluß gehabt und einen sehr anfechtbaren im Verlauf der Revolution.« Siehe seinen Aufsatz »The Enlightenment and the French Revolution«, abgedruckt in *Aspects of the French Revolution* (New York, 1968), S. 22. Die umfassendste Darstellung gibt Joan McDonald, *Rousseau and the French Revolution, 1762–1791* (London, 1965).

4 Siehe R. A. Leigh, »Jean-Jacques Rousseau«, *The Historical Journal,* 12 (1969), 549–565.

5 Obwohl dieses Werk Rousseaus zu schwer verständlich war, um eine Kontroverse auslösen zu können, wie sie sich an den *Emile* und die Abhandlungen (außer in der Schweiz) anschloß, läßt sich sein Einfluß, wie jeder ideologische Einfluß, schwer messen. Wenn Unterdrückung ein Indikator ist für die Bedeutung, die einem Buch zugemessen wird, dann muß man darauf hinweisen, daß der französische Staat den *Contrat social* niemals förmlich verboten hat, aber auch nicht zuließ, daß er frei verbreitet werden konnte. In der Revolution fand man ihn mit anderer aufrührerischer Literatur unter Verschluß im ›pilon‹ der Bastille. Bibliothèque de l'Arsenal, MS. 10305, »le pilon de la bastille«.

6 Escarpits Buch erschien in der vielgelesenen Reihe »Que sais-je?« und hat schon vier Auflagen gehabt. Als Beispiel für seinen Einfluß siehe Louis Trenard, »La Sociologie du livre en France (1750–1789)«, *Actes du cinquième Congrès national de la société française de littérature comparée* (Paris, 1965), S. 145.

7 Robert Escarpit, *Sociologie de la littérature,* 4. Aufl. (Paris, 1968), S. 46. Man sollte auch darauf hinweisen, daß die Entwicklung des Schreibens zu einem ›métier‹ im achtzehnten Jahrhundert nicht mit dem soziologischen Phänomen der Professionalisierung gleichzusetzen ist. Siehe den Artikel »Pro-

fessions« von Talcott Parsons in *International Encyclopedia of the Social Sciences*, XII, 536–547.

8 David Pottinger, *The French Book Trade in the Ancien Régime, 1500–1791* (Cambridge, Mass., 1958).

9 Die im folgenden nur mit Verfassernamen zitierten Untersuchungen sind: François Furet, »La ›librairie‹ du royaume de France au 18e siécle«, in *Livre et société dans la France du XVIIIème siécle*, 1 (Paris und Den Haag, 1965); Jean Ehrard und Jacques Roger, »Deux périodiques français du 18e siècle: ›le Journal des savants‹ et ›les Mémoires de Trévoux‹. Essai d'une étude quantitative« im selben Band; Daniel Roche, »Un savant et sa bibliothèque au XVIIIe siècle: les livres de Jean-Jacques Dortous de Mairan, secrétaire perpétuel de l'Académie de Béziers«, *Dix-huitième siècle*, 1 (1969), 47–88; François Bluche, *Les magistrats du Parlement de Paris au XVIIIe siècle, 1715–1771* (Paris, 1960), S. 291–296, worin die Ergebnisse einer unveröffentlichten Untersuchung von Régine Petit, *Les bibliothèques des hommes de parlement de Paris au XVIIIe siècle* (1954), verarbeitet werden; Jean Meyer, *La noblesse bretonne au XVIIIe siècle* (Paris, 1966), S. 1156–1177.

10 Furet, S. 19.

11 Ehrard und Roger, S. 56.

12 Mornet, »Les enseignements des bibliothèques privées«, S. 473.

13 Zitat bei Raymond Birn, »Le Journal des savants sous l'Ancien Régime«, *Journal des savants* (Jan.–März 1965), S. 28, und bei Eugène Hatin, *Histoire politique et littéraire de la presse en France* (Paris, 1859–1861), II, 192.

14 Jean-Louis und Marie Flandrin, »La circulation du livre dans la société du 18e siècle: un sondage à travers quelques sources«, *Livre et société*, 2 (Paris und Den Haag, 1970), 52–91. Die Flandrins haben drei private oder jedenfalls unzensierte literarische Zeitschriften untersucht, in denen philosophische Werke diskutiert wurden, die in den halboffiziellen, streng zensierten Zeitschriften wie dem *Journal des savants* nicht auftauchen durften. Die drei Zeitschriften der Flandrins zeigen jedoch die umgekehrte Tendenz wie die, die Ehrard und Roger untersucht haben. Vor allem beschäftigten sie sich mit Büchern, die Furore machten, und insofern sind sie für den allgemeinen literarischen Geschmack ihrer Leser ebensowenig repräsentativ wie das *Journal des savants* und die *Mémoires de Trévoux* der Jesuiten.

15 Trenard, »La sociologie du livre en France«.

16 Bei der Erstellung dieser Diagramme bestand die Hauptschwierigkeit darin, in den acht zugrundegelegten Untersuchungen vergleichbare Einheiten und Statistiken zu finden. Um Vergleiche zu ermöglichen, war es zunächst notwendig, einige Berechnungen noch einmal zu machen und einige Daten, die in den beiden Aufsätzen in *Livre et société* in Diagrammform erschienen, wieder zurückzuübersetzen. Alle Diagramme beziehen sich auf die Jahrhundertmitte, obwohl sie leicht abweichende Zeitspannen repräsentieren. Die Sachgebiete, die hier nicht erscheinen, sind in erster Linie die verschiedenen ›Künste‹, die unter der Überschrift ›sciences et arts‹ erfaßt werden. Da diese

Überschrift, weil sie zuviel unter sich befaßt, dem modernen Leser wenig sagt, wurde sie durch die Untergruppe ›sciences‹ ersetzt. Diese setzt sich wiederum aus vier Unter-Untergruppen zusammen – ›physique‹, ›médecine‹, ›histoire naturelle‹ und ›mathématiques‹ – und ließ sich in allen Fällen außer bei Mornet und Bluche-Petit zahlenmäßig erfassen. Mornet macht keine statistischen Angaben über mathematische Bücher, wahrscheinlich handelt es sich dabei aber um weniger als 1 Prozent der Gesamtzahl seiner Titel, so daß die allgemeine Struktur davon nicht betroffen ist. Bluche unterscheidet ›sciences‹ und ›sciences et arts‹ überhaupt nicht. Trotz des breiten Spektrums der Untergruppe ›sciences‹ in anderen Fällen (10 bis 70 Prozent der übergeordneten Gruppe), schien es vernünftig, ihren Anteil an Bluches ›sciences et arts‹ mit 50 Prozent und 7 Prozent insgesamt anzusetzen – ein Annäherungswert, der durch gestrichelte Linien bezeichnet wird und den der Leser vielleicht lieber unberücksichtigt lassen möchte. Mornets Zahlen erfaßten in der Gruppe ›belles-lettres‹ lediglich ›romans‹ und ›grammaires‹, wodurch wahrscheinlich etwas mehr als die Hälfte dieser Gruppe unberücksichtigt blieb, wenn man von der Verteilung bei Furets ›permissions publiques‹ und ›permissions tacites‹ her urteilt. Diese Gruppe würde wahrscheinlich zwischen 10 und 20 Prozent der Mornetschen Aufstellung eingenommen haben und erscheint deshalb mit 15 Prozent in gestrichelten Linien. Im Gegensatz zu den andern hat Mornet die Reiseliteratur nicht bei der Geschichte eingeordnet, wie es im achtzehnten Jahrhundert üblich war. Hätte er es getan, dann wäre seine Geschichtsabteilung nochmals um 1,5 Prozent gewachsen. Auch bei Meyer ist die Gruppe ›belles-lettres‹ ein Annäherungswert und erscheint deshalb in gestrichelten Linien.

Ein Diagramm, das Furets Untersuchungen der ›permissions publiques‹ und der ›permissions tacites‹ miteinander kombiniert, wurde durch Berechnungen aufgrund seiner Originaldaten konstruiert, weil die Hoffnung bestand, durch Kombination der Statistiken aus diesen zwei ganz unterschiedlichen Quellen ein Gesamtbild der literarischen Produktion zu erhalten. So eindrucksvoll dieses zusammengesetzte Säulendiagramm ist, steht es doch im Widerspruch zu allen anderen. Beispielsweise weist es zwar einige Ähnlichkeiten mit dem auf Mornets Statistik beruhenden Diagramm auf, Mornet jedoch läßt die Franzosen verglichen mit Wissenschaft (3 Prozent) und vor allem Geschichte (30 Prozent) weit weniger religiöse Werke (6 Prozent) lesen als Furet, dessen kombiniertes Diagramm den Anteil der Religion mit 20 Prozent, Wissenschaft mit 9 Prozent und Geschichte mit 11 Prozent angibt.

Da sich alle acht Untersuchungen eng an das Klassifikationsschema des achtzehnten Jahrhunderts halten, helfen sie dem modernen Leser auf der Suche nach der Aufklärung nicht sehr viel weiter. Soll er Aufklärung mit ›philosophie‹, einer der acht Untergruppen von ›sciences et arts‹ gleichsetzen? Wenn ja, dann muß er sich mit vier verwandten Unter-Untergruppen herumschlagen: ›philosophie ancienne‹, ›logique‹, ›morale‹ und ›métaphysique‹. Die beiden letzten scheinen vielversprechend, aber (außer in der Statistik von Roche, die zwei zusätzliche Unter-Untergruppen einschließt) erlauben es die Daten nicht, sie von den beiden anderen zu unterscheiden. Die vier Untersuchungen, die statistische Angaben über ›philosophie‹ insgesamt machen, lassen vermuten, daß sie einen kleinen, aber stabilen Anteil an der Lektüre des achtzehnten Jahrhunderts umfaßte: nach den ›permissions publiques‹ liegt er bei 3 Prozent (1723–1727), 3,7 Prozent (1750–1754) und 4,5 Prozent (1784–1788); nach den ›permissions tacites‹ bei 6 Prozent (1750–1759), 5 Prozent (1770–1774) und 6 Prozent (1784–1788); nach den Rezensionen im *Journal des savants* bei 3 Prozent (1715–1719), 4 Prozent (1750–1754) und 5 Prozent (1785–1789); und in der Bibliothek von Dortous de Mairan belief sich ihr Anteil auf 7 Prozent. Also kaum ein Anhaltspunkt für die Verbreitung der ›Lumières‹. Demnach läßt sich die Aufklärung mit keiner der Literaturgruppen des achtzehnten Jahrhunderts oder ihren Untergruppen gleichsetzen.

Es wäre zwar möglich gewesen, auch Pottingers Untersuchung über 200 Autoren des achtzehnten Jahrhunderts in einem Säulendiagramm darzustellen, da er eine statistische Aufstellung ihrer Veröffentlichungen nach dem Muster der Untersuchung von Mornet gemacht hat, doch wie schon anfangs bemerkt ist Pottingers Auswahl von Schriftstellern so willkürlich und seine Statistik so unvollständig und so wenig repräsentativ, daß dieses Diagramm nur geringe Aussagekraft hätte. Trotzdem sollten seine Ergebnisse für Vergleichszwecke erwähnt werden (Pottinger, *The French Book Trade,* S. 30–31): religiöse Werke 11 Prozent von der Gesamtproduktion seiner Autoren, Wissenschaft 20 Prozent, Geschichte 20 Prozent, Recht 2 Prozent, ›belles-lettres‹ 10 Prozent.

17 Die Zahl beruht auf Maggiolos Enquête zur Alphabetisierung, die von Michel Fleury und Pierre Valmary in »Les progrès de l'instruction élémentaire de Louis XIV à Napoléon III d'après l'enquête de Louis Maggiolo (1877–1879)«, *Population* (1957), S. 71–92, vorgestellt worden ist und in der die Gesamtbevölkerung auf 26 Millionen geschätzt wird.

18 Nach 1969, als dieser Aufsatz geschrieben wurde, begannen sich die quantitativen Untersuchungen zur Buchverbreitung sprunghaft zu vermehren. Am wichtigsten waren die Aufsätze von Julien Brancolini, Marie-Thérèse Bouyssy, Jean-Louis Flandrin und Maria Flandrin in *Livre et société,* 2 (Paris und Den Haag, 1970); Jean Quéniart, *L'Imprimerie, la librairie et la presse à Avignon au XVIIIe siècle* (Grenoble, 1974); Michel Marion, *Recherches sur les bibliothèques privées à Paris au milieu du XVIIIe siècle (1750–1759)* (Paris, 1978) und die Aufsätze, die regelmäßig in der *Revue française d'histoire du livre* erscheinen. Dadurch haben wir heute eine viel reichere Anschauung von den Lesegewohnheiten des achtzehnten Jahrhunderts. Das Bild bleibt jedoch verworren, weil die monographischen Untersuchungen verschiedene Arten von Daten zugrundelegen und einander häufig widersprechen. Die Reihe der Säulendiagramme ließe sich unbegrenzt fortsetzen, aber wohin soll das alles führen?

19 Die folgende Darstellung fußt in erster Linie auf den Akten der STN. Andere wichtige Quellen waren die Papiere von Jean-Charles-Pierre Lenoir, Lieutenant-général de police von Paris zwischen 1774 und 1775 und von 1776

bis 1785, in der Bibliothèque municipale d'Orléans, MSS. 1421–1423; die Archives de la Chambre syndicale de la Communauté des libraires et imprimeurs de Paris und die Sammlung Anisson–Duperon der Bibliothèque Nationale (besonders fonds français, MSS. 21862, 21833, 22046, 22063, 22070, 22075, 22081, 22109, 22116, 22102); die Akten der Bastille und die damit zusammenhängenden Akten über den Buchhandel in der Bibliothèque de l'Arsenal (besonders MSS. 10305, 12446, 12454, 12480, 12481, 12517); und schließlich Ministère des affaires étrangères, Correspondance politique, Angleterre, MSS. 541–549. Um über die Untergrundroute Kehl–Straßburg im Unterschied zu dem Transportweg Neuchâtel–Pontarlier etwas in Erfahrung zu bringen, wurden die einschlägigen Akten in den Archives de la ville de Strasbourg (vor allem MSS.AA 2355–2362) konsultiert, erwiesen sich jedoch als weniger nützlich als die anderen. Durch die neueren Forschungen über das Verlagswesen des Ancien Régime ist die Untersuchung von J.-P. Belin, *Le commerce des livres prohibés à Paris de 1750 à 1789* (Paris, 1913) weitgehend überholt. Die wichtigsten Arbeiten der Sekundärliteratur findet man in den Bibliographien bei Nicole Herrmann-Mascard, *La censure des livres à Paris à la fin de l'Ancien Régime, 1750–1789* (Paris, 1968) und bei Madeleine Ventre, *L'Imprimerie et la librairie en Languedoc au dernier siècle de l'Ancien Régime, 1700–1789* (Paris und Den Haag, 1958). Der hier abgedruckte Aufsatz ist geschrieben worden, ehe die These von H.-J. Martin zugänglich wurde, fußt aber sehr stark auf seinem Aufsatz »L'édition parisienne au XVIIe siècle: quelques aspects économiques«, *Annales: économies, sociétés, civilisations,* 7 (Juli–Sept. 1952), 303–318. Ebenfalls sehr anregend ist der Aufsatz von Léon Cahen, »La librairie parisienne et la diffusion du livre français à la fin du XVIIIe siècle«, *Revue de synthèse,* 17 (1939), 159–179.

20 Ein typisches Beispiel ist das Memorandum vom 2. Aug. 1783, verfaßt von Périsse Duluc, Syndikus der Chambre syndicale von Lyons, in der Bibliothèque Nationale, MSS. français 21833, fol. 96.

21 Revol an STN, 4. Juli 1784.

22 Beispielsweise erhielt die Société typographique de Neuchâtel einen Brief mit Datum des 30. Okt. 1783 von François Michaut, ihrem Agenten auf der Schweizer Seite der französischen Grenze, in dem es hieß: »Ihr seid in einer vertrackten Lage. Die Träger haben Angst, daß man sie schnappt und wegen des Transports von Büchern verurteilt, die die Religion angreifen und Autoritätspersonen verunglimpfen. Wenn Ihr nur Bücher transportiert haben wollt, deren Inhalt einwandfrei ist, dann wollen die Träger dafür eine Garantieerklärung, und Ihr werdet hier in der Gegend ein paar Männer finden, die für den Transport nach Pontarlier oder sogar ein Stück weiter, wenn nötig, 12 Livres pro Zentner verlangen. Außerdem ist es nötig, jedem Träger vor dem Aufbruch etwas zu trinken zu spendieren. Ich möchte Euch darauf hinweisen, Messieurs, daß die Träger für diesen Preis alles in ihren Kräften Stehende tun, ohne für die Ware Verantwortung zu übernehmen.« Mit einigem Stolz merkte Michaut an, daß »meine Position hier für heimliche Grenzgänge ziemlich günstig ist«, aber

er warnte auch, daß »überall in den Dörfern und entlang der Strecke Agenten umherstreifen, und selbst wenn die Fracht in Ordnung ist, halten sie die Fuhrleute an und durchsuchen ihre Ladung«. Deswegen betonte er die Notwendigkeit, auf der französischen Seite der Grenze jemanden zu haben, der die Agenten des Generalsteuerpächters hinters Licht führte oder bestach: »Ich weiß niemanden, der das besser könnte, als le sieur Faivre.« Faivre zögerte nicht, sich selbst zu empfehlen. Am 14. Okt. 1784 schrieb er an die STN: »Eure Kisten werden die Grenze nächsten Samstag überqueren. Ich habe alles vorbereitet und die Träger überredet zurückzukehren, indem ich ihnen versprach, sie würden zufrieden sein und etwas zu trinken bekommen ... Ich bin dabei, mit einem der Steueragenten ins Geschäft zu kommen, der uns nachts ohne irgendwelche Schwierigkeiten durchlassen und mir die Wege zeigen will, auf denen wir die Grenze ungefährdet überqueren können.«

23 STN an J.-P. Brissot, 29. April 1781.

24 Mme. La Noue an STN, 8. Sept. 1782. Mme. La Noue reagierte empfindlich, wenn man behauptete, daß sie von ihren Kunden zu viel verlange und sie zu wenig schütze. Am 9. Dez. 1780 schrieb sie in ihrem üblichen halbgebildeten Französisch an die STN: »Macht Euch keine Sorgen wegen der Sicherheit Eurer Ware. Ist sie erst mal bei mir, dann tue ich alles nur Mögliche, um sie vor Mißgeschick zu bewahren. Ihr könnt völlig darauf vertrauen, wie ich mein Geschäft betreibe.« Am 13. Januar 1783 gestand sie dann aber, daß sechs von den Kisten auf ihrer Schwelle beschlagnahmt worden waren: »Man folgte dem Fuhrwerk so dichtauf, daß drei Leute von der Polizei die sechs Kisten zu fassen bekamen, als sie gerade abgeladen wurden. Der Fuhrmann wagte es nicht, sich zu wehren, wegen der Drohungen, die sie ausstießen. Seit zwei Wochen haben sie mir nun mit Fragen zugesetzt und versuchen aus mir herauszubekommen, wem die Kisten gehören und wo sie herkommen. Ich habe aber nichts gesagt.«

25 Paul de Pourtalès an STN, 23. Juni 1784.

26 Siehe das Dossier Desauges in der Bibliothèque de l'Arsenal, MS. 12446. Am 4. April 1775 schrieb Desauges père mißgestimmt an seinen Sohn, der gerade entlassen worden war: »Man muß die Schläge nehmen, wie sie kommen. Aber ich kann Dir sagen, daß ich es hier verdammt leid bin.« Das Dossier Desauges in Neuchâtel, MS. 1141, zeigt die rüden Praktiken der Untergrundbuchhändler in ihrer halsabschneiderischsten Form.

27 Mme. J. E. Bertrand an STN, 7. Okt. 1785.

28 J.-F. Bornand an STN, 10. Aug. 1785. Gelegentlich schmuggelte Poinçot für Desauges Bücher von Versailles nach Paris für 12 Livres den Zentner, was offensichtlich im Vergleich zu den Preisen von Mme. La Noue billig war: 3 Livres pro »großen Artikel«, den ihr Neffe in bestimmte vereinbarte Verstecke in der näheren Umgebung von Paris brachte (siehe Desauges an STN, 24. Nov. 1783, und Mme. La Noue an STN, 22. Juni 1781).

29 Dazu gehörte, daß Bornand zusehen mußte, wie er mit dem »Palaver« von Mme. La Noue (Bornand an STN, 19. Febr. 1785), den Tricks von Poinçot

und Desauges und dem Geldmangel der Autoren fertig wurde: »Wenn es ums Geld geht, sind Autoren eine dürftige Quelle« (Bornand an STN, 9. März 1785).

30 Giles Barber, »French Royal Decrees Concerning the Book Trade, 1700–1789«, *Australian Journal of French Studies*, 3 (1966), 312.

31 A. J. L. Jourdan, O. O. Decrusy und F. A. Isambert, edd., *Recueil général des anciennes lois françaises* (Paris, 1822–1833). XXI, 230.

32 Ebda., S. 218.

33 Ebda., S. 217.

34 George V. Taylor, »Noncapitalist Wealth and the Origins of the French Revolution«, *American Historical Review*, 72 (1967), 469–496.

35 P. J. Blondel, *Mémoire sur les vexations qu'exercent les libraires et imprimeurs de Paris,* ed. Lucien Faucou (Paris, 1879), besonders S. 18–25, 45.

36 Zitate aus *Recueil général des anciennes lois françaises,* XXV, 109, 119, 110.

37 Ebda., S. 109.

38 Wegen der großen Schwierigkeiten, Diderots *Lettre* zu datieren, sie auf ältere Dokumente zu beziehen, die Diderots Argumente beeinflußt haben und eine korrekte Textfassung herzustellen, ist es wichtig, den Text in der Ausgabe von Jacques Proust zu lesen (Paris, 1962). Aber schon die alte Ausgabe in Diderots *Œuvres complètes,* ed. J. Assézat und Maurice Tourneux (Paris, 1876), XVIII, 6, enthielt eine Anmerkung von jemandem in der Direction de la Librairie (d'Hémery?), in der festgehalten wurde, daß Diderots *Lettre* »auf Anraten von Buchhändlern« geschrieben wurde »und mit Material, das Le Breton zur Verfügung gestellt hat und dessen Grundsätze der richtigen Verwaltung von Privilegien gerade entgegengesetzt sind«. Obwohl die *Lettre* einige tiefempfundene Sätze über Freiheit und über die Leiden der Autoren enthält, ist ihre Logik so verdreht, daß sie die Verleger begünstigt, und sie wiederholt die alten Argumente der Buchhändlerzunft. Es fällt deswegen schwer, Brunels Behauptung zu akzeptieren, daß Diderot die *Lettre* weder als Verbündeter noch als bezahlter Propagandist von Le Breton und den anderen privilegierten Buchhändlern geschrieben habe. Lucien Brunel, »Observations critiques et littéraires sur un opuscule de Diderot«, *Revue d'histoire littéraire de la France,* 10 (1903), 1–24.

39 Das Gesetz von 1777 schwächte die Macht der Pariser Buchhändlerzunft bis zu einem gewissen Grade, indem es den Autoren das Recht zugestand, ihre eigenen Werke selbst zu verkaufen und indem man in Paris jedes Jahr zwei öffentliche Buchmärkte einrichtete. Provinzbuchhändler wurden durch das Gesetz begünstigt, da ihnen erlaubt wurde, die wachsende Zahl der nicht geschützten Bücher zu drucken – eine Anerkennung der Tatsache, daß sie sich auf illegale Aktivitäten hatten einlassen müssen, weil es an »legalen Möglichkeiten, ihre Pressen arbeiten zu lassen« mangelte. *Recueil général des anciennes lois françaises,* XXV, 109. Die Verordnungen von 1777 versuchten demnach »der Rivalität ein Ende zu bereiten, die die Pariser Buchhändler und die Provinz-

buchhändler in Gegensatz zueinander bringt, das allgemeine Wohl dieses wichtigen Gewerbes zu fördern und alle Buchhändler zu einer einzigen Familie zu vereinigen, die nur ein einziges Interesse haben wird.« Ebda., S. 119–120. Diese Rivalität war jedoch zu tief verwurzelt, um durch so geringe Zugeständnisse an die Provinzbuchhändler beigelegt werden zu können. Sie fuhren vielmehr die ganzen achtziger Jahre hindurch fort, gegen die Ausbeutung durch die Pariser Zunft zu protestieren. Durch das Gesetz von 1777 wurde auch das Zunftsystem in der Provinz ausgeweitet und gestärkt, denn »Seine Majestät hatte erkannt, daß es gefährlich wäre, wenn abgelegene Druckereien in einem Zustand der Unabhängigkeit verbleiben, da dies Mißbräuche begünstigt«. Ebda., S. 112. Die Neuorganisation der Zünfte schwächte sie also im Grunde nicht wesentlich und schränkte auch ihre Kontrollaufgaben nicht ein.

40 D.-J. Garat, *Mémoires historiques sur la vie de M. Suard, sur ses écrits et sur le XVIIIe siècle* (Paris, 1820), I, 274.

41 Bibliothèque Nationale, MSS. français 21833, foll. 87–88. Die Angaben über die französische Steuer- und Zollgesetzgebung sind verschiedenen Dokumenten in MS. 21833, besonders foll. 89–91, 129–140, entnommen.

42 Die Zollgesetzgebung war ein ständiges Thema der Geschäftskorrespondenz der Société typographique de Neuchâtel in der ersten Hälfte der siebziger Jahre. Die Société schickte sogar einen ihrer Partner auf Geschäftsreise durch Ostfrankreich, um Bücher zu verkaufen, neue Wege für illegale Transporte ausfindig zu machen und so viel wie möglich über Zollpolitik in Erfahrung zu bringen. Den Anweisungen in seinem Reisebericht zufolge sollte er »J. M. Bruysset, einen kalten und verschlagenen Mann aufsuchen und ihn in Gespräche über den französischen Buchhandel im allgemeinen verwickeln und herausfinden, ob der Zoll wirklich eingetrieben oder gesenkt wird«. STN, MS. 1058, »Carnet de voyage, 1773, J. E. Bertrand«. Das Haus Bruysset war einer der wirkungsvollsten Lobbyisten gegen den Zoll, wie aus den Memoranden der Bibliothèque Nationale, MSS. français 21833, vor allem foll. 87–88, 129–140 hervorgeht. Der Zoll ruinierte den illegalen Handel, da Raubdrucke gewöhnlich auf legalen Kanälen, zumindest an der Grenze, unter falschen ›acquits à caution‹ transportiert wurden und deshalb zollpflichtig waren.

43 Bibliothèque Nationale, MSS. français, 21833, foll. 87–88. Dieses Memorandum wirkt so, als stamme es von Panckoucke. Ein Sou pro Bogen waren die normalen Druckkosten der Société typographique de Neuchâtel, die in der Mitte der siebziger Jahre durch das Zusammentreffen einer günstigen französischen Zollpolitik und niedriger Druckkosten in der Schweiz glänzende Geschäfte machte.

44 Ebda., foll. 111–115. Der Händler zeigte in einer umständlichen Berechnung, daß eine Sechshundertpfund-Kiste ihn 61 Livres und 15 Sous extra koste, enorme Verzögerung und Schäden durch falsche Behandlung verursache und es ihm unmöglich mache, Versicherung für beschädigte Ladungen zu kassieren.

45 Ebda., fol. 70.

46 Ebda., fol. 107: »Die Buchhändler in einiger Entfernung von Paris und

besonders die in Lyon widerriefen unverzüglich alle Aufträge für Lieferungen an sie, sandten Kisten, die bereits unterwegs waren, zurück, machten Käufe rückgängig und gaben ihre Pläne auf, Werke zu drucken, für die sie jetzt nur einen unzureichenden Markt sehen. Kurz, zwischen französischen und ausländischen Buchhändlern gibt es schon jetzt keinen lebhaften Verkehr mehr.«

47 J. F. Bornand an STN, 12. April 1784.

48 J. F. Bornand an STN, 9. April 1784

49 J. F. Bornand an STN, 19. Febr. 1785.

50 STN an Garrigan, einen Buchhändler in Avignon, 23. Aug. 1785: »Natürlich bedauern wir aufrichtig die Unterbrechung unserer Geschäfte, die Sie in Ihrem Brief vom zehnten dieses Monats ankündigen, doch Sie wissen ja wohl, daß die verhängnisvolle Ursache für dies alles ganz und gar auf die unverminderte Strenge der Verordnungen über den Import ausländischer Bücher ins Königreich zurückzuführen ist. Die Lage ist noch immer so schlimm, daß wir nicht eine einzige Kiste Bücher durch unseren nächsten Grenzposten hindurchbekommen können, ohne eine acquit à caution für Paris zu erwerben. Ihre Kisten müßten also einen Riesenumweg machen und würden von der Pariser Zunft kontrolliert, was absolut untunlich ist.«

51 STN an Mme. J. E. Bertrand, Anfang Oktober 1785.

52 Das Archiv in Straßburg, einem wichtigen Zentrum des Untergrundhandels, ergänzt das in Neuchâtel, indem es die Entschlossenheit der Regierung belegt, den Verkehr mit verbotenen Büchern zu unterbinden. Straßburgs ›préteur royal‹ erhielt viele Berichte von örtlichen Beamten über die Beschlagnahme illegaler Sendungen von den Verlegern jenseits des Rheines; und er erhielt auch strenge Anweisungen von seinem Vorgesetzten, dem Siegelbewahrer (Brief vom 26. April 1786, Archives de la ville de Strasbourg, MS. AA 2356): »Der von unseren Gesetzen verbotene Buchhandel umzingelt Sie von allen Seiten, und mit allen Mitteln, die Sie zulassen, wird er sich Eingang verschaffen, wenn Sie diese nicht alle unterbinden... Ich ermahne Sie deshalb, Sie und die städtischen Beamten Ihrer Stadt, die gebotenen Maßnahmen zu ergreifen.« Trotz dieser Strenge scheinen die Drucker in Kehl eine große Zahl von Büchern – politische Flugschriften und ›libelles‹ ebenso wie Beaumarchais' Voltaire – durch die Fallen hindurchgeleitet zu haben, die man ihnen in Straßburg stellte. Die Quasiautonomie der Stadt, die durch die Kapitulationsurkunde von 1681 garantiert war, dürfte es relativ leicht gemacht haben hineinzugelangen.

53 Siehe Furet, S. 8, und Robert Estivals, *La statistique bibliographique de la France sous la monarchie au XVIIIe siècle* (Paris und Den Haag, 1965), S. 296.

54 Bibliothèque Nationale, MS. français 21833, fol. 107.

55 Ebda., fol. 108; siehe auch foll. 99–104.

56 Vergennes an d'Adhémar, 12. Mai 1783, Ministère des affaires étrangères, Correspondance politique, Angleterre MS. 542. Die Einzelheiten dieser »infernalischen Verbindung von Intrige, Habgier und Hinterlist«, wie Vergen-

nes sie nannte (Vergennes an Lenoir, 24. Mai 1783, ebda.) – und die ich in einer späteren Arbeit einmal erzählen möchte – finden sich in den Serien 541–549.

57 Bibliothèque de l'Arsenal, MS. 10305. Das Inventar verzeichnet auch *Le gazetier cuirassé, L'espion dévalisé, Vie privée de Louis XV, Le diable dans un bénitier* und andere Klassiker der Londoner Schule der ›libellisten‹. Es gibt außerdem an, daß sie an einige der Kunden der STN geliefert worden waren, und zwar Poinçot, Blaizot und Mme. La Noue. Poinçot selbst hat das Verzeichnis zusammengestellt.

58 Die übliche Ansicht, daß die Regierungspolitik in der Theorie streng, in der Praxis aber lässig war, wird auch von J.-P. Belin, *Le commerce des livres prohibés à Paris de 1750 à 1789* (Paris, 1913) vertreten, und diese Interpretation ist von Nicole Herrmann-Mascard, *La censure des livres à Paris à la fin de l'ancien régime, 1750–1789* (Paris 1968) wieder aufgegriffen worden. Beide Bücher tun die Anordnungen vom 12. Juni 1783 in zwei Sätzen ab – sonderbarerweise mit fast wörtlich denselben Sätzen (Belin, S. 45; Herrmann-Mascard, S. 102).

59 Sie kann auch als Korrektiv der marxistischen Tendenz dienen, die Aufklärung als bürgerliche Ideologie zu behandeln. Eine Spielart dieser Tendenz behauptet, daß Ideen wie Gesellschaftsvertrag, Individualismus, Freiheit und Gleichheit vor dem Gesetz aus kapitalistischen Tauschmethoden abgeleitet seien, die vertragliche Verpflichtungen zwischen vor dem Gesetz freien und gleichen Individuen einschließen: Lucien Goldman, »La pensée des ›Lumières‹«, *Annales: économies, sociétés, civilisations,* 22 (1967), 752–770. Angesichts der vielen Schriftsteller, die solche Ideen vertreten haben, ehe der Kapitalismus sich entwickelte, scheint diese Argumentation weniger überzeugend als die entgegengesetzte, die die Aufklärung auf eine Tradition von aristokratischem Liberalismus bezieht: Denis Richet, »Autor des origines idéologiques lointaines de la Révolution française: élites et despotisme«, ebda., 24 (1969), S. 1–23.

60 STN, MS. 1108.

61 Ebda. Das handschriftliche Verzeichnis enthielt dagegen unter dem Buchstaben »B«: »*La belle allemande, ou les galanteries de Thérèse,* 1774; *Bijoux indiscrets* par Diderot, 8° figures; *Le bonheur,* poème par Helvétius; *Le bon sens, ou idées naturelles, opposées aux idées surnaturelles.*«

62 Abgedruckt bei A. Van Bever, *Contes et conteurs gaillards au XVIIIe siècle* (Paris, 1906), S. 280–281. In Aufzeichnungen, die er für seine Memoiren sammelte, hat der frühere Polizeipräfekt C.-P. Lenoir dieses Werk mit einer schlagartigen Ausbreitung der ›libelles‹ in den achtziger Jahren in Verbindung gebracht (Bibliothèque municipale d'Orléans, MS. 1423): »Da die Moral des Nachfolgers Ludwig XV. über jeden Tadel erhaben war, war der neue König gegen Verunglimpfungen von dieser Seite während der ersten Jahre seiner Regierung vollkommen gesichert. Doch im Jahre 1778 begann man seine Schwächen aufs Korn zu nehmen, und die ersten Verleumdungen geschahen nur kurze Zeit vor der Lästerung der Königin. M. de Maurepas – der bis dahin die gegen ihn [Maurepas] verfertigten Epigramme und Lieder überhört hatte

und sich über alle Schmähschriften, all die privaten und skandalösen Anekdoten, die man ausheckte und straflos druckte, selbst lustig machte – M. de Maurepas wurde davon unterrichtet, daß einige Schriftsteller sich zu einer Art spekulativem Unternehmen zusammengeschlossen hätten, indem sie ein Korrespondenzsystem schufen, mittels dessen einige von ihnen die neuesten Skandale zusammen mit Hintergrundmaterial an andere schickten, die sie aufschrieben und in Den Haag und London drucken ließen. Von dort ließen sie sie in jeweils kleinen Mengen durch ausländische Reisende nach Frankreich hineinschmuggeln. Ein Sekretär der englischen Botschaft machte ihn [Maurepas] darauf aufmerksam, daß ein abscheuliches libelle mit dem Titel *Les amours de Charlot et d'Antoinette* gerade nach Frankreich hineingeschmuggelt werden sollte.«

63 *Le portefeuille d'un talon rouge contenant des anecdotes galantes et secrètes de la cour de France,* wieder abgedruckt unter dem Titel *Le coffret du bibliophile* (Paris, o. J.), S. 22. Lenoirs Manuskripte bestätigen diesen Bericht (Bibliothèque municipale d'Orléans, MS. 1422): »Es ist nicht länger zweifelhaft, daß es de Montesquiou, de Créqui, de Champcenets und andere Hofleute waren, die im Bunde mit Beaumarchais, Chamfort und anderen Schriftstellern, die heute noch leben, libelles gegen den Hof, gegen die Minister und sogar gegen die Minister, in deren Dienst sie standen, verfaßt haben. Es ist mehr als wahrscheinlich, daß Beaumarchais eine mit Stichen illustrierte Schmähschrift verfaßt hat, die den Titel trug *Les amours de Charlot et d'Antoinette* und die er nach London brachte, wo sie gedruckt wurde.«

64 Ebda.

65 Ebda. Lenoirs Äußerungen könnte man im Gegensatz zu der oben vertretenen These von einem Zusammenbruch des Untergrundverlagswesens bringen, doch sie beziehen sich in erster Linie auf die Zirkulation der ›libelles‹ innerhalb von Paris und nicht auf den Verkehr des Auslandes mit der Hauptstadt. Es scheint eine beachtliche heimische ›libelle‹-Produktion gegeben zu haben, die alle Versuche der Polizei, sie einzudämmen, durch einflußreiche »Protektion« und durch die Immunität von ›lieux privilégiés‹ wie dem Palais Royal, wo die Polizei nicht eindringen durfte, überstand. Siehe ebda., MS. 1421.

66 Siehe Kapitel 2.

67 Lenoir versuchte später, dem Gerücht und den Unruhen auf die Spur zu kommen, doch ohne Erfolg. Bibliothèque municipale d'Orléans, MS. 1422.

68 Diese Gedanken hat Lenoir in einer Abhandlung unter dem Titel »De l'administration de l'ancienne police concernant les libelles, les mauvaises satires et chansons, leurs auteurs coupables, délinquants, complices ou adhérents«, ebda., ausführlich entwickelt.

69 Charles Théveneau de Morande, *Le gazetier cuirassé: ou anecdotes scandaleuses de la cour de France* (»imprimé à cent lieues de la Bastille à l'enseigne de la liberté«, 1771), S. 92. »Die französische Nation ist heute so geschwächt, daß robuste Personen immens viel kosten. Es heißt, ein angehen-

der Lakai in Paris erhalte von den Frauen, die sich seiner bedienen, so viel wie ein Rennpferd aus edler Zucht in England. Wenn dieses System Schule macht, dann werden ein bis zwei Generationen reichen, um die allgemeine Physis wiederherzustellen.« In *Le libertin de qualité,* abgedruckt in *L'Œuvre du Comte de Mirabeau,* ed. Guillaume Apollinaire (Paris, 1910), beschrieb Mirabeau aristokratische Tugendhaftigkeit in allen Einzelheiten. Nachdem er erzählt hat, wie eine verworfene Herzogin ihren Liebhaber fortschickt, bemerkt er (S. 232): »Sie ersetzte ihn durch einen Fürsten, und von der moralischen Seite der Dinge paßten sie sehr gut zusammen. Für die physische Seite hatte sie ihre Lakaien: sie sind das täglich Brot einer Herzogin.«

70 Charles Théveneau de Morande, *La gazette noire par un homme qui n'est pas blanc: ou œuvres posthumes du gazetier cuirassé* (»imprimé à cent lieues de la Bastille, à trois cent lieues des Présides, à cinq cent lieues des Cordons, à mille lieues de la Sibérie«, 1784), S. 194.

71 Siehe Richard Cobb, »Quelques aspects de la mentalité révolutionnaire«, *Revue d'histoire moderne et contemporaine,* 6 (1959), 81–120, und »The Revolutionary Mentality in France«, *History,* 42 (1957), 181–196.

72 *La gazette noire,* S. 7. Ein ähnliches Beispiel für derartige Gerüchte über den Mißbrauch der Polizei durch ›gens en place‹ findet man bei M. de Lescure, ed., *Correspondance secrète inédite sur Louis XVI, Marie-Antoinette, la Cour et la ville de 1777 à 1792* (Paris, 1866), II, 157–158.

73 Untertitel des Berichts über die Enthauptung der Königin in *Le Père Duchesne,* ohne Datum (Okt. 1793).

74 Pierre Goubert, *L'Ancien Régime* (Paris, 1969), I, 152.

75 Bibliothèque municipale d'Orléans, MS. 1423.

76 Zitiert bei Franz Funck-Brentano und Paul d'Estrée, *Les nouvellistes* (Paris, 1905), S. 304.

77 Goubert, *L'Ancien Régime,* S. 152. Der Zusammenhang zwischen Privileg und Monopol wird deutlich in der ersten Definition von »privilège« im *Dictionnaire de l'Académie française* (Paris, 1778): »Die einem Individuum oder einer Gemeinde verliehene Befähigung, etwas zu tun oder einen Vorzug unter Ausschluß der anderen zu genießen.«

78 Siehe Charly Guyot, *De Rousseau à Mirabeau: pélerins de Môtiers et prophètes de 89* (Neuchâtel und Paris, 1936), Kap. 4.

79 Obwohl die verschärften polizeilichen Kontrollen des Buchhandels das Geschäft in Frankreich reduzierten, bemühte sich die Société typographique de Neuchâtel, Werke wie die folgenden zu liefern, die in ihren *Livres de commission* auftauchen (STN MS. 1021, foll. 173–175), nachdem sie einen Auftrag von Bruzard de Mauvelain in Troyes unter dem Datum des 16. Juni 1784 erhalten hat.: »6 *Les petits soupers de l'Hôtel de Bouillon;* 6 *Le diable dans un bénitier;* 6 *L'espion dévalisé;* 1 *Correspondance de Maupeou;* 1 *Recueil de remontrances au Roi Louis XV;* 2 *Mémoires de Madame de Pompadour;* 2 *Vie privée de Louis XV;* 12 *Fastes de Louis XV;* 6 *Histoire philosophique* 8°, 10 vol.; 6 *Erotika biblion* 8°; 1 *La Mettrie;* 1 *Boulanger complet, antiquité, Christianisme et*

despotisme; 1 *Helvétius complet;* 6 *Lettres de Julie à Calasie, ou tableau du libertinage à Paris;* 1 *La dernière livraison de Jean-Jacques* 12°; 6 *Chronique scandaleuse;* 6 *Les petits soupers du comte de Vergennes;* 6 *Le passe-temps d'Antoinette.*«

80 Siehe Paul Robiquet, *Théveneau de Morande: étude sur le XVIIIe siècle* (Paris, 1882).

Nachweise

Kapitel 1 wurde zuerst veröffentlicht unter dem Titel »The High Enlightenment and the Low-Life of Literature in Prerevolutionary France« in *Past and Present. A Journal of Historical Studies*, 51 (Mai 1971), S. 81–115. World Copyright: The Past and Present Society. Corpus Christi College, Oxford, England.

Kapitel 2 wurde zuerst veröffentlicht unter dem Titel »The Grub Street Style of Revolution: J.-P. Brissot, Police Spy« in *The Journal of Modern History*, 40 (1968), S. 301–327. Abdruck mit freundlicher Genehmigung der University of Chicago Press. Copyright © 1968 University of Chicago.

Kapitel 3 ist die gekürzte Fassung einer detaillierteren Studie »The Life of a ›Poor Devil‹ in the Republic of Letters« in Jean Macary, ed., *Essays on the Age of Enlightenment in Honor of Ira O. Wade* (Genf und Paris: Librairie Droz, 1977), S. 39–92. Abdruck mit freundlicher Genehmigung der Librairie Droz.

Kapitel 4 ist die bearbeitete und gekürzte Fassung einer Untersuchung, die veröffentlicht wurde in Paul J. Korshin, ed., *The Widening Circle: Essays on the Circulation of Literature in Eighteenth Century Europe* (Philadelphia: University of Pennsylvania Press, 1976), S. 11–83. Abdruck mit freundlicher Genehmigung der University of Pennsylvania Press.

Kapitel 5 wurde zuerst vorgetragen als Teil der Engelhard Lectures on the History of the Book, einer Veranstaltung des Center for the Book in der Library of Congress.

Kapitel 6 wurde zuerst veröffentlicht unter dem Titel »Reading, Writing, and Publishing in Eighteenth-Century France: A Case Study in the Sociology of Literature« in *Daedalus* (Winter 1971), S. 214–256. Copyright © 1971 Robert Darnton.

Fischer Wissenschaft
Eine Auswahl

Fischer Taschenbuch Verlag

Fischer Wissenschaft

Eine Auswahl

Fischer Taschenbuch Verlag

Fischer Wissenschaft

Ernst Cassirer
Der Mythus des Staates
Band 7351

Ernst Robert Curtius
Kritische Essays zur europäischen Literatur
Band 7350

Mary Douglas
Ritual, Tabu und Körpersymbolik
Band 7365

Sigmund Freud
Studienausgabe
Herausgegeben von Alexander Mitscherlich u.a.
10 Bände, 1 Ergänzungsband, Konkordanz und
Gesamtbibliographie in Kassette. *Band 7300.*
Alle Bände sind einzeln erhältlich.

Schriften zur Kunst und Literatur
Band 7399

Heidrun Hesse
Vernunft und Selbstbehauptung
Band 7343

Max Horkheimer
Zur Kritik der instrumentellen Vernunft
Band 7355
Max Horkheimer / Theodor W. Adorno
Dialektik der Aufklärung
Band 7404

Martin Jay
Dialektische Phantasie
Band 6546

Fischer Taschenbuch Verlag

Fischer Wissenschaft

Alfred Lorenzer
Das Konzil der Buchhalter
Die Zerstörung der Sinnlichkeit
Eine Religionskritik
Band 7340

Bronislaw Malinowski
Magie, Wissenschaft und Religion/
Und andere Schriften
Band 7335

Herfried Münkler
Machiavelli
Die Begründung des politischen Denkens der
Neuzeit aus der Krise der Republik Florenz
Band 7342

Jean Piaget
Biologie und Erkenntnis
Über die Beziehungen zwischen organischen
Regulationen und kognitiven Prozessen.
Band 7333

Marthe Robert
Das Alte im Neuen
Von Don Quichotte zu Franz Kafka
Band 7346

Viktor Šklovskij
Theorie der Prosa
Band 7339

Fischer Taschenbuch Verlag

Reinhard Baumgart

›Glücksgeist‹ und ›Jammerseele‹, so ließen
sich, frei aus dem Griechischen des Platon und
Sokrates übersetzt, die beiden Pole benennen, zwischen
denen die Literatur seit damals in Spannung steht. In diesem
Spannungsfeld wogt der gegenwärtige Literaturstreit oder -zank
mit seiner Fangfrage: Wie vernünftig muß – wie irrational darf das
Gedichtete sein? Auf diese Lage reagieren Reinhard Baumgarts
Essays diagnostisch und polemisch. »Eine bessere, reizvollere
Bestandsaufnahme dessen, was auch im 20. Jahrhundert
die Autoren beflügelt oder schreckt, als Baumgarts
Essays, hat es schon lange nicht mehr gegeben!«
Joachim Kaiser, SÜDDEUTSCHE ZEITUNG

Glücksgeist und Jammerseele
Über Leben und Schreiben, Vernunft und Literatur
1986. 232 Seiten. Broschur

bei Hanser